As visionárias

Wolfram Eilenberger

As visionárias

Quatro mulheres e a salvação da
filosofia em tempos sombrios
1933-1943

tradução
Claudia Abeling

todavia

Para Venla e Kaisa, mulheres no caminho

*Pensavas tu talvez
Que eu havia de odiar a Vida
E fugir para os desertos
[...]*

Johann Wolfgang von Goethe, "Prometeu", 1789

*Fool me once, fool me twice
Are you death or paradise?*

Billie Eilish, "No Time To Die", 2020

I. Faíscas — 1943　17

O projeto · Melhores anos · A situação · Pecados mortais · A moral · A missão · Inspirada · Em transe · Palerma · Atrevimento · Pronta para a luta · Mais que lógico · A estrangeira · Sem proteção · O estremecimento · No presente

II. Exílios — 1933-1934　45

Trama · O caso de Rahel · Esclarecida · Polifonia · Essência alemã · Porta dos fundos · Furiosa · Revolucionária · Preocupação · Terceiras vias · Exército da Salvação · Testamento · Ameaçada · A outra · Encapsulada · Poção mágica · Muros · Máquina de escrever · Hermético · Ideais · Nietzsche e eu · Tensão socrática

III. Experiências — 1934-1935　89

Acusada · Diante do veredicto · Egoísta · Segunda mão · Pronto para ser filmado · Costumes do interior · O princípio Olga · Encantadores · Compreensão de papéis · Botões da espiritualidade · Bem embaixo · Na linha de montagem · Conhecimento e interesse · Limites do crescimento · Mundo de ponta-cabeça · Tempos modernos · Extinção · Diante da lei · Lugares de origem · Contradições · Questão personificada · Terra nova · Exclusões

IV. Subsequentes — 1936-1937 135

Nós, os vivos · Reconquista do eu · Howard Roark · Egocentrismo sensual · Casamento em Connecticut · Frentes · Processos sombrios · Tribo e "Stups" · Amor ao próximo total · A viravolta de Arendt · *Paris is for lovers* · Dúvida no pacto · Livre amar · Afinidades eletivas · Melancolia · Quebrar a cabeça · Interior moral · Espiral de desumanização · Declarações vazias · Oposições de fachada · Profético

V. Acontecimentos — 1938-1939 185

No beco sem saída · Tons de misericórdia · O reino de Deus · Inimputável · A luz cega · De volta às fontes · Bloqueada · Hino · Trabalhando no mito · Arranha-céu · Ideia incendiária · Ecce Homo · Veneno do reconhecimento · Amanhecer · Rua de mão única · As mentiras mais elementares · Riqueza salva · Ética da tribo · Dependência anormal · Sem futuro · Beligerante · Retratos fiéis · Guerra dos mundos · A nova situação · Diante da angústia

VI. Violência — 1939-1940 233

Incessantemente à vista · Conhece-te a ti mesmo! · Geometria do acaso · Morte e tempo · Sensibilidade única · Paraquedistas · Êxodo · Situação-limite · Nada como a liberdade · Avançar · Volta para casa · Projeto Hegel · A decidida · A escória da Terra · Cadáver vivo · Trânsito · Anjo da história · Fracassos · O "princípio Toohey" · Falsa igualdade · *Manhattan Transfer* · O patriotismo constitucional de Rand · *I want you!*

VII. Liberdade — 1941-1942 **279**

Como que libertada · Finalmente emancipada · Carga positiva · Gratidão pela colheita · Tensa expectativa · Sem mim · Sem nós · Sem ópio · Ética da aceitação · Indiferença superior · Travessia · *This means you!* · Novo horror · Falsa unidade · Aspirações cosmopolitas · Pequenos círculos · A maldição de Nietzsche · Especialista americano em explosivos · Distanciamento social · A defesa de Roark · O veredicto

VIII. Fogo — 1943 **331**

Na greve · Nada de ficção · *Deal!* · Novo trem · Transgressão criativa · Futuro aberto · Mensagem na garrafa · Na beira do precipício · Elementos e origens · Nenhum destino · Frutas loucas · Insolúvel · Demissão · Aterragem

Trilhas **355**

Agradecimentos **361**
Lista de obras **363**
Notas **367**
Referências bibliográficas **385**
Índice onomástico **391**
Créditos das imagens **397**

Hannah Arendt durante seu doutorado em Heidelberg, 1927.

A filósofa e escritora russo-americana, Ayn Rand.

Simone Weil com o uniforme de combate das Brigadas Internacionais, 1936.

Simone de Beauvoir em seu quarto de hotel, Paris, 1945.

I.
Faíscas

1943

*Beauvoir está animada; Weil, em transe;
Rand, fora de si; e Arendt, num pesadelo*

O projeto

"Para que começar, quando se deve parar?"[1] Nada mau para um começo. O tema do ensaio deveria ser exatamente a tensão entre a finitude da própria existência e a clara infinitude deste mundo. Por fim, após uma breve reflexão, esse abismo ameaçava expor ao absurdo qualquer plano, qualquer projeto e mesmo qualquer propósito autoimposto — fosse o de conquistar de pronto toda a terra, fosse o de apenas cultivar o próprio jardim.[2] A conclusão era a mesma. Se não outro, então o próprio tempo acabaria algum dia anulando a obra realizada, entregando-a ao esquecimento eterno. Como se nunca houvesse existido. Um destino tão certo quanto a própria morte.

Se é assim, por que se dar ao trabalho de fazer alguma coisa, em vez de não fazer nada? Ou melhor, na forma de uma clássica tríade de perguntas: "Qual é então a medida de um homem? Que metas pode ele propor a si mesmo? Que esperanças lhe são permitidas?".[3] Sim, isso tinha relevância. Eis a desejada estrutura!

De sua mesa de canto no segundo andar do Café de Flore, Simone de Beauvoir observava os passantes. Eles caminhavam. Os outros. Em cada qual, uma consciência própria. Em trânsito com seus medos e preocupações, planos e esperanças muito próprios. Exatamente como ela. Como uma entre milhões. Um pensamento que a fazia estremecer a cada vez.

Beauvoir não facilitou as coisas para o seu lado ao aceitar a encomenda do ensaio. Isso se devia ao tema escolhido pelo editor, Jean Grenier. Ele queria um texto sobre "o existencialismo" para integrar uma obra coletiva sobre as tendências determinantes da época.[4] Até então, nem Sartre nem ela havia reivindicado o termo para si. Tratava-se de uma recente invenção dos suplementos culturais e só.

Era difícil superar a ironia contida nessa definição temática. Pois, se algum leitmotiv havia determinado seu caminho e o de Sartre nos últimos dez anos, foi a sistemática negativa em entrar de modo voluntário em quaisquer caixas que outros houvessem projetado para eles. O cerne de seu projeto era justamente esse tipo de revolta — ou foi até aquele dia.

Melhores anos

Tudo bem que os outros se referissem ao "existencialismo". Ela evitaria conscientemente o termo. E, como autora, faria simplesmente aquilo de que mais gostava desde os primeiros registros em seus diários de juventude: dedicar-se de maneira concentrada às questões que ocupavam sua existência — e cujas respostas ainda não conhecia. Curiosamente ainda eram as mesmas. Em primeiro lugar, qual o possível sentido da própria vida? E, nela, qual a importância dos outros seres humanos?

Entretanto, Beauvoir nunca tinha se sentido tão confiante e livre nessas reflexões como agora, na primavera de 1943. No auge de outra guerra mundial. Em meio à sua cidade ocupada. Apesar dos cupons para comprar comida e do desabastecimento, apesar da abstinência crônica de café e de tabaco (nesse meio-tempo, Sartre estava tão desesperado que engatinhava todas as manhãs pelo chão do Café de Flore a fim de coletar bitucas da noite anterior), apesar dos embaraços diários das vistorias e do toque de recolher, apesar da censura onipresente e dos soldados alemães, que mesmo ali, em Montparnasse, confraternizavam em cafés de modo cada vez mais descarado. Enquanto ela fosse capaz de encontrar tempo e tranquilidade suficientes para escrever, todo o resto era suportável.

Seu primeiro romance seria lançado no outono pela Gallimard.[5] Um segundo estava pronto na gaveta.[6] Até uma peça de teatro estava em andamento.[7] Agora, seria a vez do primeiro ensaio filosófico. A obra de mil páginas de Sartre, *O ser e o nada*, também estava no prelo. Em menos de um mês, a peça *As moscas* estrearia no Théâtre de la Cité. A obra mais política dele até então.

Na verdade, tratava-se da colheita intelectual de toda uma década, na qual ela e Sartre realmente tinham criado um novo estilo de filosofar. Bem como — porque uma coisa era indissociável da outra, afinal — novas maneiras de levar a vida deles: do ponto de vista privado, profissional, literário, erótico.

Ainda durante seu curso de filosofia na École Normale Supérieure — Sartre havia pedido que ela lhe explicasse Leibniz em particular —, ambos haviam firmado um pacto amoroso muito peculiar: prometeram-se fidelidade emocional e sinceridade incondicionais e, ao mesmo tempo, abertura para outros encantamentos. Eles seriam absolutamente necessários um para o outro e contingentes para terceiros. Uma díade dinâmica, na qual, segundo sua vontade, todo o vasto mundo deveria se espelhar. Desde então, aquela proposta os havia levado a constantes recomeços e aventuras; de Paris a Berlim e Atenas; de Husserl a Hegel, passando por Heidegger; de tratados sobre romances a peças de teatro. Da nicotina à anfetamina, passando pela mescalina. Da "pequena russa" à "russa menor", passando pelo "pequeno Bost". De Nizan a Camus, passando por Merleau-Ponty. E essa proposta ainda os conduzia, de maneira mais firme e convicta que nunca ("Viver um amor é lançar-se através dele rumo a novas metas").[8]

Eles cumpriam suas cargas horárias semanais como professores de filosofia sem maior comprometimento. Em vez de se aterem a um plano de aulas, permitiam que os alunos discutissem livremente após breves explanações iniciais — sempre um sucesso. Pagava as contas. Pelo menos uma parte delas. Afinal, eles tinham não apenas de sustentar a si mesmos como ainda eram responsáveis por outras partes de sua "família". Olga continuava em início de carreira como atriz, mesmo depois de cinco anos em Paris. O "pequeno Bost" também mal conseguia fechar o mês como jornalista freelance, e a irmã mais nova de Olga, Wanda, continuava desesperadamente à procura de algo com que se identificasse por completo. Apenas Natalie Sorokin, na condição da mais jovem integrante da "família", andava com as próprias pernas. Logo no início da guerra ela havia se especializado em roubos de bicicletas e desde então tocava um bem organizado mercado clandestino — claramente tolerado pelos nazistas — de sortimento cada vez mais variado.

A situação

As experiências da guerra e da ocupação os tornaram ainda mais próximos. Nos últimos meses, sua vida em comum — como parecia a Beauvoir, verdadeira cabeça da família — estava em plena harmonia. Cada qual tinha um papel, sem se reduzir a ele. Cada qual conhecia suas demandas e direitos, sem insistir nelas de maneira inflexível. Eles eram felizes individualmente, mas juntos não se aborreciam.

Por essa razão, o pronunciamento da sentença num futuro próximo não incomodava Beauvoir apenas por ela mesma. Os espiões das autoridades de Vichy a estavam investigando havia mais de um ano. Casualmente, a mãe de Sorokin encontrara numa gaveta cartas trocadas entre a filha e sua então professora de filosofia. Em seguida, fez suas próprias pesquisas e, por fim, levou o material às autoridades. O modo de agir, segundo sua queixa, claramente era sempre o mesmo: primeiro Beauvoir se tornava amiga de alunas ou ex-alunas que a admiravam, depois as seduzia sexualmente e em seguida chegava a encaminhá-las a seu companheiro de anos, o professor de filosofia e literato Jean-Paul Sartre. Desse modo, no centro das investigações estava o delito do "encorajamento ao comportamento dissoluto".[9] Caso fosse considerada culpada, a consequência mais leve para Beauvoir seria a cassação definitiva de sua permissão para lecionar.

Até então, a única coisa que estava certa é que Sorokin, Bost e Sartre não tinham revelado nada a respeito quando foram interrogados. À exceção das ditas cartas a Sorokin, que não eram conclusivamente incriminadoras, não existiam provas diretas, mas uma porção de indícios que transmitiam aos espiões do regime de Pétain uma imagem precisa para que soubessem o lado que Beauvoir ocupava no espectro político enquanto docente — e que era representado por sua vida como um todo.

Havia anos que eles viviam juntos em hotéis no bairro de Montparnasse, em vez de morarem em um apartamento. Lá dançavam e riam, cozinhavam e bebiam, brigavam e deitavam-se juntos. Sem pressões externas. Sem regras derradeiras. E, na medida do possível, principalmente também sem falsas promessas e restrições. Será que um simples olhar, um toque fugaz, uma noite passada em claro juntos não podia ser a possível faísca no fogo de uma vida renovada uma vez mais? Eles queriam acreditar nisso. Segundo Beauvoir e Sartre, o ser humano era apenas um principiante em ser ele mesmo.

> Jamais se chega a lugar algum. A cada homem a humanidade toma um novo ponto de partida. E é por isso que o jovem que busca seu lugar no mundo não o encontra inicialmente e se sente abandonado [...].[10]

Essa também era uma maneira de explicar o motivo de eles terem colocado Olga, Wanda, o "pequeno Bost" e Sorokin sob suas asas, trazendo-os do interior para Paris e apoiando, incentivando e financiando-os na cidade. A fim de conduzir esses jovens de seu evidente abandono à liberdade. Encorajá-los a encontrar seu próprio lugar no mundo, em vez de assumir algum já disponível. Isso acontecia por um ato de amor, não de submissão, do Eros vivo, não da cega libertinagem. Um ato no qual a humanidade era garantida. Pois "o homem só é ao escolher-se; se se recusa a escolher, aniquila-se". [11]

Pecados mortais

Se houvesse algo que, segundo sua nova filosofia, pudesse assumir o lugar "do pecado", que após a morte de Deus tornou-se vago, isso seria então a recusa proposital dessa liberdade. Tratava-se de evitar a todo custo esse extermínio autoinfligido. Tanto para si quanto para os outros. Tanto no âmbito privado quanto no político. Aqui e agora, em nome da vida e em sua celebração. E não como o suposto "existencialista" Martin Heidegger queria ensinar a partir dos rincões da Alemanha, em nome de um "ser para a morte". "O ser humano existe na forma de projetos que não são projetos rumo à morte, mas projetos para fins singulares [...]. Assim, não somos *para* morrer."[12]

De acordo com essa noção, o único ser que contava era o ser deste mundo. Os únicos valores fundamentais eram os valores terrenos. Sua única origem realmente fundamental era o desejo de um sujeito livre de conquistar a liberdade. Eis o verdadeiro significado de *existir* como ser humano.

Hitler e seus acólitos miravam destruir e exterminar exatamente essa forma da existência. Foi esse seu objetivo ao atacar o país de Beauvoir três anos antes — para, após sua vitória final sobre o mundo inteiro, determinar com rigor como os últimos seres humanos do mundo deveriam obrigatoriamente escrever seus ensaios ou, apenas, cuidar do jardim.

Não, ela tinha coisa melhor para fazer do que se ocupar com o julgamento desses pequeno-burgueses fascistas. Eles que cassassem sua licença para o magistério! Ela saberia se reinventar! Principalmente nesse momento, em que tantas portas se abriam simultaneamente.

A moral

Beauvoir estava animada com as discussões que seriam suscitadas. À noitinha haveria o ensaio geral da mais nova peça de Sartre. Depois, como sempre, eles sairiam para dançar. Também Camus havia anunciado sua presença. Ao seguir fielmente as próprias ideias, Beauvoir estava confiante de que elas abririam a possibilidade de uma nova definição do ser humano como criatura que age. Uma definição não vazia de conteúdo, como em Sartre, nem necessariamente absurda, como em Camus. Com seu ensaio, ela apontaria para uma alternativa. Uma terceira via, própria.

A seu ver, a medida da ação genuinamente humana era limitada, portanto, por dois extremos de dentro para fora: de um lado, pelo extremo do assalto totalitário; de outro, pela autodeterminação absolutamente antissocial. Em termos concretos, essa medida encontrava-se entre o necessário objetivo solitário de conquistar o mundo inteiro e o igualmente solitário empenho pelo cultivo do próprio jardim. Afinal, havia outros além da própria pessoa; bastava olhar pela janela. Portanto, a partir dessa base, também os objetivos do comprometimento moral deveriam se manter apenas entre dois extremos: de um lado, o da compaixão vazia de si mesma e necessariamente onidirecional para *todos* os outros seres humanos sofredores e, de outro, o da preocupação exclusiva com interesses puramente privados. Um exemplo de cena da vida real: "Esta jovem se irrita porque tem sapatos furados que se enchem d'água [...]. Entretanto, eis uma outra mulher que chora pelo horror da fome chinesa".[13]

A própria Beauvoir tinha vivenciado essa situação no passado. A jovem com os buracos no sapato era ela (melhor dizendo: uma versão anterior de si mesma). A chorosa era sua antiga companheira Simone Weil. Desde então, ela não tinha encontrado ninguém que vertesse lágrimas espontaneamente por uma catástrofe acontecendo em algum lugar longínquo, aparentemente em nada relacionada com a própria vida. A vida dessa outra Simone ainda lhe era um mistério.

Beauvoir parou, consultou o relógio. Era tempo. No dia seguinte, cedo, estaria de volta ao Café de Flore para voltar a refletir sobre seu enigma.

A missão

No início de 1943, assim como Simone de Beauvoir, Simone Weil está firmemente decidida a trilhar caminhos radicalmente novos. A gravidade da situação não lhe dá alternativa. Afinal, nessa primavera, a francesa de 34 anos está mais consciente que nunca de se encontrar diante de um inimigo que exige o maior sacrifício possível. Para uma pessoa de profundas convicções religiosas como Weil, esse sacrifício não é dar a própria vida, mas tirar outra.

"Quando eu estiver a ponto", ela escreveu no seu caderno de anotações dessa primavera, "de matar alemães no caso de necessidade estratégica, então não será porque sofri por causa deles. Não será porque odeiam Deus e Cristo. Mas porque são inimigos de todas as nações da Terra, inclusive da minha terra, e porque infelizmente, para minha maior dor, para meu mais extremo desgosto, não podemos impedi-los de fazer o mal sem matar alguns deles."[14]

No fim de outubro de 1942, ela embarcara em Nova York — para onde fora, tendo acompanhado os pais no exílio — num navio de carga rumo a Liverpool, a fim de se juntar na Inglaterra às forças de combate da França Livre sob o comando do general Charles de Gaulle.[15] Para Weil, nada é mais doloroso nessas semanas e meses decisivos para a guerra do que a ideia de estar longe de seu país, de seu povo. Logo após sua chegada ao quartel-general de Londres, ela informa ao comandante local seu desejo ardente de receber uma missão a ser cumprida em solo francês e, se necessário, morrer como mártir pela pátria. Ela disse que podia ser paraquedista, pois já tinha estudado todos os manuais específicos. Ou agente de ligação para os companheiros no lugar, dos quais ela conhecia alguns pessoalmente, visto que anos antes tinha atuado em Marselha no grupo de resistência católico das Testemunhas Cristãs. De preferência, porém, no comando de uma missão especial que ela mesma havia imaginado e que, segundo estava firmemente convicta, seria decisiva para a guerra. O plano de Weil consistia na criação de uma unidade especial de enfermeiras francesas atuantes no front, que trabalhariam exclusivamente nos lugares mais perigosos, para prestar os primeiros socorros na própria batalha. Ela informou ainda ter se capacitado com os conhecimentos médicos necessários em cursos da Cruz Vermelha em Nova York. Atuando na linha mais avançada, esse comando especial poderia salvar muitas vidas preciosas, explicou Weil, oferecendo aos oficiais uma lista de publicações técnicas sobre cirurgia, a fim de fundamentar sua avaliação.

Entretanto, o verdadeiro valor do comando seria sua força simbólica, seu valor *espiritual*. Como toda guerra, prossegue ela, inspirada, essa também era uma guerra de posturas espirituais — e, portanto, de capacidades propagandísticas. Justamente nesse campo, porém, o inimigo se mostrava malignamente superior às próprias forças. Bastava pensar na SS de

Hitler e em sua fama que corria a Europa: "Os homens da SS expressam perfeitamente o espírito de Hitler. No front, dispõem [...] do heroísmo da brutalidade [...]. Porém, podemos e devemos provar que temos outro tipo de coragem. Que o deles é brutal e baixo, que nasce do desejo pelo poder e pela destruição. Como temos objetivos diferentes, nossa coragem também nasce de um espírito totalmente diferente. Nenhum símbolo pode expressar melhor nosso espírito do que a unidade de mulheres aqui sugerida. O mero empenho de determinados serviços humanitários em meio à batalha, no ponto culminante da barbárie, seria um desafio sensacional para essa barbárie — pela qual o inimigo se decidiu e à qual nos obriga. O desafio seria ainda mais contundente se esses serviços humanitários fossem realizados por mulheres e envoltos por atenção maternal. As mulheres seriam poucas e o números dos soldados que conseguiriam atender, relativamente reduzido, mas o efeito moral de um símbolo não é medido por sua quantidade [...]. Essa seria a exibição mais patente de ambas as direções, entre as quais a humanidade tem de se decidir atualmente".[16] Mais uma vez na história do país, explica Weil, era preciso confrontar o espírito da idolatria, de maneira salvadora, com uma forma autêntica de fé. Resumindo, ela diz que imagina um tipo de anti-SS feminina no espírito da Virgem de Orléans: e o plano já está pronto e redigido. Quando Simone Weil o entrega pessoalmente a Maurice Schumann, ele promete solenemente à antiga companheira mostrá-lo ao general De Gaulle para uma tomada de decisão. E a acompanha no trajeto até o alojamento dela na caserna.

Como Schumann imaginava, De Gaulle não precisou nem de três segundos para encerrar a discussão a respeito do "comando de enfermeiras". "Mas ela está maluca!"[17] Eles também decidem que, no caso de Weil, qualquer tipo de atuação em solo francês está absolutamente descartado. Perigoso demais.

Bastava dar uma olhada nela. Só pele e ossos, de tão magra; sem os óculos, praticamente cega. Do ponto de vista físico, ela não estaria à altura da pressão. Sem falar do espiritual.

Apesar de todo o aspecto voluntarista da apresentação, Schumann ressalta que Weil era uma pessoa da maior integridade e, principalmente, dona de um intelecto único: graduação em filosofia em universidade de elite de Paris, a École Normale Supérieure, fluente em várias línguas, altamente dotada em matemática, com muitos anos de experiência no jornalismo e no trabalho sindical. Era preciso tirar proveito dessas habilidades.

Em vez de receber permissão para morrer no front por seus ideais, Weil é destacada para uma missão especial bem diferente por seus superiores: ela deve produzir planos e cenários para a reconstrução política da França na fase posterior à vitória sobre Hitler e à subsequente tomada de poder.

Profundamente desanimada, mas sem uma réplica aberta, ela assume a tarefa, se entrincheira num quarto de hotel em Hill Street 19, transformado em escritório especialmente para ela, e começa a pensar.

Inspirada

Na história da humanidade, devem ser poucos os indivíduos que foram mais intelectualmente produtivos num breve intervalo de quatro meses do que a ativista da Resistência Simone Weil nesse inverno londrino de 1943: ela escreve tratados sobre doutrina constitucional e teoria da revolução, sobre uma reorganização política da Europa, um estudo sobre as raízes epistemológicas do marxismo, outro sobre a função dos partidos numa democracia. Ela traduz partes das *Upanisadas* do sânscrito para o francês, discorre sobre a história religiosa da Grécia e da Índia, sobre a teoria dos sacramentos e da santidade da pessoa no cristianismo, bem como produz um novo ensaio sobre a existência cultural do ser humano na modernidade, intitulada *O enraizamento*,[18] com trezentas páginas.

Como também seu "Projeto de uma formação de enfermeiras de primeira linha" deixa antever, Weil reconhece a verdadeira adversidade do momento no âmbito do ideal e da inspiração. Segundo sua análise, a Europa, na condição do continente de origem de duas guerras mundiais em apenas duas décadas, sofre há tempos com o desgaste de seus valores e ideais, tanto culturais quanto políticos, outrora fundamentais. Na verdade, o comando militar da Resistência francesa é informado por ela em fevereiro, por meio de uma petição homônima, de que essa é uma "guerra de religiões".[19]

> A Europa permanece no centro do drama. Restaram na Inglaterra algumas brasas do fogo que Cristo lançou à Terra e que talvez tenha sido o de Prometeu. Isso evitou o pior [...]. Se dessas brasas e centelhas que brilham no continente não nascer uma chama que ilumine a Europa, estaremos perdidos. Se nos libertarmos apenas por meio de dinheiro e fábricas americanas, de um jeito ou de outro retornaremos a uma forma de escravidão semelhante à de hoje. Não nos esqueçamos de que a Europa não foi subjugada por hordas que vieram de outro continente ou de Marte e que enxotá-las não seria suficiente. A Europa sofre de uma doença interior. Ela necessita ser curada [...]. Os países subjugados podem contrapor apenas uma religião ao vencedor [...]. As conexões inimigas [...] seriam rompidas caso o fogo de uma fé autêntica se espalhasse por toda essa área.[20]

Para colocar em marcha esse processo curativo, primeiro no âmbito militar, depois também na política e na cultura, o continente tinha de ser tocado por um novo "bafejo de inspiração"[21] — de acordo com Weil, principalmente a partir dos textos de Platão e do Novo Testamento. Pois quem queria uma verdadeira salvação, principalmente em tempos sombrios, precisava seguir fontes que não eram apenas deste mundo.

Isso valia em primeiro lugar para seu país de origem, a França, que, na condição de nascedouro do impulso à liberdade de 1789, era o que mais tinha decaído espiritualmente entre todos os países em guerra. No verão de 1940, subjugada em apenas poucas semanas quase sem luta por tropas de Hitler, Weil afirmava que a França permanecia dependente de ajuda externa para sua libertação e que, como povo, havia perdido toda e qualquer fé em si mesmo. Em outras palavras, a França se encontrava profundamente afetada na mais importante e profunda necessidade emocional humana: a do "enraizamento".

> O enraizamento é talvez a necessidade mais importante e mais subestimada da alma humana. Está entre aquelas de mais difícil definição. O ser humano se enraíza a partir de sua participação real, ativa e natural na vida de uma comunidade, na qual determinados tesouros do passado e determinadas expectativas de futuro se mantêm presentes. A participação natural significa ser dada automaticamente pelo lugar, pelo nascimento, pela profissão e pelo ambiente social. Quase toda vida moral, intelectual e espiritual do ser humano deve ser transmitida pelos espaços vitais dos quais faz parte de maneira natural. [...] Uma conquista militar traz consigo, a cada vez, um desenraizamento. [...] Mas quando o conquistador permanece estranho ao território de que tomou posse, o desenraizamento se torna quase uma doença mortal para a população subjugada. Ele alcança

seu nível mais elevado nas deportações em massa, como na Europa ocupada pela Alemanha [...].²²

Essa foi a avaliação da situação feita por Simone Weil, autoimposta mentora filosófica do gabinete paralelo do general De Gaulle na primavera de 1943. Nascida judia, mas havia anos profundamente afinada com o cristianismo, sua análise de um déficit espiritual como o verdadeiro motivo do evento assassino lhe serve como fonte de sua produção intelectual, por assim dizer, quase sobre-humana.

Em transe

Como num transe, durante esses meses todo o espectro de seu intelecto único flui sobre o papel. Hora após hora, dia após dia. Sem que ela dormisse o bastante. E principalmente — como nos anos anteriores — sem que se alimentasse bem. No seu caderno de pensamentos londrinos, ela anota: "Mas pelo que se vê da situação geral e duradoura da humanidade neste mundo, comer até se fartar talvez seja sempre uma trapaça. (Que cometi com frequência)".²³

Em 15 de abril de 1943, o inebriamento chega a um fim abrupto. Weil tem um colapso no seu quarto e fica inconsciente. Ela é descoberta pela camareira apenas horas depois. Tendo retomado a consciência, Weil a proíbe categoricamente de chamar um médico. Ela ainda não desistiu da esperança de atuar na guerra. Em vez disso, Weil liga para Schumann, que lhe responde, mais uma vez, que ainda não havia uma decisão definitiva sobre uma operação na França — e que, portanto, em princípio, tudo ainda era possível. Principalmente no caso de uma rápida convalescença. Apenas depois disso Weil permite ser levada ao hospital.

Palerma

Se Ayn Rand, escritora e filósofa de Nova York, quisesse imaginar outra personificação de todos aqueles valores que, de acordo com sua convicção, eram responsáveis pela catástrofe da guerra mundial, não haveria melhor candidata do que Simone Weil, que existia de verdade e estava em Londres. Naquela primavera de 1943, Rand tem a impressão de que não há nada mais lamentável politicamente do que a disposição de sacrificar a própria vida em nome de uma nação. Moralmente, nada mais fatal do que o desejo de apoiar o outro em primeiro lugar e sobre todas as coisas. Filosoficamente, nada mais desatinado do que a fé cega em Deus. Metafisicamente, nada mais confuso do que a intenção de ancorar valores normativos num reino transcendental. Existencialmente, nada mais maluco do que a ascese pessoal para salvar o mundo.

O verdadeiro inimigo é exatamente essa postura e a ética que a conduz. Onde quer que se apresente, precisa ser superada e combatida de maneira incondicional. Segundo Rand, não era possível dar nenhum passo a mais rumo a esse irracionalismo. Muito menos em questões relativas à própria sobrevivência.

Como Rand havia aprendido dolorosamente em dez anos vivendo como autora freelancer, essas eram questões comerciais, principalmente nos Estados Unidos. Motivo pelo qual ela espuma de raiva numa carta de 6 de maio de 1943 a seu editor, Archibald Ogden, algo inédito na correspondência entre os dois: "*Confiança... confiança*, eu nem sei direito o que essa palavra significa. Se você está se referindo à confiança [*faith*] no sentido religioso, ou seja, no sentido de um aceitar e admitir cegamente, então eu realmente não confio em nada e em ninguém. Nunca o fiz e nunca o farei. Apoio-me apenas na minha razão e nos fatos". Rand expressou assim as verdadeiras bases de sua compreensão do mundo. E, ato contínuo, se dirige a Ogden movida por interesses personalíssimos: "Em que medida objetiva a editora Bobbs-Merrill é capaz de comercializar meu livro com sucesso? A quem exatamente devo me dirigir a respeito? E quais as bases?".[24]

Sete anos de trabalho haviam sido investidos nesse romance. A obra recebeu toda a sua energia vital e criatividade, principalmente sua filosofia. Agora, *A nascente* está prestes a ser divulgada pela editora — em anúncios como sempre muito insuficientes — como uma história de amor no meio da arquitetura. A assessoria de imprensa não faz valer nem o fato de o livro ter sido escrito por uma mulher e não por um homem: "Quanto à confiança que devemos ter em relação a esses funcionários, evidentemente só pode ser a confiança em um palerma [...]. É esse o tipo de confiança que você espera de mim?".[25]

Trata-se evidentemente de uma questão retórica. Durante sua vida, Rand tinha sido considerada de muitas formas. Mas nunca uma palerma. Ao contrário: as pessoas com quem conversava já sabiam, depois de poucos minutos, que estavam diante de um intelecto de clareza única e independente. Portanto, o problema básico a ser resolvido neste mundo não estava dado pela sua vida, mas pela vida de todos os outros. O verdadeiro enigma, para Rand, não era o que as pessoas pensavam e faziam, mas *por que* faziam. Por que elas não podiam simplesmente pensar de maneira rigorosa e, o mais importante, agir assim? E o que impedia as pessoas de seguirem a cada vez o próprio julgamento, baseado única e exclusivamente na razão? Afinal, ela conseguia.

Atrevimento

Por que seu editor não assumia, pelo menos agora — um dia antes do lançamento oficial do livro — o mais evidente? Os dois ou três anúncios a serem publicados eram puro jogo de cena. A bem da verdade, a obra estava sendo produzida pela editora no modo automático. De acordo com a opinião do departamento de marketing, *A nascente* tinha de garantir seu lugar nas livrarias ou até nas listas dos mais vendidos por sua própria conta. Afinal, ninguém que tivesse lido ao menos uma página deixaria de perceber que o livro de mais de setecentas páginas, protagonizado pelo quase sobre-humano arquiteto Howard Roark, era um romance que havia se tornado um manifesto filosófico. Um vultoso monumento de ideias com monólogos de páginas inteiras, que ainda por cima tinha a (pouco vendável) particularidade de desafiar todas as intuições morais sobre as quais supostamente se baseavam os sentimentos éticos do público americano *mainstream*.

No que se referia a Rand, era exatamente essa a única promessa de sua obra. E assim devia ser apresentada e divulgada: um acontecimento literário *transformador*, que oferece a seus leitores uma visão de mundo fundamentalmente outra, que os leva da caverna à luz, a fim de se verem a si mesmos e a seu mundo com clareza pela primeira vez! Para seus amigos mais chegados, a autora diz que espera vender no mínimo 100 mil exemplares[26] e que aguarda, em breve, a filmagem da história por Hollywood — com seu ator preferido, Gary Cooper, no papel de Howard Roark.

Quais os argumentos *puramente racionais* contrários a isso? Não a qualidade de sua obra, com certeza. Muito menos a atualidade da mensagem! O estado atual do mundo e dos Estados Unidos não era evidente? Será que cada um dos cidadãos não percebia que algo muito fundamental havia saído dos trilhos? Que proteger todo um círculo cultural em face do declínio pelo qual todos tinham culpa era mais urgente que nunca? Tirá-lo da profunda confusão em que ameaçava afundar naquela primavera de 1943, numa orgia mundial de violência, por meio do poder da livre expressão, da precisão do argumento e até da força mundialmente transformadora da narrativa, como numa terapia?

Pronta para a luta

O objetivo que Rand havia se colocado com seu romance era principalmente iluminar "a batalha entre o individualismo e o coletivismo não na política, mas na alma humana".[27] *Esse* era seu verdadeiro tema: ou seja, a batalha entre autonomia e determinação externa, entre pensar e obedecer, entre intrepidez e submissão, entre criar e copiar, entre integridade e corrupção, entre progresso e decadência, entre eu e todos os outros — entre liberdade e opressão.

No caminho da verdadeira libertação do indivíduo do jugo da moral escravista altruísta, as obras de Max Stirner e Friedrich Nietzsche haviam apenas indicado inícios rapsódicos. Apenas com sua filosofia, a de Ayn Rand, o egoísmo esclarecido receberia um fundamento objetivamente justificável. É esse exato espírito que a autora insufla também em seu herói Howard Roark — como salvador de todos os males do presente — durante o julgamento decisivo no final de seu romance. Amante da liberdade, ele personifica o caminho de uma vida de razão pura, criativa. O credo de Roark também era o de Rand:

> O criador vive para sua obra. Ele não necessita de outros homens. Seu objetivo primário encontra-se dentro dele mesmo. [...] O altruísmo é a doutrina que exige que o homem viva para os outros e coloque os outros acima de si mesmo. [...] O que mais se aproxima disso na realidade, o homem que vive para servir os outros, é o escravo. Se a escravidão física é repulsiva, quão mais repulsivo não é o conceito da servilidade do espírito? Aquele que se tornou escravo após uma derrota militar tem ainda um vestígio de honra. Ele tem o mérito de haver resistido, e de considerar sua condição um mal. Mas o homem que

escraviza a si mesmo voluntariamente, em nome do amor, é a mais vil das criaturas. Ele degrada a dignidade do homem e degrada o conceito do amor. Mas essa é a essência do altruísmo.[28]

Rand sabia do que seu herói alertava. Ela havia sentido na própria pele o que era viver numa sociedade de escravos criados pelo Estado. Como tantas outras famílias judias outrora abastadas, os Rosenbaum de São Petersburgo também foram expropriados no decorrer da Revolução Russa de outubro. Depois do saque e da destruição da farmácia do pai (Lênin: "Saqueiem os saqueadores!"), Ayn — que na época ainda se chamava Alissa — refugiou-se com os pais e as duas irmãs na Crimeia no final de 1918. Milhares de quilômetros percorridos, primeiro de trem e depois andando. Embora a família tenha voltado a São Petersburgo em 1921 (Petrogrado; a partir de 1924, Leningrado), o pai, outrora representante da "burguesia", agora desprovido de quaisquer meios, ficou impedido de tocar sua farmácia.[29]

No outono desse ano, Rand se inscreve nos cursos de história e filosofia da universidade e, após sua graduação em 1924, ela se transfere para a faculdade de artes aplicadas a fim de estudar cinema. Por essa época, entretanto, seu verdadeiro objetivo já é outro: o maior desejo da superdotada de dezenove anos é sair da União Soviética, não ter nenhuma relação com sua utopia do "novo ser humano", e sim tornar-se, por empenho pessoal, criadora de mundos próprios. Ela quer ir ao encontro da liberdade, ao país de seus atores de cinema e diretores preferidos. Para os Estados Unidos!

Munida de um visto de turismo, no início de 1926 os pais conseguem mandá-la para a casa de parentes em Chicago. Seis aventureiras semanas mais tarde (Riga, Berlim, Le Havre, Nova York), ela está no ônibus rumo a Hollywood, a fim de ganhar a vida como escritora e roteirista. Na época, Alissa Rosenbaum está com 21 anos, não fala quase nenhuma palavra em inglês e quer ser chamada de "Ayn Rand". Se não era possível salvar o Velho Mundo, Alissa poderia se tornar outra no Novo Mundo. Ela preferiria morrer a voltar ao país natal.

Mais que lógico

Desde então, durante dezessete anos, ela batalhou diariamente pelo seu sonho americano. Enquanto Rand se imagina mais perto do que nunca de seu objetivo de vida com a publicação de *A nascente*, seus pais e suas duas irmãs mais jovens estão ameaçados de morrer de fome em Leningrado, cercada havia mais de dois anos pelo exército de Hitler. Ah, se eles ainda estivessem vivos. Não há nenhuma possibilidade de Rand obter essa informação. As poucas histórias que atravessam o Atlântico sobre a luta pela mera sobrevivência dos sitiados assemelham-se a boatos e excedem os limites do humano. Há relatos de 1 milhão de habitantes mortos até a primavera de 1943. Todos os cães e gatos já haviam sido sacrificados como comida. Fala-se até de um canibalismo sistemático.[30] Não, ela não precisa ouvir mais nada. Já havia vivenciado tudo isso. A fome. O tifo. Os mortos. Desde então, seus olhos se mantinham abertos. E, nesse meio-tempo, estavam filosoficamente mais aguçados.

De acordo com a visão de Rand a respeito da situação, o prazer tétrico tanto de Hitler quanto de Stálin seguia a lógica de um jugo perpetrado com violência pelo Estado contra cada indivíduo em nome de um coletivo ideal excessivamente amplificado. O fato de esse coletivo ser chamado de "classe", "povo", "nação" ou "raça" só tem importância num primeiro momento. Pois em seus impulsos, métodos e, principalmente, em seus efeitos misantrópicos, são "totalitarismos"[31] — como Rand reúne conceitualmente as ameaças políticas desde o início dos anos 1940 — cujos resultados têm o mesmo efeito. Primeiro o totalitarismo havia vencido na Rússia, depois na Itália e, por fim, na Alemanha. Ou seja, nenhum país estava livre dele. Nem os Estados Unidos — muito menos os Estados Unidos. Afinal, o segredo do sucesso das forças autoritárias no seu sistemático processo de submissão era exatamente não apostar no apoio manifesto das grandes massas, mas apenas em sua surda indiferença.

Por essa razão, com a entrada dos Estados Unidos na guerra sob o signo do New Deal do presidente Roosevelt, Rand imaginava o mundo inteiro ameaçado de sucumbir devido a uma única ideia falsa, um mal-entendido filosófico fundamental: o enobrecimento do autossacrifício em favor de outros, em favor de um coletivo tornado sagrado pela propaganda. Era preciso romper esse bloqueio de pensamento altruísta. Essa guerra era uma guerra de ideias!

> Todos esses descalabros foram tornados possíveis *unicamente* por seres humanos que perderam o respeito pela vida humana individual, única; seres humanos que acreditam na ideia de que o que vale são classes, raças e nações, não pessoas individuais; que a maioria é sagrada e a minoria, lixo; que hordas contam, não cada ser humano. O que você acha disso? Aqui não existe meio-termo.[32]

Já em 1941 Rand havia escrito essas linhas para um manifesto político. Tendo em vista a situação política mundial, ela pensou em rapidamente desenvolver o texto e transformá-lo num livro. Na primavera de 1943, ela está mais convencida do que nunca de entrar com toda a força mental nessa guerra das ideias. E por puro interesse pessoal. Por sua *própria* liberdade e integridade ameaçadas. Por tudo aquilo que é caro *a ela* neste mundo e em nenhum outro. Se não, para quem ou o que mais?

A estrangeira

Quase vizinha do apartamento de Ayn Rand em Manhattan, Hannah Arendt também vê chegar o tempo para uma redefinição fundamental. Mas num gesto bem menos combativo. "Apenas muito poucos indivíduos", escreve a filósofa de 36 anos num artigo de janeiro de 1943, "conseguem reunir a força de defender a própria integridade quando seu status social, político e jurídico está totalmente abstruso."[33] Exatamente dez anos após sua expulsão da Alemanha de Hitler, Arendt não está bem certa de encontrar a energia necessária em si ao se olhar no espelho. Nunca na vida ela se sentira tão isolada, tão completamente vazia e sem encontrar sentido nas coisas como nas últimas semanas: "Perdemos nosso lar e, com isso, a familiaridade do cotidiano. Perdemos nossa profissão e, com isso, a confiança de ser de alguma utilidade para este mundo. Perdemos nossa língua e, com isso, a naturalidade de nossas reações, a simplicidade de nossos gestos e a expressão natural de nossos sentimentos. Deixamos para trás nossos parentes nos guetos poloneses, nossos melhores amigos foram assassinados nos campos de concentração, e isso significa a derrocada de nosso mundo particular. [...] Quando somos salvos, nos sentimos submissos, e, quando nos ajudam, nos sentimos humilhados. Lutamos como loucos por uma vida privada com destino individual".[34]

A descrição que Arendt faz de seu estado de espírito é um exemplo muito vívido dos sofrimentos da alma que Simone Weil descreve como consequência necessária do "desenraizamento" existencial. Entretanto, nessa época Arendt não está num país ocupado de maneira duradoura nem se tornou vítima de uma deportação em massa. Essa passagem de seu ensaio "Nós, os refugiados" descreve a perda abrangente que atingiu com especial intensidade os refugiados judeus alemães no Novo Mundo na passagem dos anos 1942-1943. Durante semanas, ela e seu marido passaram seus dias encarando o nada cinzento céu de inverno de Nova York. Fumando. Em silêncio. Como os últimos seres humanos sobre a terra.

Sem proteção

Arendt, por natureza de temperamento alegre, tinha enfrentado sua situação nos últimos dez anos com obstinação e criatividade. Nos momentos decisivos, ela sempre encontrara ânimo suficiente dentro de si para seguir uma nova vida. De Berlim a Paris, de Paris a Marselha, de Marselha a Nova York. Sempre com o objetivo "de abrir seu caminho sem todos os truques sujos da adaptação e da assimilação".[35]

Na primavera de 1943, o que ela havia salvado da estrutura de sua vida privada era unicamente seu "monsieur" Heinrich, com o qual dividia um cômodo mobiliado num decadente bloco de apartamentos na avenida 95. No mesmo andar, encontrava-se sua mãe, Martha Arendt (nascida Beerwald), viúva, indefesa e enfermiça. Certamente, isso era mais do que muitas outras "*displaced persons*" haviam conseguido salvar durante a fuga. Mas estava longe de ser um destino autodeterminado que merecesse esse nome.

Outrora aluna exemplar de Karl Jaspers e Martin Heidegger, durante os anos do exílio ela não perdera a especial sensibilidade de se situar com exatidão entre todas as correntes. Na realidade, o número de pessoas que a queriam bem e nas quais ela podia confiar agora era contado nos dedos de uma mão: o mentor de Arendt, Kurt Blumenfeld, em Nova York, bem como o judaísta Gershom Scholem, em Jerusalém. O ex-marido Günther Stern, na Califórnia; e o teólogo Paul Tillich, também em Nova York. Não era possível saber se os Jasper ainda viviam e, caso afirmativo, onde. A última carta logo faria dez anos. Ela não sabia o motivo de o contato ter sido interrompido tão precocemente. Em retrospecto, Jasper foi o único professor de verdade que ela teve. Sua ligação outrora tempestuosa com Heidegger tinha se extinguido em 1933 por motivos bem diferentes, quando ele ingressou no Partido Nacional-Socialista dos Trabalhadores Alemães [Nationalsozialistische Deutsche Arbeiterpartei] (NSDAP) e, num anexo ao seu discurso anual como reitor da Universidade de Freiburg, anunciou aos alunos: "O Führer e apenas ele é a realidade alemã de hoje e do futuro, bem como sua lei".[36] Ela ainda não tinha reunido coragem para falar com Ernst Cassirer, que agora lecionava em Yale e sabia de amigos em comum com Arendt.

O estremecimento

Desde o ingresso dos Estados Unidos na guerra, tinha se tornado ainda mais difícil conseguir informações sobre o destino de conhecidos e parentes que haviam permanecido na Europa — quanto mais, ajudá-los na fuga. Por essa razão, Arendt fica especialmente impactada quando, em 18 de dezembro de 1942, a revista dos exilados em língua alemã *Der Aufbau* (para a qual ela havia colaborado durante um ano como colunista) publica uma reportagem sobre o dia da deportação para o campo de concentração de Gurs, no Sul da França, seguida de uma longa lista com os nomes dos deportados.[37] Arendt também foi prisioneira nesse campo em 1940 — e reconheceu muitos nomes.

O artigo na *Der Aufbau* nesse inverno foi apenas uma das muitas publicações que relatavam o início de uma nova fase no tratamento dispensado pelos nazistas aos judeus europeus, nesse meio-tempo presos aos milhões em campos de concentração. No sentido da "solução final para a questão judaica", anunciada por Hitler e Goebbels, essas pessoas começavam a ser assassinadas — asfixiadas com gás — de maneira industrial em campos de extermínio especialmente construídos. Nem

Arendt nem seu marido jamais duvidaram do ódio incondicional que os nazistas nutriam pelos judeus e da sua brutalidade incontrolável para alcançar seus objetivos. Mas mesmo eles têm dificuldades, a princípio, em reconhecer a credibilidade desses relatos. O procedimento retratado era monstruoso demais e totalmente sem sentido como método. Inclusive por questões estratégicas e logísticas. Principalmente no momento em que o exército de Hitler contabilizava uma derrota após a outra. Dizia-se que apenas naquele inverno os alemães haviam perdido 1 milhão de soldados na União Soviética.

Mas parecia ser mesmo o caso. Os relatos eram muitos; as fontes, bastante diversas. O sentimento de perda de mundo que Arendt sentiu nas semanas seguintes tinha uma intensidade inédita para ela. Não se referia a nenhum grupo ou comunidade específica, nem lugar concreto ou período de tempo; talvez à sua existência como ser humano. Ela foi tomada por um estranhamento quase metafísico. Como se um abismo tivesse se aberto no meio desse mundo, no meio dela mesma, e que nada nem ninguém conseguia transpor.

No que exatamente eles não queriam acreditar? O que achavam ser impossível? Declarar todo um povo — mesmo que espalhado pelo mundo — como inimigo mortal não era nada estranho à humanidade. Nem mesmo essa guerra e suas batalhas bestiais eram novidade. A história conhecia outros exemplos; a bem da verdade, ela era constituída quase inteiramente assim. Mas *isso*... Nada fez com que Arendt sentisse mais claramente sua impotência do que a incapacidade duradoura de descrever com suas próprias palavras o que acontecia.[38]

No presente

Ela queria ter simplesmente se esquecido de seu antigo eu. Feito de conta que era absolutamente livre para decidir quem era e onde gostaria de morar a partir de então. Afinal, havia pessoas, inclusive filósofos, que explicavam que algo assim era possível. Mas ela nunca fora jovem o suficiente para tais ilusões. Na realidade, ela sabia, a criação de "uma nova personalidade era tão difícil e desesperançada como uma recriação do mundo".[39] Ninguém nunca recomeçava tão do começo. Ninguém era tão livre e desimpedido. Independentemente de quanto a pessoa — fosse por megalomania, fosse por profundo desespero — tivesse tal desejo ou se imaginasse nessa situação.

Pensando bem, eis uma maneira de explicar como tinha sido possível chegar a esse espetáculo infernal. Na sua base estava a ideia maluca dos indivíduos de dar uma nova forma ao mundo segundo sua própria vontade, de literalmente recriá-lo a partir de um único molde, sem variações. Tratava-se de uma visão alucinatória de um mundo que, a partir de então, teria apenas um semblante. Ou seja, um mundo que em sua contínua recriação prescindia de outras pessoas e de oposição rediviva: o pesadelo político da dominação total.

Mesmo nesses tempos sombrios, porém, era possível despertar dos pesadelos. Era preciso apenas achar a coragem dentro de si para abrir os olhos — e mantê-los abertos —, a fim de se conscientizar, com a mente alerta, dos abismos do próprio presente. "Dizer a verdade, mesmo quando escandalosa."[40] E, dessa maneira, testemunhar de quais profundezas o inferno havia aflorado à terra. Ou seja, não ser vítima do passado nem do futuro. Não seguir cegamente nem o próprio julgamento nem o do outro. Encontrar a coragem de empregar a própria razão. Orientar-se livremente no pensamento.

Naquele momento — Arendt estava reunindo novas forças — o importante era "ser do seu próprio tempo".[41] Ou em outras palavras: filosofar.

II.
Exílios

1933-1934

Arendt deixa seu país; Weil, seu partido;
Beauvoir, seu ceticismo; e Rand, seu roteiro

Trama

"Quase sempre há alguém sentado à minha frente; preciso apenas dar uma checada e já sei do que se trata. Mas o que faço com a senhora?"[1] Pelo visto, seu nome ainda não constava em nenhuma ficha da Gestapo. E, mesmo que ela quisesse dar uma pista ao jovem policial, Hannah Arendt também não sabia avaliar direito por que ela e sua mãe, naquela manhã de maio, tinham sido arrancadas da mesa de um café próximo à Alexanderplatz e levadas a um interrogatório.

Motivos não faltavam. Pois durante toda a primavera seu apartamento da Opitzstraβe havia servido de esconderijo para perseguidos políticos. E depois havia ainda o pedido do amigo Kurt Blumenfeld, uma geração mais velho, para organizar para o próximo Congresso Sionista, em Praga, "uma antologia de todas as manifestações antissemitas de baixo nível", que a levava dia após dia à hemeroteca da Biblioteca Estatal da Prússia. Nessa época, reunir materiais como esses também era ilegal.

Era possível ainda que a polícia estivesse apenas querendo intimidar, checando listas de nomes — bem como listas que se baseavam nessas listas. Como no caso da caderneta de endereços de Bertolt Brecht. Poucos dias depois de Hitler tomar o poder, a Gestapo havia confiscado o livrinho do seu apartamento. Um "quem é quem" da intelligentsia comunista de Berlim, da qual o marido de Arendt, Günther Stern, fazia parte.

Por medo de cair nas mãos da recém-criada força policial "auxiliar" dos nazistas na Prússia, no início de fevereiro Stern havia saído de Berlim rumo a Paris. Apenas duas semanas mais tarde — como se o incêndio no Reichstag na noite de 27 para 28 de fevereiro de 1933 tivesse sido o sinal de largada havia tempos combinado — começaram as ondas: prisões arbitrárias, transferências para campos de concentração provisórios nos arredores, até ginásios esportivos da cidade foram transformados em câmaras de tortura. Nesse verão, havia mais de duzentos desses lugares somente em Berlim. O terror nazista havia chegado ao cotidiano. O número de vítimas alcançava os milhares.

Era mais que provável que uma unidade da Gestapo estivesse vasculhando seu apartamento nessa mesma hora. Mas o que os grosseirões encontrariam por lá, além de dezenas de cadernos de anotações com transcrições de citações originais gregas, poemas de Heine e Hölderlin, bem como inúmeras obras sobre a vida intelectual de Berlim no início do século XIX?

Para os registros públicos, ela era uma irrepreensível doutora em filosofia, que até o ano anterior contava com uma bolsa da Fundação Emergencial Alemã para a Pesquisa. A clássica vida berlinense: acadêmica sem proventos, autora sem lugar para publicar. Claro que ela passava todos os dias na biblioteca. E o que mais? Afinal, a pesquisa nunca descansava.

A mãe de Arendt também não revelou nada de proveitoso, como se descobriu. Perguntada sobre as atividades da filha, a viúva Marta Beerwald (Arendt era o nome do marido) expressou durante seu interrogatório uma linda frase de solidariedade dita por pais em geral: "Não, não sei o que ela faz, mas seja lá o que tenha feito, foi certo, e eu também teria agido assim".[2]

As duas são liberadas ainda no mesmo dia da prisão.[3] Não precisaram sequer mobilizar um advogado. Tiveram sorte. Dessa vez. Apesar disso, a decisão de Arendt está tomada. Não havia mais futuro naquele país. Pelo menos, não para pessoas como ela.

O caso de Rahel

Nesse primeiro verão após a tomada de poder por Hitler, poucos deviam estar mais conscientes que Hannah Arendt de que a decisão sobre quem ou o que se era não estava, de modo algum, nas mãos do próprio indivíduo. A partir do exemplo da berlinense Rahel Varnhagen, havia três anos ela investigava a complexa dinâmica identitária de uma judia alemã e intelectual na passagem do século XVIII para o XIX. Ela havia formado o psicograma de uma mulher cuja vida retratava a história emocionante do judaísmo alemão esclarecido — principalmente no quesito assimilação. Nesse livro, constituído em grande parte por uma colagem de citações, Arendt refaz o processo de consciência de uma mulher que, por meio da negação contundente de sua origem judaica, não consegue construir uma relação estável consigo mesma e com o mundo. Como alguém de seu tempo, assim como Arendt, lançada numa situação de tripla marginalização — mulher, judia, intelectual —, a recusa de Rahel em se reconhecer socialmente como aquilo que aos olhos dos outros é inegável e precisa se manter assim leva-a a uma situação de renúncia muito dolorosa: "A luta de Rahel contra os fatos, acima de tudo contra o fato de ter nascido judia, se tornou muito rapidamente uma luta contra si mesma. Uma vez que não podia simplesmente negar a existência a si própria, precisou recusar o consentimento a si mesma, a prejudicada; negar, mudar, reformular a si própria por meio de mentiras. [...] Uma vez que uma pessoa tenha negado a si mesma, não há nenhuma alternativa. Há apenas uma coisa: sempre, num instante, ser justamente diferente do que se é".[4]

Para Arendt, o caso de Rahel também é exemplar de todo um período histórico na medida em que duas formas necessárias de coragem colidem nas suas situações de vida: a coragem esclarecida, de se servir da própria razão e, nesse sentido, determinar-se de maneira autônoma como ser racional, bem como a coragem de reconhecer que a liberdade dessa autodeterminação está sempre condicionada a relações tanto históricas quanto culturais, das quais nenhum indivíduo consegue se distanciar por completo. No próprio espaço de tempo de Rahel isso se expressa no campo de tensão entre ideais de autodeterminação esclarecidos e românticos: entre razão e história, orgulho e preconceito, pensamento e obediência, entre o sonho da autodeterminação integral do eu e da ineludível determinação heterônima pelos outros.

Segundo Arendt, a razão esclarecedora "pode libertar dos preconceitos do passado e orientar o futuro de uma pessoa. Infelizmente, é óbvio que isso não basta: ela só consegue libertar individualmente, e apenas o futuro de robinsons se encontra em suas mãos. O indivíduo libertado desse modo, porém, sempre colide com um mundo, uma sociedade cujo passado tem poder na forma de 'preconceitos', onde é forçado a aprender que a realidade passada também é uma realidade. Ter nascido judia podia significar para Rahel meramente algo do passado remoto, podia ter sido inteiramente erradicado de seu pensamento; como preconceito nas mentes de outros, porém, o fato continuava sendo uma desagradável realidade presente".[5]

Ninguém se livra da derrelição em meio a essa tensão — e nem deveria desejar fazê-lo. Pois, na realidade, o preço seria nada menos que a perda daquilo que merece ser chamado de mundo e de realidade.

Esclarecida

Há o risco da perda do próprio mundo em nome de uma autodeterminação demasiadamente racional — com esse alerta a Rahel, Arendt se coloca de maneira muito consciente na trilha de seus dois marcantes professores acadêmicos: Martin

Heidegger e Karl Jaspers. Ainda como estudante em Marburg, Arendt foi sensibilizada por Heidegger — com quem manteve desde 1925 um relacionamento amoroso de vários anos — em relação aos pontos cegos da moderna imagem do mundo e do ser humano. Pois o ser humano descrito por Heidegger em sua obra monumental *Ser e tempo* não era de modo algum um "sujeito" prioritariamente dotado de razão, mas antes um "ser-aí" [*Dasein*] lançado ao mundo de maneira insondável. Segundo o filósofo, ele também viveria como um ser pensante e, principalmente, atuante, não numa "realidade" muda, mas num "mundo circundante" [*Umwelt*], que para ele sempre foi significativo. Para Heidegger, também a verdadeira autonomia humana se relacionava menos com decisões puramente racionais, cálculos ou até normas regulatórias, e mais com a coragem de recorrer a si mesmo em situações limítrofes e especiais, existencialmente singulares.

Nos anos 1920, todos esses temas mobilizavam também o intelectual mais próximo de Heidegger, Karl Jaspers, quando Arendt se apresentou ao último em 1926, para seu doutorado em Heidelberg. Entretanto, ao contrário de Heidegger, a "filosofia existencial" de Jaspers reforçava menos o poder de estados de ânimo sombrios e individuais, como o medo ou a proximidade da morte, e mais as possibilidades do ser humano em encontrar o caminho para uma vida mais clara e livre por meio da comunicação e do voltar-se para o outro. Idealmente, esse "voltar-se para" deveria ser sempre pensado de maneira dialógica, algo que enfatizava a necessidade de um interlocutor de fato e excluía a possibilidade de um endereçamento genérico, no sentido de um "alguém", "a opinião pública" ou até "a humanidade".

Impregnada desses impulsos, no fim dos anos 1920 Arendt infere um fundamento interpretativo da situação humana que lhe permite uma aproximação extremamente aceitável, em forma e conteúdo, ao caso de Rahel Varnhagen. Afinal, a situação de Rahel não parecia ter sido criada especialmente para revelar de maneira exemplar as relações de pressão que, em realidade, condicionam toda vida humana?

Polifonia

Reconhecer-se por meio de Rahel como ser humano — para Arendt, como filósofa, isso significava rechaçar a concepção de razão alheia do mundo e, portanto, também a-histórica. Significava o reconhecimento de que a verdadeira autodescoberta só é possível sob o signo de outras pessoas; significava também a renúncia àquele discurso abstrato do "ser humano em si" [*Mensch an sich*]. Portanto, era absolutamente coerente que Arendt preferisse estudos de casos concretos a análises e tratados puramente abstratos: a filosofia existencial como reportagem polifônica da existência.

Logo com as primeiras frases do seu livro sobre Rahel, Arendt oferece um exemplo contundente desse modo de aproximação e se firma como autora em 1933 — exatamente cem anos após a morte de Rahel — ao retornar a um ponto de inflexão decisivo da história judaico-alemã.

Semelhante a um Quixote que, preso durante toda a vida a descrições falsas, vagava de maneira idealista pelo mundo à procura de si mesmo, a romântica Rahel Varnhagen tem um momento de verdadeira percepção e autodescoberta em seu leito de morte: "Que história! Fugitiva do Egito e da Palestina, aqui estou, e encontro ajuda, amor e cuidados entre vocês! Com sublime enlevo penso nessas minhas origens e em todos esses encadeamentos do destino, através dos quais as lembranças mais antigas da raça humana colocam-se lado a lado com os últimos desenvolvimentos. As maiores distâncias no tempo e no espaço estão superadas. A coisa que por toda minha vida pareceu-me a maior vergonha, a miséria e o infortúnio mais amargos — ter nascido judia —, desta eu não devo agora por nenhum motivo desejar ter sido privada".[6]

Arendt escreve essas linhas no momento em que se encontra num ponto crucial de sua vida. Pois, exatamente como a bem protegida filha de burgueses Rahel Varnhagen soube no passado, por meio do aparecimento de Napoleão, que "também sua existência estava subordinada às condições políticas gerais",[7] Arendt, como pensadora, se voltou à esfera do político por meio do aparecimento de Hitler. Assim como Varnhagen, que por fim chegou a ser grata por sua identidade como judia, Arendt, durante o trabalho nesse livro, ficou cada vez mais alerta e atenta às exigências específicas, aos perigos e também às chances quase marginais que resultavam de sua condição judaica, que por muito tempo não havia sido tematizada.

Concretamente, os processos de sua politização e sensibilização aconteceram sob pressão do regime nazista em ascensão e levaram ao compromisso, incentivado pelo amigo sionista Kurt Blumenfeld, de contribuir como pesquisadora para a reunião de exemplos das difamações antissemitas que haviam se tornado diárias na Alemanha.

Enquanto isso, mantinha-se em aberto o que ela era em sentido estrito e no que queria se tornar. A única coisa evidente é que essa determinação não estava somente em suas mãos; e que as expectativas por uma resposta inequívoca se tornavam mais intensas de todos os lados. Era como se a ânsia policialesca por classificação absolutamente clara tivesse se estendido, da noite para o dia, sobre toda uma sociedade.

Essência alemã

No início de 1933, esse tema domina também uma troca de cartas com seu orientador de doutorado, Karl Jaspers. O espírito do tempo o inspirava, assim como a Arendt, a elaborar um psicograma especial. A questão da identidade também era prioritária para Jaspers. Afinal, ele encontrava "tamanha boa vontade e impulso autêntico no falatório confuso e errado da juventude nacional-socialista" que — a exemplo de seu colega professor em Heidelberg, o sociólogo Max Weber, falecido no outono de 1919 — quis dedicar-se à pretensão "de ser alemão".

Muito conscientemente lançado por uma editora nacional-socialista, "a fim de alcançar leitores que necessitam desse impulso educativo (!) e que por ele anseiam",[8] no outono de 1932 Jaspers tinha lhe enviado seu estudo com uma dedicatória pessoal. O título: *Max Weber: Deutsches Wesen im politischen Denken, im Forschen und Philosophieren* [Max Weber: A essência alemã no pensamento político, na pesquisa e no filosofar].[9] Arendt passou meses elaborando uma resposta:

Berlim, 1º de janeiro de 1933

Prezado senhor professor,

receba meu mais cordial obrigada pelo Max Weber, com o qual o senhor me proporcionou grande alegria. Entretanto, o fato de eu agradecer apenas hoje pelo texto tem um motivo determinado: o título e a introdução dificultam, logo de início, minha tomada de posição. Não me refiro ao senhor apresentar Max Weber como o grande alemão, mas como a "essência alemã", e identificar isso a "racionalidade e humanidade que se originam na paixão" […]. O senhor compreenderá que, como judia, não posso dizer nem sim nem não a respeito disso, e que minha aceitação seria tão inadequada quanto uma argumentação contrária. […] Para mim, a Alemanha é a língua materna, a filosofia e a arte poética. Posso e devo defender isso. Mas estou obrigada a uma distância, não posso ser a favor nem contra quando leio a frase grandiloquente de Max Weber, dizendo que para o reerguimento da Alemanha ele se aliaria também ao diabo em pessoa. E me parece que essa frase evidencia o ponto decisivo. [...] Apesar dos trabalhos domésticos, consigo trabalhar bem. A maior parte da Rahel já está pronta.[10]

Sem levar em consideração que, com a virada de 1932-1933, estava cada vez mais claro o tipo de pacto diabólico que essa Alemanha se dispunha a fazer para seu "reerguimento", o trecho visionário da réplica de Arendt está na recusa de um posicionamento inequívoco. Ela só concorda em relação à língua materna e a uma tradição que a nutriu como ser pensante. Mas não no sentido de posturas específicas, ideais ou mesmo territórios. Pessoas como Arendt carregam a pátria através do mundo no coração (e na forma de livros, logo também em malas).

Justamente porque é preciso a cada vez inferir e dar vida a uma "Alemanha" tão específica nos processos de leitura e reinterpretação, também não é possível determinar uma "essência" fixada para todo o sempre. Seu "reerguimento salvador" só pode acontecer, quando muito, em atos da apropriação compreensiva e, portanto, benevolente — algo que exclui, como que por contradição de termos, qualquer pacto com o diabo.

Jaspers, em sua pronta resposta, alerta a antiga aluna de que, como uma existência cultural, não era possível viver "apenas da negação, das problemáticas e das ambiguidades".[11] No início de 1933, porém, Arendt não quer ouvir murmúrios de uma missão histórico-política da Alemanha nem de um agregamento unilateral de judeus de língua alemã nas citadas tradições. Em 6 de janeiro de 1933, ela escreveu a Jaspers:

Naturalmente ainda sou alemã no sentido que já escrevi. Apenas não consigo acrescentar simplesmente o destino histórico e político. Sei exatamente o quão tarde e o quão esparsamente os judeus participaram disso, o quão casualmente eles entraram na história que lhes era estranha. [...] A Alemanha em seu antigo esplendor, que é a minha, quase não pode ser resumida numa palavra; como, aliás, cada univocidade — seja a dos sionistas, dos assimilados ou dos antissemitas — apenas encobre a real problemática da situação.[12]

Mas como seria possível imaginar a vida — de uma judia alemã ou alemã judia — que não estivesse metida na armadilha reativa de viver, a partir de então, "apenas de negação" e, ao mesmo tempo, se privando da exigência contemporânea por um posicionamento absolutamente inequívoco? Como seria uma vida que escapasse da armadilha de Rahel, sem cair na aceitação incondicional e, portanto, também na apropriação política? Onde quer que Arendt fosse buscar ou criar respostas para essas questões, não poderia ser mais na Alemanha.

Porta dos fundos

Juntamente com a mãe, Arendt escolhe a rota clássica: partir das montanhas do Erzgebirge, atravessar a fronteira fora dos pontos oficiais, menos vigiados, até a Tchecoslováquia. Os perseguidos políticos costumavam permanecer em Praga; desde a primavera de 1933, eles haviam formado uma forte rede de contatos da Resistência, principalmente social-democrata. Os intelectuais, por sua vez, costumavam passar pela Suíça para chegar à França. No verão de 1933, cerca de 40 mil pessoas fugiram, 20 mil delas rumo a Paris.

Como para representar a nova posição "intermediária" no próprio corpo, a passagem pela fronteira acontece pela casa de uma simpatizante alemã, "cuja porta da frente ficava na

Alemanha e a porta dos fundos, na Tchecoslováquia: ela recebia seus 'hóspedes' de dia, oferecia comida e depois, sob a proteção da noite, lhes franqueava a porta de trás".[13] Para fora da Alemanha, rumo a uma nova existência.

Furiosa

A professora de ginásio e ativista sindical Simone Weil também se despediu definitivamente da Alemanha no verão de 1933. Ela havia decidido viajar de Paris a Berlim apenas um ano antes, a fim de testemunhar diretamente, por algumas semanas, a situação local. Afinal, como ela escrevera na introdução de sua série de dez reportagens para uma revista sindical, "todos que basearam suas esperanças numa vitória da classe trabalhadora" deviam, "no momento, dirigir seu olhar para a Alemanha".[14]

O que ela enxerga em Berlim é uma nação derrocada. "Na Alemanha, antigos engenheiros ganham uma refeição fria por dia alugando cadeiras em parques públicos; velhos com colarinhos duros e chapéu-coco mendigam nas saídas do metrô ou cantam na rua com a voz desafinada. Estudantes deixam a universidade a fim de vender amendoins, fósforos, cadarços de sapatos [...] todos aguardam algum dia serem lançados naquele ócio compulsório que é o destino de quase metade da classe trabalhadora alemã."[15]

Em outras palavras, a atmosfera no país que dispõe do movimento trabalhista mais organizado e numeroso da Europa é claramente revolucionária. Entretanto, a esquerda local se mostra desesperançadamente dividida e debilitada. Em vez de se contrapor aos nacional-socialistas em bloco, o partido comunista alemão KPD e a Internacional Socialista, liderada por Stálin e pelo Comitê Central russo, preferem travar uma "batalha sectária contra a social-democracia como o 'maior inimigo'". Para Weil, as consequências são previsíveis. "Na Alemanha", ela escreve no outono de 1932 a um amigo, funcionário de sindicato, "perdi o que me restava de respeito pelo partido [...] qualquer tolerância em relação a ele se assemelha, para mim, a um crime."[16]

Apenas um ano mais tarde, aconteceu exatamente o que Weil havia prognosticado em seus artigos. Hitler vence de ponta a ponta, as ondas de expurgo estão a pleno vapor. A União Soviética de Stálin não garante asilo nem para camaradas, sejam eles homens ou mulheres. Segundo Weil, quem ainda acreditava nas bênçãos de Moscou à revolução proletária era um caso perdido.

Revolucionária

Para a "Simone Vermelha", como ela era chamada durante seu curso de filosofia, isso é apenas mais um motivo para intensificar seu engajamento político: auxiliando refugiados, trabalhando com educação sindical, escrevendo textos.

Após querelas no seu antigo liceu em Auxerre — somente quatro de suas onze alunas passam nas provas finais de filosofia —, no outono de 1933 Weil é transferida como professora ao vilarejo de Roanne (nas proximidades de Lyon). O ministério prefere ver a ativista trabalhando numa região mais calma, burguesa. Uma carga de trabalho reduzida de doze horas semanais e somente cinco alunas garantem tempo e espaço suficientes para o que lhe parece ser realmente importante e urgente. Sempre que possível, ela toma o trem até as comunidades de trabalhadores de Saint-Étienne para ministrar cursos noturnos e séries de palestras aos camaradas das minas. Conhecimento básico em geometria, introdução à literatura francesa, "bases do socialismo científico" — tendo em vista a sociedade vindoura, não é possível abrir mão de nada.

Mal alcançando 1,50 metro de altura, as mãos sempre metidas nos bolsos do sobretudo, cheios de tabaco, ela corre da estação de trem até as salas do sindicato. Para lecionar, não precisa mais do que algumas anotações.

Não raro, segue com os camaradas a uma residência vizinha, onde Simone, como centro de uma roda de conversa, discorre de improviso sobre a relação potencialmente decisiva entre aumento de produção e meios de produção, esclarece as tentações do demônio cartesiano ou cita de memória passagens de Homero e Ésquilo. Vez ou outra, também faz coro para as mais sujas canções de trabalhadores. Apenas a dança não é muito seu estilo. "Não sei como isso funciona",[17] ela diz mais para si e logo deixa o lugar.

No fim de semana, enrolada numa bandeira vermelha, ela marcha na linha de frente de manifestações de protesto e entoa a Internacional a plenos pulmões. Não é fácil calar "la Simone", descobriram até os baderneiros da facção stalinista, que apareciam cada vez mais frequentemente em seus eventos, a fim de interromper suas falas com vaias.

A batalha prossegue até no liceu de moças em Roanne. Quando uma colega anuncia que vai oferecer um grupo de leitura às tardes para estudar os textos da organização juvenil Action Catholique, Weil encomenda o material diretamente de Paris e, depois de estudá-los, anuncia aos docentes da escola: "Se isso aqui for aprovado, ofereço amanhã um grupo de leitura sobre o racionalismo". A briga chega à diretoria. O resultado da reunião de conciliação não foi respeitado.[18]

Preocupação

Entretanto, ainda existe outra Simone. E não apenas quando as dores de cabeça se fazem novamente presentes. De olhos fechados, as mãos pressionando as têmporas, ela passa noites inteiras sentada no seu quarto, insone devido aos ataques de enxaqueca, envolta em sofrimento. Assim como em Le Puy e Auxerre, locais onde Simone havia lecionado anteriormente, os pais acompanharam seus primeiros dias em Roanne, ajudaram a filha de 24 anos a achar um lugar para se instalar, arrumaram o quarto, compraram o básico. Melhor do que ninguém, a mãe "Mime" e o pai "Biri" conhecem a verdadeira fragilidade da filha, sua quase autodestrutiva ascese e seu alheamento do cotidiano.

Nas cartas quase diárias, aparecem sempre as mesmas preocupações elementares: O apartamento está aquecido? Você comeu? Podemos enviar umas roupas? Perguntas às quais Simone reage com o agressivo tom de defesa: "Minha querida Mime […] eu a *proíbo* terminantemente de comprar qualquer coisa sem minha expressa permissão — a não ser que eu estivesse há mais de quinze dias sem comer, ou algo no gênero".[19] Além disso, os pais sabem como Simone lida há anos com o salário. Ela retém para si a soma exata que os trabalhadores desempregados das fábricas recebem como auxílio estatal; o restante é presenteado e doado a camaradas necessitados ou refugiados.

Com os acontecimentos de 1933, a mãe de Weil assume cada vez mais o papel de secretária particular no trabalho assistencial de Simone aos refugiados, que ela empreende por conta própria. Além do apartamento da família no prédio da Rue Auguste Comte, próximo ao Jardim de Luxemburgo, os Weil dispõem de mais uma unidade vaga no sétimo andar, que passou a servir de centro de acolhimento para os refugiados.

Durante esse outono, Weil anuncia à mãe por carta, semana após semana, a previsão de chegada de refugiados alemães. Estes devem ser acolhidos sem maiores questionamentos e receber apoio financeiro. Os pais sempre cumprem com o que lhes é pedido. Havia muito capitularam diante do desejo de Simone e entendem o próprio papel — o pai "Biri" é um médico reconhecido — como sendo o de apoiar a vida extraordinária da filha com todas as suas forças e organizá-la da maneira mais tranquila possível até o previsível momento de uma reiterada derrocada física.

Eles devem ter lido com especial atenção (além de preocupação) as últimas frases do ensaio da filha, que, no outono de 1933, caiu feito um meteoro no cenário intelectual da esquerda francesa: "Nada no mundo", ela escreve, "pode nos proibir de sermos claros. Não há nenhuma contradição entre essa tarefa de esclarecimento teórico e as tarefas práticas de luta; ao contrário, há uma relação de interdependência, porque não podemos agir sem saber o que queremos nem conhecer os obstáculos que devem ser vencidos. Visto que o tempo à nossa disposição é limitado, precisamos dividi-lo entre reflexão e ação, ou mais modestamente: preparação à ação [...]. Seja como for, nossa maior infelicidade seria sucumbir sem termos sucesso e sem conseguir compreender".[20]

Terceiras vias

O tamanho da afronta que a análise de Weil intitulada "Perspectives. Allons-nous vers la révolution prolétarienne?" [Perspectivas. Caminhamos ao encontro de uma revolução proletária?], publicada pela primeira vez em 25 de agosto de 1933 numa revista sindical,[21] não pode ser subestimado. Afinal, ela explicita ali a semelhança estrutural entre a Alemanha tornada fascista e a União Soviética de Stálin. Em apenas poucos meses, Hitler havia montado na Alemanha

> um regime político cuja estrutura corresponde mais ou menos à do regime russo, assim como definido por Tomski: "Um partido no poder e todos os outros na prisão". Podemos acrescentar que a subordinação mecânica do partido aos líderes é a mesma nos dois casos e garantida pela

polícia. Mas a soberania política não é nada sem a soberania econômica; por essa razão, o fascismo mostra a tendência de também se assemelhar ao regime russo, no campo econômico, com o auxílio da concentração das forças econômicas e políticas nas mãos do chefe de Estado.[22]

Além disso, a maneira inédita de um Estado autocrático total baseava-se, segundo Weil, numa nova forma de opressão, apoiada na tecnologia, que se devia ao enorme poder, cada vez maior, de uma nova classe de funcionários vigilantes. E esses funcionários não exerciam seu poder "em prol da felicidade dos subordinados, mas para o aumento desse poder".[23] Entretanto, ainda segundo ela, isso destruiria definitivamente o contexto da imagem marxista da luta de classes.

Nos novos sistemas totais à la Hitler e Stálin — que tendem ao capitalismo de Estado pela forma econômica externa e ao repressivo Estado vigilante pela construção interna —, instalou-se, segundo Weil, uma "ditadura burocrática" com a ajuda da classe de funcionários que serve a si própria, bem como de tecnologias de vigilância cada vez mais avançadas. Até então, o exemplo mais impressionante e nefasto disso era a União Soviética de Stálin.

Por essa razão, nenhuma circunstância podia estar mais distante de uma verdadeira democracia trabalhista. Afinal, Weil dizia, a propriedade nominal dos meios de produção (trabalhadores, grandes capitalistas, o Estado) era irrelevante enquanto as fácticas relações de opressão não fossem alteradas. No mínimo, a brutalização do cotidiano de trabalho sob Stálin só tinha feito avançar, acompanhada por novas e catastróficas situações de carestia.

Nesse outono de 1933, Weil está parcialmente informada, por meio de cartas e conversas pessoais com refugiados russos, sobre o estado do império de Stálin. Numa carta à mãe

"Mime", ela resume suas informações até aquele momento da seguinte maneira: "Em cidades como Magnitogorsk — uma cidade sem desemprego —, vemos como pessoas colhem batatas podres somente com as mãos para depois comê-las cruas; como os trabalhadores locais, numa temperatura de -40°C, dormem em barracas sem aquecimento; sabe-se que, na Ucrânia, cidades inteiras foram dizimadas pela fome; que foi preciso baixar uma lei local ameaçando com pena de morte o consumo de cadáveres humanos [...] e que por medo do terror da polícia secreta (GPU) ninguém mais quer saber de cruzar o caminho do outro; há relatos de filas, onde pessoas ficam das oito horas da manhã às duas horas da tarde, sob -35°C, para obter uma ração de batatas".[24]

Weil tem pouco conhecimento do horror épico da assim chamada *holodomor* — a morte pela fome — de 1932 e 1933. Provavelmente cerca de 4 milhões de ucranianos pereceram dolorosamente pela inanição que a administração de Stálin havia provocado de maneira proposital.[25] Apesar disso, suas cartas atestam: em 1933, na França, todos os verdadeiramente interessados conseguem saber o que está acontecendo na União Soviética. Um conhecimento silencioso, sinistro, que influencia as análises e avaliações de Weil.

Em perspectiva, a autora conclui em seu texto, essa nova forma de Estado com seus "aparatos monstruosos" tem necessidade de intensificar cada vez mais a opressão da população; a propaganda mais efetiva nesse sentido é falar em nome do próprio povo, ordenando-o a submeter a produção do trabalho como um todo a uma incansável luta pela sobrevivência contra um inimigo externo. Pois o círculo da opressão do indivíduo se fecha sob um coletivo absolutamente anônimo, cujo único rosto visível passa a ser o do líder.

Em seu ensaio, Weil não enxerga uma maneira de impedir o avanço dessa dinâmica nem sugere uma saída. Como boa socialista, ela se satisfaz, na conclusão, em relembrar a autêntica missão do socialismo: "Que valorizemos ao máximo o indivíduo, e não o coletivo. Queremos criar seres humanos inteiros pela eliminação da especialização, que nos mutila a todos [...]. O indivíduo se vê brutalmente despossuído de meios de luta e de trabalho; nem a guerra nem a produção são hoje possíveis sem uma total subordinação do indivíduo ao potencial de força coletiva [...]. A subordinação da sociedade ao indivíduo é a definição da verdadeira democracia, consequentemente, também do socialismo".[26]

Exército da Salvação

Burocratização excessiva, distanciamento da máquina partidária da base, aceitação cega... Com tais críticas ao transcurso da Revolução Russa, Simone Weil não estava sozinha no campo da esquerda da época. A bem da verdade, esses eram exatamente os mesmos pontos que, desde o final dos anos 1920, também Liev Trótski levantava contra seu antigo companheiro de luta, Ióssif Stálin. Logo estigmatizado na União Soviética como "traidor judeu" e "lacaio do fascismo", Trótski primeiro é banido ao Cazaquistão e em 1929 foge para a Turquia. Por fim, em julho de 1933, o exílio leva-o a Barbizon, uma pequena cidade ao sul de Paris, na companhia da mulher, Natalia Sedova, e do filho mais velho, Liev Sedov. Em constantes dificuldades financeiras e com a cidadania cassada por Moscou via decreto, ele passa a atuar — sob severas restrições e sempre temeroso dos capangas do Serviço Secreto soviético — como autor freelancer. E secretamente prossegue na organização de uma Quarta Internacional, cujo objetivo declarado permanece sendo a revolução comunista mundial.

Ele está rigorosamente proibido de se imiscuir nos assuntos internos da França pelo governo Daladier ou de passar temporadas em Paris. Ou seja, a questão era arriscada, demandava um planejamento minucioso, bem como a manutenção de estrita confidencialidade. Por fim, "Biri" resiste durante um bom tempo, mas, após reiterada insistência de Simone, acaba cedendo — como esperado.

O momento escolhido é a virada do ano. Com um novo penteado, barba raspada e um colarinho erguido para esconder um tanto do rosto, Liev Trótski se instala no já citado sétimo andar da Rue Auguste Comte, acompanhado por dois guarda-costas mais o filho e a esposa. Depois de uma breve inspeção, está claro: o apartamento dos Weil é apropriado. Eles pedem apenas mais uma poltrona para os guarda-costas, que se revezam para ficar de prontidão, com a arma destravada, na frente do dormitório do casal Trótski.

O fato de o primeiro encontro do novo comando da revolução mundial que se aproximava ter acontecido justamente no prédio dos Weil deveu-se ao papel de Simone no auxílio aos refugiados, bem como ao seu contato anterior com o filho de Trótski, Liev (chamado por todos apenas de "príncipe"). Weil e Liev se correspondem desde julho, o que não impediu o pai Liev (chamado nos círculos de Weil de "papai") de reagir pessoalmente às teses publicadas por Weil relativas à chamada "revolução proletária". Em 13 de outubro de 1933, ele publica na revista *La Verité* um artigo intitulado "A Quarta Internacional e a URSS", no qual rechaça de maneira contundente e decidida as análises e conclusões de Simone Weil: "A partir de decepções oriundas de algumas experiências malsucedidas em relação à ditadura do proletariado", ele escreve, "Simone Weil encontrou consolo numa nova missão: defender a própria personalidade contra a sociedade. Uma fórmula do antigo liberalismo, reavivada na forma de um anarquismo exacerbado, como parece ser moda hoje em dia. Falta apenas destacar a soberba com a qual Simone Weil fala de nossas 'ilusões'!

Para ela e os seus, ainda são precisos inúmeros anos até que tenham se libertado de seus mais reacionários preconceitos pequeno-burgueses".[27]

Ou seja, "papai" não estava nada contente. Por isso, não é difícil imaginar a má vontade interior com a qual deve ter aceitado a oferta do apartamento. Mas Weil também está cozinhando por dentro. Esse homem corajoso pode ter um dia liderado um exército revolucionário de milhões de integrantes, porém isso não substitui um bom argumento!

A voz de Trótski pode ser ouvida até nos andares inferiores.[28] E, sem dúvida, o homem está muito nervoso, tanto que Natalia Sedova — que se encontra naquele momento no apartamento de "Mine" e "Biri" para o chá — só faz balançar a cabeça: "Essa menina realmente ousa enfrentar Trótski...".

As notas que Simone Weil registra logo após essa conversa com Liev Trótski em 31 de dezembro de 1933 concentram-se em todos os pontos de discórdia que haveriam de marcar por décadas o discurso da esquerda: quais os meios permitidos (ou até necessários) para alcançar o objetivo revolucionário? No que se refere à questão do valor incondicional de cada vida humana: quantos ovos podiam ou deviam ser quebrados para se preparar a omelete revolucionária? Ou será que esse discurso desumanizador já havia promovido a quebra de um tabu decisivo, a abertura do portão ao terror elevado à milionésima potência?

Simone Weil estava bem convencida disso. Trótski, por sua vez, havia comprovado pessoalmente várias vezes — e também deve ter sido obrigado a comprovar — que era muito flexível nesse ponto. Logo no início da conversa, Weil questionou-o diretamente a respeito disso, referindo-se à Revolta dos Marinheiros de Kronstadt, de 1921, que resultou na ordem de Trótski para que 1,5 mil insurgentes "contrarrevolucionários" fossem executados de imediato. "Bem, se você pensa assim, então por que está me abrigando aqui? Você é do Exército da Salvação?"[29]

Em retrospecto, a pergunta é quase profética; entretanto, ela foi apenas o início de uma discussão na qual Trótski se via impelido cada vez mais ao papel levemente paradoxal de, em nome da revolução, defender aquelas pessoas que agora atentavam diretamente contra sua vida: "Não culpo Stálin de nada (a não ser por erros no contexto de sua própria política) [...]. Muito se alcançou: para os trabalhadores (mulheres, crianças) [...] o trabalhador russo controla o governo na medida em que ele o tolera, pois prefere esse governo a um retorno dos capitalistas. Este, o selo de sua soberania!".

Ah, sim, Weil retruca, perguntando se então era possível concluir que os trabalhadores de outros lugares também controlam seus governos pelo modo da tolerância, por exemplo na França ou na Alemanha... "Você, idealista, chama a classe dominante de classe escravizada [...]. Por que precisa duvidar de tudo?"

De todo modo, Trótski se mostra absolutamente seguro no final da conversa: "Não apenas acredito que a nova oposição de esquerda alcançará a revolução, estou seguro disso!". E é exatamente essa mensagem que ele, após um encontro conspirativo com seus correligionários de toda a Europa, passa aos pais de Weil ao se despedir deles: "A Quarta Internacional teve início em seu apartamento!".[30]

Testamento

No início de 1934, Simone Weil tem uma nova convicção. Mas sua orientação é absolutamente outra. Em 6 de fevereiro de 1934, Paris assiste a violentos tumultos e batalhas nas ruas com inúmeros mortos e milhares de feridos. Uma grande falcatrua envolvendo bancos e a Bolsa de Valores tinha sido descoberta.

Fazendo uso de um esquema de pirâmide, um certo Alexandre Stavisky desfalcou várias centenas de milhões de francos de dinheiro público, tendo sido supostamente encoberto também por políticos locais e pelo governo da esquerda. Um prato cheio para a ruidosa imprensa de direita, que não se furta em destacar, além dos amigos socialistas do estelionatário, sua origem judaico-ucraniana. No dia seguinte aos conflitos, o primeiro-ministro Édouard Daladier, membro do Parti Radical Socialiste, se afasta, apenas seis dias após reempossado no cargo de chefe de governo, agora chamado de "governo de assassinos". Esse movimento estabiliza precariamente a situação política.

Poucos dias depois, Weil escreve de Paris à boa amiga (e futura biógrafa) Simone Pétrement, que se encontra na Suíça: "Aqui nada de novidades, exceto o fato de o país estar caminhando em linha reta para o fascismo ou, pelo menos, para uma ditadura muito reacionária: mas você sabe disso tudo. Todas as informações da Rússia também são aterradoras. E no que se refere à Alemanha, melhor não falar nada. [...] Decidi me afastar totalmente da política, menos das pesquisas teóricas. Entretanto, isso não exclui de modo algum a eventual participação num grande movimento de massa, criado espontaneamente (como simpatizante, como soldada), mas daqui em diante não quero mais assumir nenhuma responsabilidade, por menor que seja, nem mesmo de forma indireta, pois estou certa de que todo o sangue que será derramado será derramado em vão, e que a batalha está perdida de antemão".[31]

Nos meses seguintes, Weil dedicará toda a sua energia mental àquilo que, para os amigos, chama de seu "testamento intelectual". À época, ela está com 25 anos. O título serve de legenda profética para toda a década seguinte: *Reflexões sobre as causas da liberdade e da opressão social*.[32]

Ameaçada

Em 12 de fevereiro de 1934, quando os professores — assim como 4 milhões de outros franceses e francesas — se aliam à greve geral convocada pelos sindicatos, Simone de Beauvoir não encara "sequer a possibilidade de me juntar a eles, a tal ponto era estranha a toda atividade política".[33] Afinal, fazer greve significa mostrar solidariedade aos interesses de outros profissionais. Mas a Beauvoir falta exatamente esse impulso. Ela não estava disposta a "coincidir com a professora que eu era"[34] nem conseguia compreender, nessa fase de sua vida, o benefício da existência de outros seres humanos. "A existência dos outros", ela escreve em retrospecto, "continuava sendo para mim um perigo [...] ficava na defensiva. Em relação a Sartre, eu me acomodara declarando 'somos um só'. Eu nos instalara juntos no centro do mundo; ao nosso redor, gravitavam personagens odiosos, ridículos ou agradáveis, que não tinham olhos para me ver: eu era o único olhar. Por isso mesmo, zombava com petulância da opinião."[35]

Há cerca de cinco anos, Jean-Paul Sartre e ela formam um tipo de casal diferente: unidos em completa devoção intelectual, ao mesmo tempo com abertura garantida para outras experiências e aventuras. Em 1929 eles haviam ficado nos primeiros lugares das provas finais, de caráter nacional, para a docência de filosofia [*agrégation*].[36] Em seguida, de acordo com as regras do sistema, foram transferidos de Paris para o interior, onde atuariam em seus primeiros anos como professores.

Pelo menos nesse sentido, a mudança de Beauvoir, ocorrida em 1932, de Marselha para Rouen, significou um retorno ao centro da própria existência. Pois nessa época Sartre lecionava na cidade portuária de Le Havre, situada ao norte da França, a uma distância de apenas uma hora de trem. Também era muito mais fácil ir a Paris nos fins de semana.

Entretanto, mesmo a nova proximidade conquistada não conseguia superar o pressentimento de abismo que marcava sua vida. Principalmente porque a escrita literária não avançava. Nos cafés de Rouen, ela concebia inícios de romances, mas os descartava logo nas primeiras semanas; eles deveriam apresentar as relações de opressão social que surgiam para as mulheres de seu meio social assim que procurassem por uma existência verdadeiramente livre.

A outra

A princípio, é possível descrever a situação de vida dessa professora de filosofia de 26 anos, altamente intelectualizada, de maneira bastante prosaica. Apesar de sua relação profunda e única com Jean-Paul Sartre, dois anos mais velho, ela ainda não havia encontrado a própria voz nem sua posição na vida. Não do ponto de vista profissional ou literário. Nem político ou filosófico. Nem mesmo erótico.

Um outro eu, bem diferente e escandaloso, estava amadurecendo dentro dela. Ela sofre, principalmente porque em seu meio há mulheres da mesma idade que já têm uma atuação muito mais decisiva. Por exemplo, Colette Audry, fortemente engajada nos grupos comunistas, a única colega na cidade com a qual Beauvoir busca algo como uma amizade. Bem como a camarada mais próxima de Audry:

> Colette [...] falava-me por vezes de Simone Weil e, embora fosse sem grande simpatia, a existência dessa estranha se impunha. Ela era professora [...] contavam que residia num albergue de carreiros e que no primeiro dia do mês depositava sobre uma mesa o dinheiro do seu ordenado: todos podiam servir-se [...]. Sua inteligência, seu ascetismo, seu extremismo e sua coragem inspiravam-me admiração, e

eu sabia que ela não a teria por mim, se porventura me conhecesse. Não podia anexá-la ao meu universo e sentia-me vagamente ameaçada.[37]

Já aos dezenove anos, quando inicia os estudos de filosofia na Sorbonne, Beauvoir descreve a oposição entre o "eu e o outro" como o questionamento realmente impulsionador.[38] E exatamente como Sartre, mergulhado profundamente em sua própria criatividade, havia se tornado para ela o encantador "grande igual", a existência da companheira Simone Weil assume, nessa época, a posição de a "grande outra".

Semelhante a dois ímãs, as duas se repeliram mutuamente com força logo no primeiro encontro: "A China estava assolada por uma grande fome e me disseram que ela [Weil] tinha começado a chorar ao ouvir a notícia na casa de conhecidos. Essas lágrimas me fizeram respeitá-la mais do que seu talento para a filosofia. Eu tinha inveja do seu coração apto a bater por toda a terra. Um dia, consegui ser apresentada a ela. Não me recordo mais como começamos a conversar. Num tom incisivo, ela me explicou que apenas uma coisa importava ao mundo hoje em dia: uma revolução que desse de comer a todas as pessoas. De maneira não menos peremptória, retruquei dizendo que o problema não era fazer as pessoas felizes, mas encontrar um sentido para sua existência. Ela me encarou. 'Dá para ver que você nunca passou fome.' E assim nossa relação havia se encerrado de novo".[39]

O desejo de Weil pela identificação absoluta com o sofrimento de todos os outros, mesmo aqueles mais distantes, vai de encontro à desejada absoluta identificação que Beauvoir expressa do próprio eu consigo mesma e com seu companheiro — e contra todos os outros. Para Beauvoir, por trás do desafio de "encontrar sentido à existência do ser humano" esconde-se, na verdade, um problema duplo. Primeiro: em que se baseia uma existência percebida como plena de sentido? Segundo: nesse sentido, qual será (ou deve ser) a importância da existência dos outros seres humanos? Em outras palavras: qual o sentido, se houver, da óbvia existência dos outros para a própria existência?

No que diz respeito a ela e ao sentido de sua vida neste mundo, a existência de Sartre é absolutamente suficiente. O restante poderia ser confrontado com uma indiferente ironia; quando não, os outros faziam principalmente uma coisa: perturbar muito.

Encapsulada

O desprazer de Beauvoir de se colocar no lugar dos outros empaticamente ou até mesmo reconhecer que eles também existiam, que até então marcava sua vida, vai muito além de uma característica psicológica. Afinal, toda a estrutura da filosofia moderna — desde René Descartes — carregava a dúvida sobre a partir do quê e como era possível alguém saber, como sujeito encapsulado em seu próprio pensamento, da existência de outros sujeitos pensantes. Afinal, não era possível entrar literalmente dentro deles. Tudo o que havia em relação à vida consciente de outros seres humanos eram conclusões baseadas em experiências absolutamente particulares. Como o lema: "No lugar dele (ou dela), agora eu saberia disso, pensaria aquilo, sentiria aquilo outro…". Mas como Descartes parecia haver demonstrado, de uma vez por todas em sua obra fundamental, *Meditações*,[40] essas conclusões podiam ser erradas — e, num caso extremo, podiam inclusive não ter nenhuma base realmente justificável. Ninguém com suficiente tarimba na arte do ceticismo filosófico haveria de tomar o comportamento exibido por terceiros como certeza de que todas as outras pessoas seriam seres igualmente pensantes e sencientes. Afinal, podia se tratar de meros autômatos ou robôs sem uma autêntica vida interior. Nas palavras do século XVII de Descartes:

> [...] se por acaso não olhasse pela janela homens que passam pela rua, à vista dos quais não deixo de dizer que vejo homens [...] entretanto, que vejo desta janela senão chapéus e casacos que podem cobrir espectros ou homens fictícios que se movem apenas por molas?[41]

Literalmente, a descrição de uma postura que também Beauvoir e Sartre, na condição de casal com uma profunda pré-compreensão intelectual, demonstravam nos cafés de Rouen, Le Havre e Paris. Para eles, os outros não existiam como seres humanos. Ambos são os únicos seres realmente sencientes. Ou seja, o restante da humanidade serve apenas como cenário para a incitação dos próprios jogos mentais. Uma noção tão atraente quanto empobrecedora (Sartre e Beauvoir percebem isso com clareza), e a proteção absoluta da imaginada singularidade é paga necessariamente com uma perda de proximidade imediata e de um possível grau de realidade.[42]

De maneira típica nessa fase, o casal de filósofos tenta resolver o enigma de como esse esmaecimento da realidade pode ser impedido sem se tocar na intocável soberania da própria consciência. Como seria possível escapar do encapsulamento do próprio cérebro sem precisar de pronto aceitar regras do mundo dos outros? Como tomar ao pé da letra o mundo e suas pretensões sem abrir mão de toda distância irônica?

Poção mágica

Na virada de 1932 para 1933, os dois combinaram de se reunir com um antigo colega de faculdade, Raymond Aron, para um drinque. Aron, que está passando um ano em Berlim com uma bolsa, tinha acabado de voltar a Paris para uma visita rápida. No encontro no bar Bec de Gaz, na Rue du Montparnasse, o rapaz apresenta ao casal uma corrente alemã muito nova da filosofia, a chamada "fenomenologia". Beauvoir se lembra: "Pedimos a especialidade da casa: coquetéis de abricó. Aron apontou seu copo: 'Estás vendo, meu camaradinha, se tu és fenomenologista, podes falar deste coquetel, e é filosofia'. Sartre empalideceu de emoção, ou quase; era exatamente o que ambicionava há anos: falar das coisas tais como as tocava, e que fosse filosofia. Aron convenceu-o de que a fenomenologia atendia exatamente a suas preocupações: ultrapassar a oposição do idealismo e do realismo, afirmar ao mesmo tempo a soberania da consciência e a presença do mundo, tal como se dá a nós".[43]

Surgia então, de repente, a possibilidade longamente procurada. Uma terceira via de pensamento, para dentro de um estado cotidiano vivenciado livremente, que não precisava abrir mão da suavidade dúctil da própria vida intelectual nem do contato não deturpado com a assim chamada realidade. Mas qual era esse caminho exatamente? Quais seus fundamentos básicos?

Como Sartre e Beauvoir logo descobriram em leituras de textos originais, tão intensas quanto linguisticamente exigentes, já antes da Primeira Guerra Mundial o matemático e filósofo Edmund Husserl havia realmente estabelecido, a partir de Göttingen e Freiburg, uma nova forma de investigação filosófica. Sob o slogan "de volta às coisas mesmas", Husserl incentivava seus adeptos a fazer uma descrição se possível precisa, não deturpada e principalmente também não preconcebida do que se apresentava à consciência como algo dado. Como as coisas realmente se mostravam à consciência?

A postura que marca o método de Husserl, quase meditativa, de uma concentração no puramente dado — evitando-se quaisquer acréscimos ou desvios — foi chamada de "redução".

E uma das suas primeiras observações centrais a respeito foi a seguinte: a consciência, independentemente de como se forma concretamente ou com o que possa estar ocupada, sempre é consciência de ou sobre algo. Saboreamos a doçura do licor, nos irritamos *com* o barulho do carro que passa, nos lembramos *das* férias na Espanha, torcemos *por* um tempo bom. Na medida em que conseguimos compreender a consciência, ela será compreendida como consciência *de algo*. Husserl chama de "intencionalidade" esse direcionamento ou ação essencial da consciência em relação a algo. Na realidade, um coquetel de damasco no centro de Paris já era suficiente para ilustrar essa verdade.

Estreitamente ligado a isso, Husserl detectou mais uma segunda característica definidora da consciência. Na medida em que ela é direcionada (de maneira intencional), a consciência sempre trata de coisas que lhe são essencialmente externas e diferentes (o licor, o carro, a paisagem, o tempo). Para poder ser o que é, a consciência sempre sai de si mesma rumo ao exterior e rumo às coisas. Ou seja, sua característica é o impulso natural de superar a si mesma — ou, nas palavras de Husserl, de "transcender".

Aron tinha explicado a ideia corretamente a Sartre e a Beauvoir, havia compreendido na sua totalidade a força explosiva da sua proposta. A fenomenologia abria uma possibilidade de compreender a própria existência de maneira radicalmente nova, pois no mundo de Husserl a consciência não se dirige passivamente para as coisas (realismo) nem é uma bússola pela qual as coisas são orientadas (idealismo). O realismo e o idealismo estão mutuamente relacionados de maneira imóvel, sem nunca conseguir realmente ser um. Nem o mundo vai sumir totalmente na consciência nem a consciência será afundada no mundo. Como numa bela dança, ambos são totalmente eles mesmos, mas um não é nada sem o outro.[44]

Muros

Diz muito sobre o entusiasmo de Sartre o fato de ele iniciar, apenas seis meses mais tarde, no verão de 1933, uma estadia de um ano na Maison de France, em Berlim, para estudar a nova teoria no país e na língua de sua criação. Ou seja, para dentro do olho do novo furacão intelectual, para dentro de uma nova realidade. Também Beauvoir, ainda em Rouen, intensificou nesse outono suas investigações filosóficas. Ela toma aulas de alemão com um refugiado, estuda Husserl no original e dialoga intensamente com Sartre sobre as leituras de ambos. Nesse meio-tempo, faz experiências literárias na trilha de Virginia Woolf, com novas técnicas narrativas, metodologicamente próximas à fenomenologia, como o "fluxo de consciência".

Algo estava em movimento também em relação ao seu relacionamento com Sartre. O tempo da unidade absoluta e intimidade dialógica tinha passado. Principalmente do ponto de vista de Sartre, os dois já se conheciam o suficiente. Fiel às novas prescrições filosóficas, era hora de também ultrapassar os limites corporais. Sartre começa e, no inverno, informa Beauvoir — como o pacto de confiança entre ambos de 1929 explicitamente exige —, em detalhes, do seu relacionamento com a esposa de outro bolsista de Berlim. Embora Beauvoir afirme não sentir nada parecido com ciúme, o evento lhe dá motivo suficiente para pedir um afastamento de duas semanas do trabalho a um psiquiatra em Paris no final de fevereiro de 1934 (motivo: exaustão mental) e tomar o próximo trem expresso rumo à fria Berlim. Nada tão terrível assim. "A mulher da lua", como ambos chamam a mulher, não é uma ameaça séria. E Berlim, a Alemanha, vale uma viagem. Também (ou justamente) em 1934.

As descrições de Beauvoir de sua estadia à época na Alemanha são, até hoje, exemplos contundentes de como uma notável sagacidade filosófica pode caminhar em paralelo com uma cegueira quase total para realidades políticas — principalmente quando comparamos essas anotações com relatos que Simone Weil trouxera apenas dezoito meses antes da mesma Berlim.

De todo modo, as consequências para a vida real da tomada de poder de Hitler não são citadas nas anotações de Beauvoir. O casal visitou a casa de Leibniz em Hannover ("muito bonita com suas janelas em fundo de garrafa"), a cidade velha de Dresden ("ainda mais feia do que Berlim") e a rua que concentra a vida noturna e o meretrício de Hamburgo, Reeperbahn ("onde mulheres pintadas e de cabelos encrespados se expunham por trás de janelas de vidraças bem lavadas").[45] O foco está voltado para impressões arquitetônicas e culinárias e as da vida noturna, como na seguinte passagem: "Cantin levou-nos a uma das boates crapulosas das proximidades da Alexanderplatz. Diverti-me com um cartaz pendurado à parede: *Das Animieren der Damen ist verboten*. [...] Tomei cerveja em brasseries imensas; uma delas compreendia uma enfiada de halls, e três orquestras tocavam ao mesmo tempo. Às onze da manhã, todas as mesas estavam ocupadas, as pessoas davam o braço cantando e balançando. 'É a *Stimmung*', explicou-me Sartre".[46]

De volta a Rouen e com a aproximação do verão, o estado de espírito de Beauvoir se aproxima de um novo revés depressivo. Em vez de sentir libertação, ela diz: "Meu olhar chocava-se por toda parte contra muros".[47] O tempo do grande "nós" passou, bem como os anos da adolescência vivida despreocupadamente. Desinteressada em grande medida da política, entediada profissionalmente, em crise na vida privada e estagnada literariamente, o único sentimento franco em relação ao seu ambiente social é um vago ódio "à ordem burguesa". Enquanto isso, o olhar do próprio superego no espelho só abriga pensamentos negativos: "Sem marido, sem filho, sem lar, sem nenhuma superfície social e 26 anos: nessa idade, tem-se vontade de pesar um pouco no mundo".[48]

Enquanto, em Berlim, um mundo novo parecia se abrir a Sartre a cada dia, a monotonia do cotidiano ameaçava acabar definitivamente com qualquer sensação de sentido que Beauvoir tivesse em relação a si mesma e ao mundo. Ela estava mais do que apenas sozinha — estava solitária. Como se o universo quisesse fazer troça, ela se hospedava num hotel chamado La Rochefoucauld, ensinava na escola Jeanne d'Arc e numa cidade cuja estreiteza provinciana havia servido à perfeição para Gustave Flaubert como cenário do suicídio de sua Madame Bovary. Isso era tudo menos a narrativa e, principalmente, a realidade que ela outrora havia sonhado para si; tudo menos a aguardada salvação da filosofia.

Máquina de escrever

Na primavera de 1934, a Grande Depressão finalmente também engolfa o casal Rand. A julgar pela fachada de sua casa, semelhante a um castelinho do Loire, parece que está tudo em ordem. Na verdade, porém, as reservas financeiras dos jovens artistas — ele, ator de cinema; ela, roteirista — estão quase todas esgotadas. Há anos a carreira hollywoodiana de Frank O'Connor está estagnada num patamar muito baixo. O maior sucesso até o momento do filho de 37 anos de um metalúrgico de Ohio — alto, tez morena, elegante em sua magreza — era um papel secundário em *King Kong II*.[49] No caso de Ayn Rand, um enorme abismo também separa sua ambição privada do reconhecimento recebido até então.

Mas isso não se devia à falta de vontade. "A partir de agora você não permitirá mais nenhum pensamento a seu respeito, somente a respeito do trabalho. Você não existe. Você não passa de uma máquina de escrever. O mistério de sua vida é ser pura vontade. Saber o que quer — e daí, fazê-lo! [...] Apenas vontade e controle. Todo o resto pode ir para o inferno",[50] ela prometeu em 1929 ao diário. Desde então, não havia se passado nenhuma semana sem um pequeno progresso. Com contos e versões de roteiros, ela se aproximava, tateando, das grandes formas literárias — drama, roteiros, romance —, numa língua que ainda lhe era estrangeira.

Na condição de autora, a questão mais importante para ela ainda é estabelecer como obras de ficção podem ser capazes de abordar questionamentos filosóficos exigentes e, ao mesmo tempo, manter o interesse de um público amplo. Ela tinha internalizado a certeza de que isso era possível, ao menos em princípio, na Rússia — por assim dizer, junto com o leite materno. Afinal, no que os romances de Dostoiévski e Tolstói diferiam de *blockbusters* metafísicos, cuja profundidade cheia de tensão divertia todo um círculo cultural? Ou os dramas de Tchékhov? Era preciso transpor esses milagres para o século XX e, por que não?, também para o meio de comunicação do futuro dessa época, o cinema.

Depois de sete anos em Hollywood, ela conhece bem a receita. O enredo tinha necessariamente de contar com múltiplas camadas. "É preciso", ela escreveu ao produtor cinematográfico e diretor Kenneth Macgowan, em 18 de maio de 1934, "trabalhar de maneira que a mesma história funcione como algo que não possua um fundo, de modo que quem não se interesse por propostas intelectuais ou artísticas mais profundas não a considere pesada; simultaneamente, quem espera exatamente por isso deve encontrar os aspectos profundos no mesmíssimo material."[51]

Por exemplo, na forma de uma constelação romântica triangular, na qual uma mulher tem de se entregar a um segundo homem para salvar ou conquistar o homem que realmente ama. No nível do transcurso da ação, isso já prende a atenção o suficiente — queremos saber como a coisa será arquitetada e qual o resultado. Num segundo nível, a mesma trama oferece também visões mais profundas das emoções e desafios das personagens. Por fim, num terceiro nível, filosófico, se está lidando com a tensão existencial básica entre "obrigação" e "predileção", "sacrifício" e "felicidade" ou também "meio" e "fim".

Certamente, assegura Rand na carta, a proposta soa estranha: "abordar temas filosóficos num filme. Mas e se a filosofia só surtir efeito para quem se dispuser a ela, não perturbando nem entediando o resto, [...] por que não?".[52] O objetivo artístico de sua obra está claro aos olhos de Rand: filosofia no nível máximo para todos — na forma de roteiros e romances com absoluto potencial de best-sellers! Esse era seu desejo. E ela não descansaria até concretizá-lo.

Hermético

Sua batalha por esse ideal contou com alguns êxitos iniciais. Em 1932, vários estúdios se mostraram interessados no seu primeiro roteiro. Sob o título *Red Pawn* [Peão vermelho], ela desenvolve a história de uma americana tão bonita quanto corajosa, que embarca num navio rumo a uma ilha usada como campo de trabalhos forçados a fim de libertar o marido preso — um engenheiro russo, que tinha sido difamado no sistema soviético devido ao seu especial talento e à sua excessiva iniciativa própria. O plano da heroína é começar um relacionamento com o chefe do campo, fazer com que ele se apaixone e, por fim, abrir-lhe os olhos para o valor imprescindível de todos os seres humanos, principalmente, claro, o de seu marido preso.

Tudo de acordo com a receita de Rand: uma clássica constelação romântica triangular, com ênfase filosófico-ideológica na natureza misantrópica do sistema soviético bem como na força libertadora do sonho da "busca pela felicidade" — este último, absolutamente alimentado pelo estilo norte-americano. Quando Rand termina o roteiro em 1932, ela ainda está empregada em tempo integral no departamento cenográfico do estúdio RKO; catorze horas diárias de estúpido trabalho logístico. Ela escrevia às noites e aos domingos.[53]

Por fim, quem arrematou *Red Pawn* por setecentos dólares foi a Universal, com mais oitocentos dólares devidos à autora para a redação de uma versão final. Rand preferiria ter visto sua obra nas mãos da Metro-Goldwin-Mayer. Marlene Dietrich, contratada desse último estúdio, tinha gostado do texto, mas seu mentor à época e diretor Josef von Sternberg o havia rejeitado enfaticamente. Pois poucos meses antes, outro filme que tratava da Rússia tinha sido um fracasso em suas mãos.[54]

Ainda na semana da assinatura do contrato, Rand pede demissão de seu odiado trabalho e decide, no ápice temporário da crise econômica, ganhar a vida como escritora freelancer. Agora ou nunca!

Entretanto, dois anos mais tarde, *Red Pawn* ainda está à espera de ser realizado. E também o primeiro grande romance de Rand, no qual ela havia investido desde então quase toda a sua energia criativa, não encontra ressonância. *Airtight* [Hermético] é o título provisório do livro que, na primavera de 1934, estava pela metade, trata novamente de seres humanos que ambicionam realização pessoal, amor e felicidade. Dessa vez, o lugar da privação permanente de liberdade não é um gulag na Sibéria, mas a jovem União Soviética como um todo. O título expressa a atmosfera reinante no texto: economia de escassez, deterioração do cotidiano, ansiedade onipresente e desmandos institucionalizados.

Rand apresenta *Airtight* como a primeira obra da pena de alguém que vivenciou pessoalmente as condições da jovem União Soviética, mas que as descreve de perspectiva e postura americanas distintas. Isso deveria ser publicável!

Principalmente pelo fato de que o leitor americano, assim escreve Rand à sua agente literária Jean Wick, em Nova York, "não faz a menor ideia [das condições de vida em Leningrado]. Caso contrário, não haveria aqui um número tão repugnantemente alto de bolcheviques secretos e simpatizantes idealistas do sistema soviético; esses *liberals* [aqui, no sentido de esquerdistas] soltariam gritos de desespero se soubessem da verdade sobre as condições de vida soviéticas. Este livro foi escrito especialmente para essas pessoas".[55]

No fundo, ela continua, o romance trata de muito mais coisas e mais profundas do que apenas a situação na Rússia ou a luta de sua heroína por amor ou por liberdade: "*Airtight* não é, *de modo algum*, a história de Kira Argounova. É a história de Kira Argounova *e* das massas [...]. O verdadeiro e único tema deste livro é o indivíduo contra as massas. Pois esse é o maior problema do nosso século — pelo menos para todos que querem compreender as coisas".[56]

Entre estes últimos não pareciam estar os editores das maiores editoras de Nova York. Mas, caso realmente se importassem com essa questão-chave, em 1934 eles estariam mais do lado das massas do que do indivíduo.

Nos anos da crise econômica, o sonho americano havia esmaecido inclusive no seu próprio país. Quando o democrata Franklin Delano Roosevelt vence as eleições presidenciais de 1932 contra o conservador Herbert Hoover, os Estados Unidos registram 25% de desempregados. Rapidamente Roosevelt coloca em prática a promessa de campanha de um New Deal: rígida regulamentação dos mercados financeiros, programas estatais de emprego, redistribuição de renda por meio de aumento de impostos, proibição de posse privada de ouro a fim de estabilizar o dólar.

Ayn Rand não precisava explicar para ninguém o quanto sua própria vida esteve sempre enredada em contextos políticos e econômicos. Justamente devido aos traumas que sua família sofreu no início da revolução em São Petersburgo, ela suspeitou do novo pacote de medidas presidenciais e da retórica que o acompanhava. Logo estava temendo o pior. Além disso, considerou a recusa do seu manuscrito como mais um sinal do quanto a elite criativa da costa leste tinha se tornado comunista.

Será que ninguém queria compreender e lutar contra aquilo que estava posto concretamente diante de seus próprios olhos como um cenário mundial: a subjugação do indivíduo pela ditadura das massas rebeldes, da turba? Nada disso era mais ficção, bastava abrir os jornais: seja em Moscou, Berlim, Paris e agora também em Washington, a cada dia o coletivismo ganhava mais uma batalha! Como nunca antes desde sua chegada aos Estados Unidos, ela se sentia profundamente decepcionada em seus mais profundos anseios e desejos. Nas dramáticas palavras da heroína de seu romance: "Era eu contra 150 milhões".[57]

Ideais

Fechada em si mesma, Rand inicia um "diário de pensamentos filosóficos" na primavera de 1934, marcada pela crise.[58] Nele devem ser aprofundadas explicitamente questões que significam a ordem ou a desordem de toda e qualquer vida humana: o problema do livre-arbítrio, a relação entre sentimento e razão, a essência da linguagem, a existência de valores incondicionais, a tensão ética entre egoísmo e altruísmo.

As duas primeiras entradas de 9 de abril de 1934 testemunham sua especial autoconsciência, com a qual ela imagina abordar essas questões humanas:

> Esses são inícios vagos de uma filósofa amadora. Revisá-los a partir das noções que estarão disponíveis quando eu tiver dominado a filosofia — daí avaliar o quanto disso já foi

dito antes, se tenho algo novo a dizer ou algo antigo a dizer, mas de um jeito melhor.

[...]

A espécie humana tem apenas duas capacidades ilimitadas: sofrer e mentir. Vou combater a religião como raiz de toda mentira humana e como única desculpa para o sofrimento.

Estou convencida — e, para tanto, quero reunir todos os dados possíveis — de que a maior maldição da humanidade está em sua capacidade de conceber os ideais como algo abstrato e, portanto, sem relação com o cotidiano. Ou seja, a capacidade de *viver* de maneira muito diferente de como *pensamos*; ou seja, de eliminar totalmente o pensamento da vida concreta.

Isso não apenas tendo em vista pessoas hipócritas específicas e que agem com um propósito, mas aplicado a todos os casos bem mais perigosos e desesperançados que, largados à própria sorte, suportam um rompimento total entre suas convicções mais profundas e sua existência fáctica — e, apesar disso, ainda acreditam possuir convicções. Para essas pessoas, seus ideais ou suas vidas não têm valor; via de regra, porém, nem um nem outro têm.[59]

Nietzsche e eu

Pronunciado ódio à religião, elitismo escancarado, repúdio a qualquer necessidade de sofrimento; a exigência de integrar afirmados ideais de desenvolvimento de maneira contínua na própria vida cotidiana... Os primeiros passos sistemáticos de Rand no seu diário atestam, claramente, a influência de Friedrich Nietzsche, com efeito o único autor filosófico a cuja obra ela havia se dedicado de maneira intensa.

Com o passar dos anos, *Assim falou Zaratustra*, de Nietzsche, o primeiro livro que Rand comprou em inglês nos Estados

Unidos, tornou-se como que sua bíblia doméstica. Nas horas mais difíceis, ela retorna ao livro a fim de se encorajar e certificar-se da própria missão. Assim, bem antes de Rand começar um "diário de pensamentos filosóficos", frases como "Nietzsche e eu pensamos" ou "como Nietzsche diz" acompanham suas anotações pessoais.[60] Na realidade, o primeiro contato mais próximo com os escritos de Nietzsche deve ter acontecido durante sua juventude em São Petersburgo, onde as obras do pensador alemão a respeito do super-homem gozavam de grande prestígio entre os empreendedores e vanguardistas locais. E também entre os judeus progressistas da metrópole.

Assim como no caso de milhões de outros jovens que encontram um caminho ao filosofar por intermédio do pensador do super-homem, no caso de Rand é possível que, além do conteúdo rebelde e do brilhantismo estilístico de Nietzsche, o momento psicológico tenha sido decisivo. Pois os escritos de Nietzsche garantem aos jovens especialmente sagazes, embora em grande medida isolados em sua faixa etária nessa fase crítica da autoformação, uma justificativa existencial para sua marginalização social: algo como uma matriz de compreensão para a própria alteridade, mais o sedutor efeito extra de se enxergarem parte de uma verdadeira elite ao vivenciar esse estado marginal.

Um impulso nada inofensivo, visto que sempre acompanhado por um retrogosto narcisista. Inclusive Ayn, à época com 29 anos — seu diário de pensamentos é prova —, está ciente do viés de aparência elitista.

15 de maio de 1934

Certo dia descobrirei se sou um exemplar estranho da espécie humana, pois no meu caso instinto e razão são indissociáveis, embora a razão guie os instintos. Sou estranha ou normal e saudável? Tento impingir aos outros minhas próprias particularidades como sistema filosófico? Sou extraordinariamente inteligente ou simplesmente apenas extraordinariamente honesta? Acho que a segunda opção. A não ser que a honestidade fosse, ela mesma, uma forma de inteligência superior.[61]

Linhas de um espantoso autoquestionamento, que, segundo seu impulso básico, também poderiam ter sido escritas por Simone Weil, Hannah Arendt ou Simone de Beauvoir. Todas elas são torturadas, desde o início da juventude, pela mesma questão: o que, afinal, é que me torna tão diferente? O que eu, ao contrário de todos os outros, evidentemente não consigo compreender e vivenciar? Sou eu quem realmente trafega na contramão da estrada da vida ou é a massa de motoristas que buzina furiosamente e que vem de encontro a mim com os faróis acesos? Uma dúvida na base de toda vida filosoficamente conduzida.

Tensão socrática

O ser humano filosofante parece ser, essencialmente, um pária de ideias divergentes e profeta de uma vida correta, cujas pistas podem ser descobertas e decifradas inclusive na mais profunda falsidade. Em todo caso, essa permanece sendo uma forma de caracterizar o papel que Ayn Rand e suas contemporâneas Weil, Arendt e Beauvoir assumem, cada vez mais conscienciosas, no início dos anos 1930. Não que com isso elas tivessem feito uma escolha expressa. Elas se sentem apenas posicionadas de modo fundamentalmente diferente no mundo. E, bem no seu íntimo, têm certeza sobre quem ou qual problema merece uma terapia: não elas mesmas, mas os outros. Todos os outros, possivelmente.

Se seguíssemos esse ponto de vista, então o verdadeiro impulso de espanto no início de todo ato de filosofar não estaria no estranhamento de que "há algo e não o nada", mas no espanto sincero que o indivíduo sente em relação ao fato de que os outros vivem da maneira como vivem. Em outras palavras, a desconexão original do filosofar não seria ontológica ou epistemológica, mas social. Ela não penalizaria a relação do eu com o mundo mudo, mas do eu com os outros falantes.

No momento histórico de 1934, quando Roosevelt dá a partida oficial de seu New Deal, podemos imaginar que o estranhamento de Ayn Rand diante das condutas de seus compatriotas fosse semelhante ao de Hannah Arendt na delegacia em Berlim, de Simone Weil durante as discussões em seus círculos comunistas, ou de Simone de Beauvoir como honorável docente do ginásio Jeanne d'Arc, em Rouen.

Evidentemente, algo não estava cem por cento em ordem nesse mundo — nem com as pessoas. Talvez nunca tivesse estado. Mas qual o problema exatamente? E, no início dos anos 1930, como seria possível, como indivíduo, dar uma voz curativa àquele desconforto cada vez mais ameaçador?

III.
Experiências

1934-1935

*Rand sente-se atraída pela Broadway; Beauvoir, por
Olga; Weil, para a fábrica; e Arendt, para a Palestina*

Acusada

Todos tinham vindo: o diretor Frank Capra, bem como Pola Negri, Gloria Swanson e Marlene Dietrich — e todo o grupo dos exilados "nobres" de Los Angeles se encontrava na primeira fileira, sob a liderança do ex-general czarista Ivan Lebedeff. Este último não perdeu a oportunidade de prestar seu apoio à jovem prodígio nesse dia decisivo. Em homenagem a Rand, Lebedeff tinha organizado uma festa no fim da tarde no Águia Branca, o café preferido da diáspora russa.[1]

Mas primeiro foi a vez dos jurados. Será que eles absolveriam a heroína, atestando assim que naquele país havia ainda um verdadeiro senso de liberdade? Um resto de boa vontade para com pessoas de essência própria, ambição, ousadia romântica e independência contagiante? Ou será que o veredicto a ser proferido daria a vitória à moral convencional da maioria, dos "demasiados", com suas regras e seus medos mesquinhos, seu formalismo vazio e seu decoro aprendido, sua aversão dissimulada contra tudo o que era planejado e ousado, realmente grande?

Era fácil notar a atmosfera de tensão na sala. Apenas Ayn Rand, como protagonista do evento, parecia curiosamente alheia. Era como se nada daquilo lhe dissesse respeito. Ela tinha distribuído os indícios habilmente, de modo que seria impossível para o júri apoiar seu veredicto apenas com uma base factual. Mas o que os fatos têm a dizer, no fim das contas?

A questão decisiva da vida não é como nos portamos diante dos fatos preexistentes?

Segundo Rand, a capacidade que os seres humanos têm de assumir uma posição autônoma depende fundamentalmente do que ela chama de "sentido da vida" [*sense of life*], que, no seu entender, é um sentido mais percebido do que debatido em relação às coisas decisivas de cada ser humano: um sentido para o próprio lugar no mundo e, portanto, também para os próprios objetivos e ideais. E o que dizer desse *"sense of life"*? Como estava realmente distribuído e armazenado em sua nova "terra dos livros"? E como era possível incentivá-lo de maneira efetiva? Essas são suas perguntas, esse, seu verdadeiro experimento.

Em 1933, ela tinha concebido a peça teatral como uma contravenção quase perfeita. O drama de tribunal em três atos *Woman on trial* [Mulher em julgamento] tem sua estreia mundial nessa noite do final de outubro de 1934 em Los Angeles, no Hollywood Playhouse. Trata-se da primeira peça de Rand no palco. Na verdade, é seu primeiro trabalho produzido!

Diante do veredicto

Ela havia chegado a essa cidade menos de oito anos antes, sem conhecimentos suficientes da língua e com nada mais que uma mala nas mãos. Agora seu nome, em grandes letras iluminadas, reluzia nos bulevares de Hollywood! Exatamente como ela havia profetizado — ou melhor, prometido — a si mesma e à família em Leningrado. Qualquer outra pessoa estaria inebriada de orgulho pelas conquistas. Rand, entretanto, estava mais horrorizada pela perspectiva da festa de estreia do que pelo espetáculo em si, e dentro dela havia uma mistura curiosa de fadiga sincera e náusea. De todo modo, a protagonista, uma antiga estrela do cinema mudo chamada Barbara Bedford, é muito convincente em seu papel da secretária acusada Karen Andre. Devido ao orçamento apertado, a montagem deixa dolorosamente a desejar no quesito da produção, mas, em compensação, o diretor e produtor Edward E. Clive se manteve fiel ao texto de Rand. Principalmente a inédita solução cênica encontrada para o júri deu muito certo: antes do início da peça, doze voluntários do público eram escolhidos e, pouco antes do fim, anunciavam seu veredicto em cena aberta — em nome do povo. Isso era realmente novo. Ideia de Rand.

A ideia para a peça *Woman in Trial* (título original, *Penthouse Legend*), que Rand escreveu em poucas semanas, veio do caso real e bastante discutido à época do magnata dos palitos de fósforo e especulador Ivar Kreuger. Por meio de estratégias comerciais e creditícias extremamente arriscadas, esse sueco havia construído um empreendimento múltiplo, mundialmente conectado, de mais de cem empresas, supostamente amealhando uma fantástica riqueza. Na primavera de 1932, confrontado com sua insolvência e previsível condenação por fraude financeira, Kreuger suicida-se com um tiro na cabeça num hotel de luxo em Paris. A extrovertida vida de playboy de Kreuger fez com que seu caso fosse acompanhado intensamente também pelos tabloides sensacionalistas.

Na versão levemente ficcionalizada de Rand, Kreuger se torna o inescrupuloso empresário Björn Faulkner. A questão decisiva do drama é saber se e por quais motivos a secretária de muitos anos de Faulkner, sua sócia e amante apaixonada Karen Andre, seria responsável pela queda fatal do empresário da varanda do próprio apartamento. A jovem viúva de Faulkner, na condição de testemunha, afirma que o falecido marido foi friamente assassinado por Andre devido à decepção amorosa; o pai do empresário, banqueiro e intricadamente metido nos negócios do filho, é da mesma opinião. A acusada, por sua vez, nega o crime e o curso dos acontecimentos com veemência, embora estivesse sem dúvida presente no local e no momento da queda de Faulkner, fato confirmado por testemunhas. Durante sua participação impressionantemente segura diante do tribunal, ela rejeita qualquer forma de decepção ou até de ciúmes em relação ao homem a quem amava e admirava profundamente, cujos negócios criminosos, relacionamentos extraconjugais e casamento fingido ela tinha acobertado e facilitado por anos.

Ou seja, um clássico processo indiciário, com testemunhos contraditórios e fatos não totalmente concludentes. O drama é construído a partir do esquema de roteiro preferido de Rand — triângulo amoroso clássico, tensão superficial em torno da pergunta "Quem cometeu o assassinato?". Num nível mais profundo, entretanto, o espectador precisa avaliar o conflito básico entre "personalidade forte" e "pessoa conforme às normas", "independência versus conformidade".[2] O júri tem de decidir qual lado é o mais crível e, consequentemente, a quem será mais simpático. Na ausência de fatos claros, tudo depende do *sense of life* do corpo do júri. Como todo verdadeiro julgamento, esse também julgaria principalmente cada um dos jurados.

Egoísta

Balizando-se pelo próprio estado de espírito, Rand não teria hesitado. Atiçada pelo seu nietzschianismo precocemente internalizado, ela mostra uma fascinação especial por pessoas determinadas e não compromissadas — mesmo que no mundo real fossem malabaristas do mercado financeiro abertamente criminosos ou maníacos sexuais assassinos. Quando a moral convencional da massa invejosa está identificada com o verdadeiro inimigo, todos aqueles que se opõem sem remorsos a essas normas se tornam aliados. A premissa desse sentimento de vida super-humano é lapidar: tudo, menos a mediocridade! Tudo, menos a modéstia!

A decepção na manhã seguinte é grande, embora a peça seja elogiada diversas vezes, e o grande talento de sua autora, enfatizado. Os críticos ficam encantados com o truque do júri "ao vivo", mas não há nenhuma menção ao que Rand considera o verdadeiro tema de *Woman in Trial*. Nenhuma menção à batalha mundial que a seu ver estava em curso entre os "indivíduos heroicos" contra os "demasiados".[3] Qual a vantagem de conquistar o reconhecimento da grande massa a partir de motivos falsos? Um sucesso desses só satisfaria pessoas sem uma autêntica autoestima. E Rand não era dessas. Para ela, a incapacidade de valorizar obras de arte por verdadeiros motivos não era exclusiva de nenhuma cultura. E com consequências desastrosas — inclusive para a autoconfiança criativa dos próprios artistas.

Apenas poucos meses antes, baseada numa leitura intensa de *A rebelião das massas*, de Ortega y Gasset,[4] ela havia registrado em seu diário filosófico:

> O assim chamado ser humano egoísta [*selfish*] de hoje usa as "ideias" apenas como meio para um fim, para alcançar *seus próprios* objetivos. Mas o que é esse objetivo? O que se ganha alcançando sucesso e reverência apenas por se orientar pelas necessidades das massas? Nesse caso, não é *ele* quem triunfa, não suas ideias e padrões, mas apenas seu invólucro físico. Na verdade, um ser humano desses é escravo das massas. Isso também é o que quero dizer quando afirmo que o ser humano "egoísta" ambicioso de hoje é essencialmente *altruísta* [*unselfish*] ou até *magnânimo* [*selfless*]. Por sua vez, a verdadeira forma da autorreferencialidade é aquela que exige o direito *aos próprios* altos valores e ideais. Desse modo, o "egoísmo superior" se caracteriza

por reivindicar para si as coisas segundo seu valor essencial, e não o secundário.

Um exemplo disso a partir da minha própria experiência e que muito me afeta hoje em dia é o fato de apenas poucas pessoas ter a capacidade ou *ao menos o desejo* de avaliar obras de arte segundo seu valor *essencial*. Para a maioria das pessoas, uma obra só tem um valor depois que esse lhe tenha sido atribuído por outrem. É que elas próprias não possuem nenhum padrão próprio de avaliação (e dele também não sentem falta).[5]

Apenas quem tem um eu independente e seguro pode ser um bom egoísta. Por sua vez, o egoísmo vulgar do astuto manipulador de massas, que está potencialmente disposto a falar e fazer de tudo para conquistar sucesso, fama ou poder, é na verdade muito vazio e desorientado para pretender de maneira justificada o título de um egoísta maior.

Segundo Rand, as sociedades que idealizam tais heróis vazios sem nenhuma objeção perderam todo critério fundamental para seu próprio valor, estão manifestadamente ameaçadas em sua existência: sobretudo na forma de uma ditadura do reconhecimento legitimada pseudodemocraticamente, em cujo topo se instalou um indivíduo da massa e manipulador especialmente hábil. O verdadeiro pesadelo de Rand em relação à sua "terra dos livres".

Segunda mão

Mas o que estava verdadeiramente por trás da tendência do autoabandono voluntário à opinião dos "demasiados"? Quais seus mecanismos psicológicos e sociais decisivos? Para Rand, uma conversa rotineira com a vizinha se transforma num despertar. A jovem, que como Rand trabalha na indústria cinematográfica e, na qualidade de assistente de David O. Selznick, é bastante exitosa, já tinha chamado a atenção de Rand pela ambição e pelo seu apego à carreira. Certo dia, ela lhe pergunta à queima-roupa qual o sentido de sua vida. A jovem, chamada Marcella Bannett, não pensa duas vezes: se ninguém tivesse um carro, ela também não queria um. Mas, se alguns tivessem carro e outros não, então ela queria ter um. Se alguns tivessem dois carros e outros apenas um, então ela queria dois. Além disso, ela dava muita importância em deixar os outros saberem que ela tinha mais coisas que eles.[6]

Rand mal conseguiu acreditar no que tinha ouvido. Evidentemente a mulher balizava as próprias intenções apenas pelos objetivos das pessoas ao seu redor, e isso, por sua vez, só para rivalizar com essas pessoas em todas as áreas possíveis e superá-las. Tudo o que lhe parecia desejável dependia do desejo e dos objetivos dos outros, sendo em realidade de uma natureza secundária.

Mas e se as pessoas pelas quais o desejo da secretária se balizava também fossem impulsionadas pelo desejo de terceiros, que por sua vez tinham sido inspirados por outras pessoas... Rand visualizou a imagem abissal de uma sociedade supostamente livre, cuja ambição e individualismo, na verdade, não passava de autodeterminação derivada, incentivada por um pervertido afã de reconhecimento. Ela não podia, não queria viver assim. Ninguém deveria ser forçado a isso.

Pronto para ser filmado

De todo modo, o assim chamado sucesso tinha acontecido. Os direitos da peça para o cinema logo foram vendidos, e Samuel "Sam" Grosvenor Wood, um dos diretores mais festejados da época, se ofereceu para levar *Woman in Trial* à Broadway. Isso caso ele pudesse mexer no texto por conta própria, se assim achasse necessário. E se Rand fosse a Nova York ajudá-lo a encenar a peça no maior de todos os palcos.

O que a prendia a Hollywood? Certamente não era o clima da Califórnia. Nem a evidente não carreira do marido, Frank O'Connor. Pouco mais de uma semana após a assinatura, a vida em Hollywood é desmontada e o casal parte para a costa leste numa velha picape. Durante essa viagem, Rand é confrontada pela primeira vez com outro país: os Estados Unidos das pequenas cidades empobrecidas, dos trabalhadores rurais desprovidos, da pobreza da população negra e de uma infraestrutura deteriorada.

Na Virgínia, quando Frank precisa desviar de um caminhão que está em meio a uma ultrapassagem, o carro capota e acaba numa vala ao lado da estrada. Eles chegam de ônibus a Nova York — ilesos, mas totalmente falidos —, onde logo as coisas se sucedem da pior maneira possível. O financiamento para a planejada apresentação na Broadway de *Woman in Trial* (agora com o título *A noite de 16 de janeiro*) subitamente fez água e condena Rand, no início de 1935, ao desamparo. A fim de poupar gastos, o casal passa a morar com Nick — irmão de Frank, que também está em Nova York tentando sobreviver. Os três dividem um espaço exíguo e esperam por dias melhores. Sendo honesta, Rand afirmaria que nesse momento sua situação diferia muito pouco daquela da sua família em Leningrado. Como é possível saber por cartas, o pai, outrora tão orgulhoso, passa os dias nas ruas da cidade, desempregado e sem renda, a fim de talvez conseguir uma lâmpada. Se há um quilo de maçãs em casa, o dia pode ser considerado de festa. A mãe e as irmãs, que falam várias línguas com fluência e que têm excelente formação, prestam muita atenção para não perder nenhum evento noturno do Partido Comunista e assim garantir seus empregos de guias de turismo.

A vontade de viver da família Rosenbaum se alimenta principalmente do sucesso lendário de Alissa, a filha emigrada. Para que o pai também possa se alegrar com suas obras, a mãe traduz para o russo o texto de *A noite de 16 de janeiro*. Sinoviev, o pai, não poupa elogios e coloca o texto, do ponto de vista da língua e da construção, no mesmo patamar de Shakespeare. A irmã Nora anexa às cartas desenhos de imensos letreiros luminosos, nos quais o nome de Ayn se destaca. E, por fim, a mãe, Anna, expressa sua satisfação dizendo que mesmo em Hollywood, meca da futilidade, era impossível não saber "que o branco é branco".[7] Todos eles sempre acreditaram que, onde reina a liberdade, o talento excepcional sempre vence. Mesmo que por caminhos tortos, às vezes. Ou tortíssimos.

É que, nessa fase, às promessas vazias do produtor juntam-se semana após semana mais recusas ao manuscrito recém-finalizado do romance *Airtight*. Para não se sentir absolutamente passiva na situação, Rand demite a agente literária com quem trabalhava até então. Depois de meses sem renda própria — também Frank está numa inglória procura por trabalho pago em Nova York, assolada pela recessão —, Rand tem de dar graças por, desde o começo do verão, ser novamente editora de roteiros no seu antigo estúdio RKO, apesar do salário de fome. Ou seja, tudo de novo do começo. Quase como no cinema.

Costumes do interior

A partir do outono de 1934, também em Rouen, no Norte da França, um drama especialmente intenso começa a se desenrolar em todos os fins de semana. As apresentações se dão em cafés, espeluncas e hotéis para estudantes. Os protagonistas são uma professora de filosofia de 26 anos, envolta em escândalos, que leciona no internato local de moças, e seu amante de longa data, apenas dois anos mais velho, recém-retornado de Berlim, também professor de filosofia e que durante a semana trabalha na cidade portuária de Le Havre, a uma hora de trem de distância. Há ainda uma sensual ex-aluna do internato, de dezoito anos, chamada Olga Kosakiewicz, com raízes familiares na alta nobreza russa, que frequenta a vida noturna local com os cada vez mais numerosos refugiados poloneses e ucranianos.

Visto que tanto a professora radicada na cidade quanto seu companheiro — cuja baixa estatura não passa despercebida — disputam com sucesso e habilidade variáveis também os favores sexuais da moça, trata-se a princípio de um clássico triângulo amoroso. Num segundo nível, por sua vez, tal constelação é cenário de tensões que impactam toda vida conduzida de maneira consciente: liberdade versus necessidade, momento versus futuro, sujeito versus objeto, autenticidade ou inautenticidade.

Todas elas são introduzidas como conceitos, de maneira explícita, no desenrolar da ação, principalmente pelo casal de filósofos oriundos de Paris. Nesse outono, seu ponto de partida pode ser descrito da seguinte maneira: postados no último degrau para a vida adulta, Jean-Paul Sartre e Simone de Beauvoir têm de admitir que estão bem atrás das próprias esperanças e expectativas. Outrora os dois mais brilhantes formandos da universidade mais prestigiosa de seu país, se tornaram simplesmente dois dos vários milhares de professores de filosofia no interior da França. A decepção, que Jean-Paul Sartre julga ter de compreender, leva-o a uma depressão severa e muito resistente, pois o ano passado em Berlim havia lhe aberto novos horizontes, intelectuais e sensuais.

Quase nenhum de seus pensamentos e afirmações desses meses se dedicam a outra coisa senão a previsível monotonia de sua existência: sua vida, firmemente ancorada na de

Simone; as poucas verdadeiras amizades, já encerradas; a carreira profissional, claramente predefinida. "Não tínhamos nem trinta anos e mais nada de novo nos aconteceria, nunca!"[8]

Até o cabelo de Sartre começa a rarear visivelmente. Como antes, durante a infância, quando aos cinco anos seus cachinhos dourados foram cortados numa visita ao barbeiro, e o menino, ao se olhar no espelho, teve de se identificar de súbito com uma imagem nova, absolutamente desagradável, mais uma vez a perda se transforma num trauma. E que é ainda mais intenso porque aponta para a última e insuperável ferida, também de sua vida: a morte.

Quando encontra força, Simone contesta com veemência o diagnóstico de decadência de Sartre, faz elogios constantes à sua originalidade filosófica e, convencida da capacidade única do companheiro, incita-o à paciência, à tenacidade e ao senso de realidade. Ela não tem nenhum êxito visível nesse sentido, até porque também pondera, cada vez mais frequentemente e às lágrimas, a incompatibilidade abissal entre a felicidade do momento e a insignificância de todas as aspirações. Principalmente quando ela tinha, mais uma vez, exagerado na bebida.[9]

O cotidiano compartimentado no interior estava com um gosto insípido. E se eles fossem honestos um com o outro, o mesmo valia para suas relações sexuais, cada vez mais raras. Jean-Paul Sartre quase não mostra mais iniciativa e, apesar de toda franqueza mútua, deixa Simone permanentemente insatisfeita. Será que isso se deve apenas a eles serem muito próximos intelectualmente? Ou será que a unanimidade intelectual sempre renovada nas conversas, tida como fundamento básico de seu relacionamento com o mundo, era apenas mais uma ilusão?

Nesse inverno de 1934-1935, as fissuras do ano anterior estão ameaçadas de se tornar, definitivamente, abismos. Com vários projetos de romance interrompidos dentro da gaveta, há quase um ano Beauvoir não escreve nem uma página, enquanto Sartre continua produzindo igual, de maneira tão intensa e veloz que há algo compulsivo em sua desorientação questionadora. Apenas nos meses anteriores havia surgido um manuscrito de várias centenas de páginas sobre a psique humana. Além disso, ele se encontra ainda — ou mais uma vez — no processo de uma revisão fundamental do fragmento de um romance, já múltiplas vezes retrabalhado, e que nesse momento leva o título provisório de *Melancolia*.[10]

Nesse sentido, ambos os projetos estão intimamente relacionados, pois, segundo Sartre, em grande medida são as armadilhas da própria capacidade de imaginação que colocam o ser humano num estado perene de desamparo. Principalmente quando as noções que um indivíduo nutre por si estão em evidente conflito com a existência fáctica desse mesmo indivíduo. As maneiras de se equivocar fundamentalmente no projeto da própria identidade são tão ricas e diversas quanto a força da imaginação humana. Para se certificar disso, o casal — sentado junto à janela de um café — tem apenas de observar os bons cidadãos de Rouen ou de Le Havre que desfilam à sua frente imersos num desespero mais ou menos silencioso. Em poucos anos, ambos fariam parte dessa turma — para tanto, nem era preciso muito azar.

De todo modo, eles ainda tinham objetivos que, em sua essência, ultrapassavam em muito as preocupações miúdas do cotidiano. Mas será que isso era bom? Ou será que o problema não estava justamente aí?

O princípio Olga

Nesse sentido, Olga era muito diferente. Beauvoir notou-a apenas no final do último ano devido a um brilhante ensaio sobre Kant. Essa explosão de ideias de um suposto nada se assemelhava exemplarmente à inquieta originalidade da relação da jovem com o mundo, que oscilava de maneira difícil de ser compreendida entre uma visão panorâmica imparcial e profunda desorientação. Com um único olhar, Olga parecia captar as relações mais complexas, principalmente a vida interior de outras pessoas, mas ao mesmo tempo se mostrava como que cega para os próprios objetivos e estímulos.

Beauvoir atribuía isso à incrível tensão existente entre a casa paterna de Olga e sua educação. A mãe francesa de Olga tinha ido à Rússia como babá e lá se apaixonara por um engenheiro de uma prestigiosa família com raízes na nobreza (Adel, da Bielorrússia). No decurso da Revolução de Outubro, a jovem família é obrigada a fugir para a França, onde — como muitos outros exilados russos — vive uma vida bastante apartada, reforçada uma vez mais pelo isolamento próprio do interior. Eles não faziam parte do meio nem desejavam fazer.

Enquanto dentro de casa reinava a etiqueta aristocrática e a autoimagem elitista, do lado de fora a família experimentava sentimentos de profunda desclassificação e segregamento. A educação caseira seguia o ideal de formação livre das pessoas que nunca têm de trabalhar por dinheiro, enquanto o empobrecimento da família e a ambição empurravam os filhos a carreiras em profissões que garantissem seu sustento. Assim também em relação a Olga, que, segundo a vontade dos pais, deve estudar medicina; no seu primeiro ano após o término da escola, ela não encontra nada dentro de si que possa vinculá-la a esse objetivo nem que o rejeite explicitamente. "Persuadida desde a infância de que não pertencia à sociedade que a cercava, não esperava nenhum futuro desta; o amanhã mal existia para ela, muito menos o ano seguinte."[11]

Tanto para Olga como para muitas alunas daquele ano, Beauvoir — a professora de filosofia não adaptada — tinha se tornado um modelo a ser admirado, enquanto Beauvoir compreendia a evidente desorientação e sagacidade de Olga como uma tarefa pedagógica. Primeiro elas tomaram café juntas, foram passear, conheceram-se melhor e logo começaram a conversar cada vez mais abertamente. Beauvoir assistia, com crescente fascinação, como todas as exigências e expectativas que eram dirigidas exteriormente a Olga ricocheteavam nela sem nenhum efeito, sem gerar nenhuma pressão, vergonha ou mesmo arrependimento. Enquanto Simone, aos 26 anos, ainda batalhava conscientemente para se emancipar das exigências e expectativas da casa dos pais, Olga, de meros dezoito anos, parecia ter alcançado esse objetivo havia tempos, e de maneira quase sonâmbula. Olga simplesmente se lançava à vida sem um planejamento prévio. Ela não era ela mesma nem outra pessoa, nem parecia provável que outros pudessem assumir o controle do seu eu. "Dava-me muito bem com Olga, mas não éramos parecidas. Eu vivia de projetos; ela negava o futuro. Todo esforço lhe parecia desprezível; a prudência, uma mesquinharia; a perseverança, uma mentira a si própria; só dava valor a suas emoções: o que se compreende com a cabeça não a interessava. [...] O presente bastava a Olga; as palavras que definem, limitam ou prometem, e sempre antecipam, pareciam inteiramente fora de propósito [...]."[12]

No caso de carregar intelectualmente a situação — Sartre e Beauvoir perseguiam a maestria exatamente nessa disciplina, o carregamento psicofilosófico de sua vida social —, Olga personificava de maneira exemplar a utopia de uma imediatez filosófica da vida, o princípio de uma vitalidade pura, dedicada ao momento.

Encantadores

Após os primeiros encontros, Sartre também percebeu o efeito incrivelmente vitalizador do convívio com a "pequena russa", a maneira perfeita com a qual ela servia como espaço de projeção para todas as posturas e desejos que lhe pareciam uma saída contra a monotonia enlouquecedora de sua existência. Pois na primavera de 1935 Sartre não estava apenas severamente deprimido como também mais convencido que nunca de se encontrar no caminho direto para a loucura. O que se devia também à legião de crustáceos gigantes e insetos que o acompanhavam pari passu. Seu interesse acadêmico pela essência da imaginação humana havia feito com que ele participasse de uma experiência com mescalina organizada por um amigo psiquiatra parisiense. Segundo este último, as alucinações resultantes da droga durariam no máximo 36 horas; no caso de Sartre, entretanto, elas retornaram por semanas e meses, em ondas, e sem diminuir de intensidade. Não apenas ele estava envelhecendo a olhos vistos e algum dia iria, sim, morrer — como qualquer outra pessoa. Agora também a loucura atacava sua mente.

Durante essa primavera, ele faz com que Beauvoir lhe jure seguidamente que não vai deixá-lo a sós no caminho do passamento, que era sem retorno e que ele claramente havia iniciado. Os médicos falam de sobrecarga tensional e prescrevem descanso e pausas na escrita. Beauvoir, há anos ciente da hipocondria de Sartre, chega a outro diagnóstico. O que o companheiro precisa nessa crise é de um novo objeto de desejo. Se possível, complexo e particular o bastante para ocupá-lo física e mentalmente por longo tempo. Distração como estratégia de sobrevivência. "Preferia que Sartre vigiasse os sentimentos de Olga a que fosse tomado pela psicose alucinatória."[13]

É assim que, no decorrer de 1935, um relacionamento unificado e o único necessário, o pacto diádico da vida deles, se transforma oficialmente numa tríade por meio do "coringa" Olga. A jovem recebe apoio e reconhecimento do casal de filósofos que ela admira de maneira irrestrita; por sua vez, assume a função urgentemente necessária, principalmente para Sartre, de injetar uma dose de vitalidade na vida deles. Ou como descrição eufemística da mesmíssima situação: "Tomados pela magia que se desprendia de nossos olhares se cruzando, cada um se sentia ao mesmo tempo feiticeiro e enfeitiçado".[14]

Compreensão de papéis

Já que a coisa não pode dar certo sem um plano qualquer, Beauvoir organiza um sistema de encontros a dois e reuniões a três que deveria agradar a todos. Principalmente no início da experiência, Beauvoir sente-se curativamente livre da destrutiva e permanente pressão à qual esteve exposta durante muitos meses devido à crise existencial de Sartre. Na realidade, a percepção que eles têm do mundo e de si mesmos nessa fase é muito distinta entre si.

Onde a vida de professor devia parecer um desonroso beco sem saída para Sartre — sempre mimado e vindo de uma família sem preocupações financeiras —, no qual ele via "sua liberdade sendo sufocada lentamente", a profissão era para Beauvoir, apesar de todas as demandas, um caminho para a genuína autonomia. Ainda mais numa época em que as mulheres não tinham nem o direito ao voto na França. Longe da capital, enquanto Sartre se sentia relegado a um papel contra sua vontade, Beauvoir estava orgulhosa de ter escolhido pessoalmente seu destino e batalhado por ele.[15] Para ela, o bem-estar de sua "adorada pequena criatura"[16] ainda era o centro existencial da própria vida. Enquanto isso, o engenho de Sartre para relacionamentos se caracterizava pela fixação total em si próprio e no desenvolvimento de seus pensamentos e escritos. Ao menos nesse sentido, Beauvoir se manteve presa a uma clássica dinâmica dos relacionamentos: ele em primeiro lugar!

Entretanto, Sartre só se sentia realmente bem quando também Beauvoir estava em ebulição intelectual. O cessamento do fluxo de escrita dela ocorrido no ano anterior foi motivo de muita preocupação por parte de Sartre. Ele indaga constantemente pelo andamento de suas tentativas literárias; ora preocupado, ora incentivador, às vezes também brincalhão: "Mas outrora, Castor, você pensava uma porção de coisinhas".[17]

Mas exatamente ali, no suposto centro da vida dela, a escrita, abria-se mais uma diferença de categoria baseada menos em inteligência, talento ou compreensão do que no verdadeiro objetivo do movimento intelectual. Beauvoir a descreve da seguinte maneira:

> Quando uma teoria me convencia, não permanecia exterior, mudava minha relação com o mundo, coloria minha experiência. Em suma, eu tinha sólidas faculdades de assimilação, um senso crítico desenvolvido, e a filosofia era, para mim, uma realidade viva. Dava-me satisfações que não me cansaram nunca.
>
> Entretanto, eu não me considerava uma filósofa; sabia muito bem que minha facilidade em penetrar um texto vinha principalmente de minha falta de imaginação. Nesse terreno, os espíritos verdadeiramente criadores são tão raros que é inútil indagar a mim mesma por que não tentei conquistar um lugar entre eles; seria preferível explicar como certos indivíduos são capazes de elaborar bem esse delírio concertado que é um sistema e de onde vem sua obstinação que dá a suas concepções o valor de conceitos universais. Já disse que a condição feminina não predispõe a esse gênero de obstinação.[18]

Essa recordação, especial sob qualquer ponto de vista, foi colocada no papel por Beauvoir no final dos anos 1950; nesse tempo, sua obra *O segundo sexo* (1949) — que será fundamental para o movimento feminista posterior — já conta dez anos. A passagem é exemplar para a duradoura convicção de Beauvoir de que as constituições intelectuais de homens e mulheres são genericamente diferentes entre si, exemplificadas por ela a partir dos eixos "plasticidade versus rigidez" e "relação com a realidade versus delírio". Uma categorização que, se examinada com mais cuidado, de modo algum é favorável à sistematização que se supunha basicamente masculina. Mesmo um delírio *planejado* permanece sendo exatamente o que é: um delírio — e, portanto, uma forma de iminente perda da realidade.

A maneira como Beauvoir se aproximava da filosofia, por sua vez, mantinha uma relação plástica com o cotidiano e a vida, a fim de iluminar — com os meios da nova descrição — as coisas que todos acreditavam saber e conhecer, tornando-as mais claras, vivas e, por fim, mais livres. O ponto de partida dessa nova arte de descrição são as próprias experiências e acontecimentos, trabalhados como numa narrativa. Filosofia como semificção de base biográfica.

Após diversas tentativas e também fracassos, na primavera de 1935 Beauvoir recomeça como autora. Dessa vez não na forma de mais um romance, mas com diversos contos inter-relacionados de maneira solta, que tinham como objetivo apontar "a profusão de crimes, minúsculos ou enormes" que são criados e cobertos por "mistificações espiritualistas" da religião.[19]

Os contos de Beauvoir, profundamente marcados pela repulsa, quiçá horror, contra o meio burguês-católico da educada classe média francesa da qual ela se originou, têm o seguinte objetivo: eles querem tornar visíveis os ideais religiosos — e as normas cotidianas deles são derivadas — como os principais culpados de uma abnegação que impele principalmente mulheres jovens à constante inautenticidade, à falta de liberdade e, por fim, à frustração sexual. "Eu iria me limitar às coisas, às pessoas que conhecia; tentaria tornar perceptível uma verdade que eu mesma havia experimentado. Ela determinaria a unidade do livro, cujo tema eu indicaria por meio de um título que tomei emprestado, de modo irônico, de Maritain: 'Primado do espiritual'."[20]

Botões da espiritualidade

Nessa situação complexa, também bastante dinâmica em termos filosóficos, é fácil adivinhar sob quais pontos de vista Olga — como vontade e representação — deve ter sido um objeto de estudo especialmente inspirador. Pois Olga, que maravilhosamente não elaborava planos, corporificava a desejada franqueza e, portanto, também a vitalidade de um acesso ao mundo totalmente genuíno, da melhor espécie. Principalmente aos olhos de Sartre, que com e por intermédio de Olga vivenciava "a tontura daquela consciência nua e momentânea, que parecia apenas sentir, intensa e pura. Eu valorizei isso de tal maneira que, pela primeira vez em minha vida, me senti submisso e desarmado diante de alguém e queria aprender".[21]

Também Beauvoir confessa a tendência de transfigurar Olga, "suas revoltas, sua liberdade, sua intransigência", num "mito"[22] — o mito da pura consciência do agora, totalmente indeformado, desabrochando. Por outro lado, ela logo se mostra seriamente preocupada com a influência extrema de Olga sobre o mundo de Sartre: "Com sua obstinação em conquistá-la, Sartre dava a Olga um valor infinito. Era-me, subitamente, proibido encarar com displicência as opiniões dela, seus gostos, seus desdéns".[23]

A distância crescente de Beauvoir deve ter relação com sua apurada percepção, tanto profissional quanto literária, de quão facilmente (principalmente no caso de mulheres jovens) essa maravilhosa genuinidade direta não é, na verdade, nada além da mais profunda confusão no nível pessoal e do constante desespero, quase desamparo: um estado de desorientação tão grande, tão profundo e completo, que, como efeito superficial, se tornava quase indistinguível da autenticidade direta. Olga logo lhe pareceu um ser titubeante que, de acordo o papel que desempenhava (ou sentia ter de desempenhar) na tríade, liberava esse ou aquele aspecto de seu ser. Entretanto, Sartre ainda não estava estável o suficiente para uma resistência decidida: "Com minhas palavras, minhas condutas, eu contribuía com zelo para o bom êxito do trio. Entretanto, não estava contente nem comigo nem com os outros e tinha medo do futuro".[24]

Ao menos literariamente as coisas avançavam. Já na primavera de 1935, Beauvoir encerra um primeiro conto, intitulado "Lisa". Trata-se de uma aluna interessada por filosofia num internato de moças. Frágil e extenuada, ela deixa a formação recebida por lá "congelar em esterilidade"[25] — em vez de despertar os espíritos animados dessa formação.

Por meio de uma pequena mentira, Lisa recebe permissão para ir à Biblioteca Nacional em Paris, com o único objetivo de encontrar de maneira casual o homem de seus sonhos, o irmão da melhor e única amiga, que evidentemente não se mostra nem um pouco interessado nela. Em vez disso, num ponto de ônibus, ela é acusada por uma mulher mais velha de ser a amante do seu marido. Não sem um efeito liberador sobre sua autoimagem: "Ela, que costuma odiar seu rosto comprido, o corpo magro — um verdadeiro gafanhoto —, de repente tem a impressão de que o toque da sua carne é suave, delicado e vívido. Será que posso mesmo passar por amante de um homem maduro?".[26] Numa visita ao dentista, que ocorre em seguida, ele faz vagas insinuações eróticas; no fim do dia, Lisa imagina um arcanjo e o homem de seus sonhos da biblioteca unidos numa só pessoa e acaba por se masturbar no seu quarto individual no internato Saint Agnes.

Botões da espiritualidade. Flores do mal. Tanto faz que o resto do mundo esteja em queda livre. Como autora, Beauvoir percebe de modo cada vez mais nítido que está trilhando um caminho que a conduz ao objetivo.

Bem embaixo

Nesse ano, era quase impossível saber se a culpa das crises de enxaqueca, que duravam semanas, eram as depressões, ou se as dores de cabeça acabavam inevitavelmente gerando uma nova depressão. Há muito os remédios já não traziam alívio. Ela quase não conseguiu encerrar direito o ano letivo. No verão de 1934, Simone Weil pede licença da escola para, como ela mesmo diz, colocar no papel seu "testamento filosófico". Ela está com 25 anos de idade.

Nesse momento, Weil não tem dúvida de que outra guerra mundial é inevitável e que países como a França, a Espanha e os Estados Unidos serão sugados pelo turbilhão da lógica totalitária de sociedade.

> Vê-se claramente que a humanidade contemporânea tende um pouco por toda parte a uma forma totalitária de organização social, para usar a palavra que os nacional-socialistas colocaram em voga, isto é, tende a um regime no qual o poder do Estado decide soberanamente em todos os âmbitos, até, e sobretudo, no âmbito do pensamento. A Rússia fornece, para grande infelicidade do seu povo, um exemplo quase perfeito desse regime [...] mas parece inevitável que todos se aproximem mais ou menos dela durante os anos vindouros.[27]

Nos meses de setembro a novembro de 1934, o texto, originalmente concebido para ser um artigo, ganha corpo de livro. Sob o título inspirado em Jean-Jacques Rousseau, *Reflexões sobre as causas da liberdade e da opressão social*, a obra pretende fundamentar uma sociedade de trabalho de indivíduos autodeterminados verdadeiramente livres. O texto deve ser compreendido como "testamento" na medida em que se dirige a uma geração *posterior* à catástrofe. A depravação da própria época parece tão profunda para Weil que a questão não pode ser tentar evitar o ameaçador incêndio mundial.

Mesmo que não houvesse mais nada para salvar no sentido político, restava a opção de integrar as noções obtidas na vida, testá-las e refiná-las na prática concreta. Em dezembro de 1934 — logo após a conclusão de seu "testamento" —, um sonho acalentado desde seus tempos de estudante se concretiza: Weil começa a trabalhar como auxiliar, sem formação técnica, em uma metalúrgica parisiense da empresa Alsthom.

Ela quer sentir no próprio corpo a opressão que, como pensadora, almeja eliminar. Para fora da torre da teoria, para dentro da vida cotidiana, impiedosa, dos trabalhadores! Nem Marx ou Engels, nem Lênin, Trótski ou Stálin haviam realmente vivenciado uma fábrica por dentro. Algo que, segundo a crítica de Weil, era claramente perceptível nas suas análises e atitudes.

E, para continuar nessa linha, não era exatamente a carência de experiência concreta nas asfixiantes câmeras de eco, tanto do lado burguês quanto do proletário, que fazia o desconhecimento mútuo de ambas as formas de vida criar verdadeiros mundos monstruosos de falsas atribuições e suposições conspirativas? De acordo com a fantasia dos proletários, as forças demoníacas das "finanças", da "indústria", das "bolsas" ou dos "bancos" (e, também na França, cada vez mais frequentemente, "os judeus") se esbaldavam no reino dos empreendedores burgueses. E a classe dos proprietários achava, por sua vez, que os ativistas proletários se resumiam a "provocadores", "perturbadores pagos da ordem" ou simplesmente "saqueadores".[28]

Na linha de montagem

No inverno de 1934, Weil ousa a definitiva constatação da realidade; em seu diário da fábrica, ela fala até do objetivo de enfim alcançar um "contato direto com a realidade".[29] Entretanto, se observarmos mais atentamente, não deve ser algo muito fácil dizer por que o cotidiano de alguém que passa dez horas por dia ganhando salário mínimo numa linha de montagem, estampando peças de metal com uma única mão, poderia ser chamado de mais "real" do que o de uma professora de filosofia no interior da França ou de uma russa exilada na indústria cinematográfica de Nova York.

Em todo caso, o desejo de Weil em trabalhar na fábrica alinha-se a uma honrosa tradição de experiências filosóficas de ruptura, cujo objetivo manifesto é dar as costas a um mundo supostamente alienado e, ao ingressar numa forma de vida ou num ambiente supostamente mais próximo à realidade, alcançar maior clareza de pensamento. Assim como Buda fugido do palácio, Diógenes e sua vida no barril ou Thoreau com sua cabana em Walden Pond.

Embora Weil tivesse saído do apartamento dos pais no Jardim de Luxemburgo a fim de tornar a experiência mais autêntica, vindo a alugar um quarto nas proximidades da fábrica, na periferia, ela está perto do porto seguro de Mime e Biri e as portas lhe estão sempre abertas. Por exemplo, para um jantar com os pais. Uma oferta que Simone só aceita, evidentemente, se pagar à mãe o valor exato de uma refeição similar num restaurante. Uma charada que a mãe de Weil sabe contornar à sua moda. No decorrer de suas visitas nem tão raras ao quarto alugado de Simone, sempre desarrumado, ela esconde pequenas quantias de dinheiro em peças de roupa e gavetas, para que dias depois a filha possa desfrutar do sentimento de um feliz achado casual.[30]

Além disso, o projeto tem uma clara limitação temporal (na realidade, ela não trabalhará nem 24 semanas); e o emprego na fábrica só acontece pela intercessão de um antigo companheiro de sindicato de Weil. Este último conhece pessoalmente quem toma as decisões relevantes na fábrica da Alsthom, revelando-lhe o projeto de pesquisa de Weil bem como sua total incapacidade de assumir um papel minimamente produtivo no processo de produção. Além disso, promete ficar de olho na operária especial de mãos inábeis durante a previsível curta duração de sua estadia na empresa.

Na segunda-feira, 17 de dezembro de 1934 — apenas duas semanas após o início do trabalho —, Simone chega para jantar no apartamento dos pais na Rue Auguste Comte com a blusa manchada de óleo; seu estado já é preocupante. Simone fala ainda menos do que come. No seu caso, sinal de alerta máximo. Sua força é quase insuficiente para mantê-la ereta na cadeira. Ela não tinha contado com esse profundo cansaço que se infiltra em todos os membros e não lhe franqueia energia nem mesmo para fazer o que havia se proposto: registrar de maneira acurada em seu diário da fábrica tudo o que havia vivenciado e refletir a respeito. O registro de 17 de dezembro — que deve ter sido escrito no metrô — é o seguinte:

> À tarde — prensa: pedaços difíceis de serem colocados a 0,56% (seiscentos das 2h30 às 5h15; 1/2 hora até ajeitar a máquina novamente, que estava obstruída porque esqueci um pedaço lá dentro). Cansada e enojada. Sentimento de ter sido uma pessoa livre por 24 horas (no domingo) e agora

tenho de me adaptar novamente a uma ordem servil. Nojo desses 56 *centimes*, que obrigam você à tensão e à exaustão, mais sempre o medo de ser censurada por ter sido lenta demais ou por ter estragado algo [...]. Sensação de escravização.

Vertigem de velocidade. (Principalmente quando, para nos lançar ao trabalho, temos de superar cansaço, dor de cabeça, repulsa.)[31]

Um dia típico de trabalho na vida da operária de fábrica Simone Weil. Nem uma única vez nesses seis meses ela vai conseguir produzir o número mínimo de peças determinado. Em vez disso, gera, com triste regularidade, produtos defeituosos; as máquinas não querem colaborar; peças simplesmente caem ou estragam; ferramentas essenciais são por ela trocadas, perdidas, inseridas de maneira errada e, com muita frequência, esquecidas na máquina depois de prontas.

A monotonia da divisão de trabalho a conduz constantemente a um blackout mental que predispõe a erros e que, por causa da constante exaustão, anuvia a mente. Um tipo de morte interior, que em poucos dias se expande para toda a sua vida. O medo do fracasso se introduz nos sonhos intranquilos, acessos de choro são a última descarga de tensão. Mas não a livram dos mortais acessos de enxaqueca, que estão na base de tudo.

Conhecimento e interesse

O fato de Weil não ser talhada para essa forma de vida não era nenhuma surpresa nem levava a uma conclusão. Mas qual ser humano era ou seria talhado para tanto? Existiam seres pensantes que conseguiam manter sua autoestima e dignidade sob tais condições?

Seu "testamento" filosófico trata exatamente desse questionamento. Karl Marx também norteou suas análises a partir de tais questões. Mas, como descreve Weil em suas *Reflexões*, elas foram respondidas a partir de um fundamento mítico — com consequências fatais para os proletários de todos os países, que haveriam de ser libertados por meio de uma revolução.

Apesar de toda a clareza e todo o caráter científico, disse Weil, a análise marxiana ficou contaminada por uma filosofia da história quase religiosa. O erro central estava na suposição — que não foi formulada por Marx nem por ele questionada — de que qualquer progresso das forças produtivas faz a humanidade avançar no caminho da libertação. O processo em direção à sociedade comunista de autêntica liberdade individual é reconstruído por Marx como história do aumento, pela técnica e pelo maquinário, das forças produtivas. O sofrimento do proletariado poderia ser longo e cheio de sofrimento, mas tendia necessariamente, no fim e ao cabo, à sua libertação. Graças ao "aumento da produtividade", a história da humanidade estava animada por um objetivo interior, que simplesmente não podia ser malogrado.

Vale a pena citar a crítica de Simone Weil sobre esse dogma em toda a sua extensão. Também porque essa passagem desvenda — na fetichização marxista do crescimento da produtividade — a raiz comum, embora encoberta, de uma imagem de história tanto capitalista quanto comunista. Ambas as ideologias, segundo Weil, sonhavam com o fim da história sob a égide do mito do crescimento infinito. Ambas sonhavam com uma vitória sistemática global sobre uma base econômica. Ambas sonhavam com uma libertação do ser humano não apenas do jugo do trabalho, mas do jugo de uma realidade que se contrapõe a nossos desejos. Em outras palavras: sob o manto de um cientificismo, ambas se mostravam presas a suposições básicas crassamente não científicas, absurdos mesmo.

Os marxistas [...] convencidos como estão [...] de que todo progresso das forças produtivas faz a humanidade avançar na via da libertação, ainda que a custo de uma opressão provisória. Não surpreende que, com tal segurança moral, eles tenham maravilhado o mundo por sua força.
Todavia é raro que as crenças reconfortantes sejam ao mesmo tempo razoáveis. Antes de examinar a concepção marxista das forças produtivas, impressiona o caráter mitológico que ela apresenta em toda a literatura socialista [...]. Marx não explica jamais por que as forças produtivas tenderiam a crescer [...]. A ascensão da grande indústria fez das forças produtivas a divindade de uma espécie de religião [...]. Essa religião das forças produtivas em nome da qual gerações de patrões esmagaram as massas trabalhadoras sem o mínimo remorso constitui do mesmo modo um fator de opressão no cerne do movimento socialista; todas as religiões fazem do homem um simples instrumento da Providência, e o socialismo também coloca os homens a serviço do progresso histórico, isto é, do progresso da produção. Por isso, seja qual for a ofensa infligida à memória de Marx pelo culto que lhe dedicam os opressores da Rússia moderna, ela não é de todo desprovida de sentido.[32]

Limites do crescimento

A crítica de Weil aos mitos do marxismo se transforma diretamente numa crítica da moderna crença do crescimento. Essa, por sua vez, caminha necessariamente de mãos dadas com o dogma da panaceia representada pelo crescimento das forças produtivas. Evidentemente, essa promessa de cura baseava-se, tanto para capitalistas quanto para socialistas, na suposição de que o inacreditável aumento das forças produtivas dos últimos trezentos anos prosseguiria igual em modo e intensidade, podendo ser ainda mais acelerado.[33] Essa expectativa conduz — se a levarmos a sério — diretamente à questão da energia necessária e, portanto, das fontes de energia num mundo infinito.

Pois, mesmo que fosse difícil prever quais fontes de energia estariam disponíveis num futuro próximo, era fato "que a natureza não nos presenteia com energia, qualquer que seja sua forma: força animal, carvão, petróleo — sempre é preciso gerá-la com a intenção de adaptá-la a nossos objetivos". Consequentemente, Weil aguça suas observações de 1934 até chegar ao paradoxo de uma crença infinita do crescimento num mundo de recursos finitos. Seu ponto de fuga imaginado assemelhava-se a um moto-contínuo, algo que não há e não pode haver.

Segundo Marx, o desenvolvimento até o idílio final comunista, no qual o ser humano do futuro em grande medida determinará ele mesmo "hoje fazer isso, amanhã aquilo, caçar pela manhã, pescar à tarde, pastorear à noite, criticar depois do jantar [...] sem nunca se tornar caçador, pescador, pastor ou crítico",[34] é ilusório. Muito mais plausível é a situação na qual a exploração e o uso de fontes naturais de energia "exijam mais trabalho do que o esforço humano que se almeja substituir"[35] devido à crescente escassez e inacessibilidade geográfica. Sob essa perspectiva, o jugo dos trabalhadores no futuro só faria aumentar.

Portanto, para Weil, em nome de uma revolução (proletária) que também mereça esse nome, só pode haver um questionamento relevante:

> Trata-se de saber se é possível conceber uma organização da produção que, embora incapaz de eliminar as necessidades naturais e a pressão social daí resultante, permita, pelo menos, que ela se exerça sem oprimir até reduzir a pó os espíritos e os corpos.[36]

Essa questão, entretanto, não pode ser investigada e respondida da cadeira de balanço. Ela necessita da experiência do próprio processo produtivo. Precisa ser compreendida e explicada de dentro para fora. Independentemente do quanto a aventura fabril de Weil tenha sido motivada pelo impulso ético de uma solidariedade ativa com os trabalhadores, o interesse de conhecimento que a guia permanece sendo teórico: ela quer recolher material ilustrativo in loco para a resolução da única questão que lhe parece relevante para alcançar uma libertação progressiva dos trabalhadores.

Mundo de ponta-cabeça

Sob o imperativo do aumento constante de produção, o processo de trabalho é submetido à "racionalização" centrada nas máquinas e, portanto, independe do pensamento. Não vale questionar, mas sim obedecer de maneira proativa. Não vale criar com liberdade, mas trabalhar de maneira monótona. E tudo isso não em benefício de si mesmo — o que de todo modo não faria sentido, tendo em vista o salário mínimo que mal garante a subsistência —, mas para o bem do grande coletivo (povo, nação, classe etc.), que se sente permanentemente ameaçado por inimigos estrangeiros na concorrencial batalha de sobrevivência. Sob a perspectiva desse coletivo na casa dos milhões, cada ser humano se torna tão pequeno e insignificante que perde qualquer noção da infinitude potencial de seu próprio pensamento, assim como qualquer sentimento em relação às consequências concretas e ao sentido de sua ação. Longe de ser expressão de um autêntico anseio por emancipação, Weil entende a retórica do coletivo e da coletivização como expressão clara de um esforço de opressão dissimulado ideologicamente:

> [...] a forma que nos dias de hoje a civilização moderna assumiu [...]. Nunca o indivíduo esteve tão completamente entregue a uma coletividade cega, e nunca os homens foram tão incapazes, não apenas de submeter seus pensamentos, mas até de pensar [...]. Vivemos em um mundo em que nada está à medida do homem.[37]

O esboço de Weil da vida social de seu tempo culmina no diagnóstico de decadência de um mundo que está de ponta-cabeça em relação aos objetivos que outrora o nortearam e, portanto, precisa rotacionar de modo cada vez mais rápido e destrutivo sobre sua própria sede de poder, agora sem função: "O cientista não apenas apela para a ciência a fim de conseguir ver com mais clareza em seu próprio pensamento, mas aspira conseguir resultados que possam ser adicionados à ciência constituída. As máquinas não funcionam para permitir que os homens vivam, mas nos resignamos a alimentar os homens a fim de que eles sirvam às máquinas. O dinheiro não oferece um processo cômodo para a troca de produtos, mas é o fluxo das mercadorias a constituir um meio para fazer com que o dinheiro circule. Enfim, a organização não é um meio de exercer uma atividade coletiva, mas a atividade de um grupo, seja qual for, é um meio de reforçar a organização. [...] Além disso, o desapossamento dos indivíduos a favor da coletividade não é total, nem poderia sê-lo; mas é difícil imaginar que possa ir mais longe do que foi até hoje".[38]

Tempos modernos

Para a verdadeira libertação do ser humano desse pesadelo planetário seria preciso uma conversão culturalmente abrangente. Quanto à organização das forças produtivas, caminhos para pensar a racionalização do trabalho não como uma coletivização, mas como um processo de individualização. Segundo Weil, isso teria que ser inevitavelmente acompanhado de empreendimentos menores bem como de uma "descentralização progressiva"[39] de planejamento e condução do processo de produção como um todo. Uma medida humana poderia ser reconquistada a partir de empreendimentos ancorados localmente e organizados por cooperativas, cujo tamanho não seria demasiado em face do poder de decisão de cada indivíduo.[40] O trabalhador típico ideal de um empreendimento desses seria uma pessoa que, por meio de sua experiência, teria uma visão panorâmica de todos os processos relevantes internamente, e "a comunhão dos interesses seria evidente o bastante para apagar as rivalidades e, como cada indivíduo estaria em condições de controlar o conjunto da vida coletiva, ela estaria sempre de acordo com a vontade geral".[41]

Weil tem consciência de que, com essa nova descrição de objetivos de uma rede de trabalho global de cooperativas médias de trabalhadores especializados especialmente talentosos nos campos intelectual, artesanal e da empatia, ela apresenta um ideal distante de qualquer possibilidade de realização. Apesar disso, "temos de nos esforçar em desenvolver a liberdade completa, não na esperança de alcançá-la, mas para chegar a uma liberdade um pouco menos completa do que aquela garantida por nosso estado presente".

As experiências decorrentes de sua estadia na fábrica reforçaram essa convicção. À evidente distância do pensamento e monotonia das atividades requeridas junta-se ali um hierárquico regime de medo a partir da coerção e do controle — sem que qualquer desempenho subjetivo realmente corresponda ao esforço investido. Tudo o que na realidade sustenta a vida é impossível ali: atenção, senso de medida, pensamento autônomo, ajuda franca. Os tempos modernos são um pesadelo tornado realidade.

Extinção

A cada dia no chão da fábrica, Weil tem a impressão de estar sendo subjugada até o seu íntimo. Na "Alsthom, eu me rebelava quase somente no domingo": eis o fim de seu diário. Entretanto, a experiência proporcionou-lhe a decisiva percepção da opressão total sentida no próprio corpo, o sentimento da perda geral de direitos e de estar na total dependência de alguém ou de algo. Ela, como um ser pensante, vivencia o horror da completa dependência de circunstâncias externas, de modo que bastaria "a imposição de um trabalho sem descanso semanal — o que, afinal, sempre é possível —, e me tornaria um animal de carga, obediente e resignado (pelo menos a meus olhos)".[42]

Durante seu "ano na fábrica", pela primeira vez Weil entrou em contato direto não com "a realidade", mas com uma possibilidade concreta de sua própria existência e a de cada um: a experiência de uma anulação duradoura como ser pensante em corpo vivo, acompanhada pela sensação "de não ter direito, seja ele qual for e em relação ao que quer que seja".

O fator realmente decisivo, porém, é a percepção física de suportar e tolerar essa perda de direitos, mas também de percebê-la com uma espécie paradoxal de impulso de liberdade num nível mais alto. Ela a percebe como um portal para outra autocompreensão. Como um degrau numa área que supera em muito e transcende o querer e o determinar puramente humanos.

Quando Weil diz que a "expropriação do indivíduo" não pode ser total, o motivo dessa impossibilidade está nas experiências fabris de 1934-1935, a partir de uma fonte para além do puramente social, cujo efeito curativo se revela apenas no ponto zero de seu próprio valor e é libertador. Em suas próprias palavras: "O sentimento de dignidade pessoal, tal qual o fabricou a sociedade, está *desfeito*. É preciso forjar um outro (embora o esgotamento extinga a consciência da própria faculdade de pensar!) — esforçar-me para conservar este outro".[43]

A experiência desse "outro sentimento", de uma dignidade por trás de toda dignidade permitida, foi profundamente transformadora para Weil, e passará a acompanhar e moldar seu caminho como pensadora. Apresentando um crítico estado de fraqueza física, ela encerra o "ano da fábrica" no verão de 1935 também como uma mulher mentalmente quebrada. Mas nunca antes se sentira tão livre, tão autêntica, tão consciente de sua missão.

Diante da lei

Em grande medida sem nenhuma ação própria, nos anos 1934-1935 Hannah Arendt descobre-se enriquecida pela experiência de uma existência para além da concepção reinante de direito e dignidade humana. Pois, como ocorre com a maioria dos refugiados, principalmente judeus alemães, seu exílio em Paris logo está ameaçado por uma situação não prevista pelos ordenamentos jurídicos nacionais existentes. Com base nas leis raciais promulgadas em 1933 na Alemanha de Hitler, cada vez mais rígidas, bem como na lei "sobre a destituição da cidadania alemã" do verão de 1933, os judeus refugiados e críticos do regime podiam perder a cidadania alemã, sem possibilidade de apelo, algo que passou a acontecer com uma frequência cada vez maior. Ou seja, Arendt e os seus estavam ameaçados de se tornarem refugiados *apátridas* na França e, portanto, perder quaisquer direitos nesse peculiar status intermediário. Até mesmo a solução provisória de auxílio do lado francês por meio da *carte d'identité* — o último documento de identidade com validade reconhecida oficialmente — estava se tornando cada vez mais difícil de ser conseguida, dado o aumento do número de refugiados. Ainda por cima, o documento logo se tornou a condição formal necessária para a obtenção de um emprego (embora a concessão da carteira de identidade dependesse, via de regra, de uma relação de trabalho já existente).

Assim vivia grande parte dos refugiados alemães e principalmente judeu-alemães — triste vanguarda de uma maré humana que já se anunciava —, numa barafunda de permissões cada vez mais confusa, cujo movimento e dinâmica podiam se modificar de uma semana para outra. Os afetados ficavam no escuro, às vezes de maneira tragicômica, sem saber se ainda possuíam ou não uma nacionalidade e qual seria, se estavam na França legalmente ou não, ou até se ou com quem não estavam mais casados ou tinham se casado.

Como na velha canção infantil do chapéu de três pontas, nesses primeiros anos após a tomada de poder por Hitler, muitos milhares de refugiados de língua alemã circulavam pela capital da França em busca de documentos, trabalho e moradia. Não sem humor ácido, os círculos de Arendt à época devem ter notado que estavam chegando às livrarias as primeiras traduções em francês da obra de Kafka.

Os cafés da cidade, entre Montparnasse e o Quartier Latin, se transformam na verdadeira residência da diáspora intelectual alemã, não por um estilo de vida existencialista, mas pelas ameaças contra a vida deles. E a situação inclui todos os encantos e tensões imagináveis resultantes de autores e pensadores outrora bem situados e muito reputados — que, já nos cafés de Berlim, não eram necessariamente simpáticos uns aos outros —, cruzando-se diariamente num novo contexto de rebaixamento social e perda de voz. Para essas pessoas das palavras, a barreira da língua era a verdadeira limitação e pesava também em sua aceitação nos círculos de intelectuais franceses. Mesmo quem, como Walter Benjamin, falava francês fluentemente, permanecia no máximo um outsider na cena intelectual parisiense, sendo convidado de vez em quando para recepções e soirées mais por pena do que por genuíno interesse. Se fosse possível trocar títulos acadêmicos alemães por francos, as festas seriam incríveis! Além de todo o resto, faltava dinheiro para as necessidades básicas.

É evidente que nem todas as diferenças de status tinham sido eliminadas no exílio francês. Figuras do porte e com a solvência de Thomas Mann ou Lion Feuchtwanger, que perderam a cidadania em agosto de 1933 com Heinrich Mann, mudaram-se para casarões na Côte d'Azur. E a cidade de Sanary-sur-Mer se estabeleceu como o centro dos exilados do principado dos escritores alemães. No verão de 1933, a família Mann, junto com os empregados domésticos, instalam-se na Villa La Tranquille, de seis dormitórios. Thomas Mann visitava todas as tardes seu vizinho Lion Feuchtwanger para o "chá do luto"[44] — sendo observado criticamente por Aldous Huxley, também morador da localidade, que descreve os recém-chegados deveras arrogantes, como um "clube bastante triste" e que "já apresenta os efeitos fatais do exílio".[45] Também no exílio francês, as pessoas se sentiam iguais apenas diante da lei. Elas eram "ninguéns" numa terra que, do ponto de vista legal, não era de ninguém.

Lugares de origem

Felizes aqueles que tiveram acesso de pronto às redes locais estabelecidas e a contatos. Recém-chegada a Paris e firmemente decidida a "nunca mais tocar em nenhuma história intelectual",[46] Hannah Arendt, aos 26 anos, procura se afastar de sua vida de estudiosa e se lança ao trabalho prático, que para ela nessa situação só pode ser um "trabalho judaico".[47]

Seu primeiro trabalho, conquistado mesmo sem a *carte d'identité*,[48] é o de secretária de uma organização sionista chamada Agriculture et Artisanat, comandada pelo senador Justin

Godard e cuja tarefa consistia em "formar jovens como agricultores e artesãos, preparando-os para seu futuro como novos colonos na Palestina".[49]

A chegada de refugiados judeus da Alemanha bem como do Leste da Europa trouxe grande carga de tensão para a comunidade judaica havia tempos estabelecida em Paris. Além do temor de uma infiltração política pelos recém-chegados, muitas vezes declaradamente de esquerda, há a preocupação de que os judeus de língua alemã poderiam continuar alimentando e intensificando o antissemitismo no próprio país, visto que eram a perfeita imagem do inimigo aos olhos dos fascistas franceses, refortalecidos pelos êxitos de Hitler e de Mussolini. Benjamin é preciso nesse ponto: "Os emigrantes são ainda mais odiados do que os judeus".[50]

Isso não significava, de modo algum, que entre os recém-chegados reinasse uma nobre unanimidade, visto que os emigrantes alemães — em geral, parte de uma elite cultural única — muitas vezes olhavam para os judeus menos urbanos e menos liberais do Leste da Europa com o mesmo desprezo com que os judeus franceses olhavam para os alemães. E não só isso. Como Arendt se recordaria, a "comunidade judaica francesa [...] estava firmemente convencida de que todos os judeus oriundos do outro lado do Reno eram os chamados *polacos* — ou 'judeus do Leste', como eram chamados pela comunidade judaica alemã. Mas os judeus que realmente vinham do Leste da Europa não concordavam com os irmãos franceses e nos chamavam de *jaeckes*".[51] Ou seja, gente muito normal. Com suas identidades, peculiaridades, preferências e, por fim, preconceitos locais.

Para os refugiados, muito mais imperiosa do que a questão "Qual sua origem?" era "Para onde é possível ir?", dada essa constelação. Essa foi exatamente a questão original do movimento sionista. O Congresso Sionista Mundial de 1897, com a participação de 204 delegados de todo o mundo e sob a direção do jornalista vienense Theodor Herzl, havia aprovado a seguinte carta de ação:

> O sionismo almeja estabelecer para o povo judaico um lar na Palestina assegurado pelo direito público. A fim de alcançar tal objetivo, o Congresso sugeriu as seguintes medidas:
> — O avanço sistemático da colonização da Palestina pelo assentamento de colonos, artesão e trabalhadores judeus.
> — A organização e a reunião sindical de todo o judaísmo com a ajuda de associações locais e organizações guarda-chuva, nos limites das possibilidades legais dos países em que foram fundadas.
> — O fortalecimento do sentimento de identidade e pertencimento judaicos.
> — Passos preparatórios para o aceite dos governos quanto ao objetivo sionista.[52]

Para todos aqueles — como Arendt no início da década de 1930 — que tivessem se assumido como judeus ou judias e reconhecido a estratégia da assimilação como uma solução falsa da "questão judaica" e, portanto, também do antissemitismo, o sionismo deveria parecer, diante do cenário dos desenvolvimentos mais recentes, como o único caminho possível. A condição de apátrida era mais cruel e paralisante para os judeus alemães refugiados do que para todos os outros refugiados do período, por exemplo, os russos ou os ucranianos, pois seu único "delito" contra as leis do país em que haviam nascido e crescido era o de "serem" judeus. Além disso, essa característica excludente não garantia a possibilidade de nenhuma outra cidadania. Por essa razão — e Arendt também concordava —, o problema era, em primeira linha, político. E só podia ser resolvido de maneira prática.

Contradições

O credo de Arendt por essa época dizia: "'Quando somos atacados por sermos judeus, temos de revidar como judeus'. Ou seja, não como alemães ou como cidadãos do mundo ou em nome dos direitos humanos ou outra coisa".[53] A segunda frase é que garante a força dessa afirmação: "Não como alemães ou como cidadãos do mundo ou em nome dos direitos humanos ou outra coisa". Afinal, a experiência marcante dos primeiros anos em Paris consiste em não se encaixar em nenhuma categoria que prometia a manutenção dos próprios direitos humanos.

Apenas mais de uma década depois ela formulará com toda a clareza o que havia sentido na pele, em Paris, no início dos anos 1930 — que o conceito e a concepção dos direitos humanos carregavam em si, desde a Revolução Francesa, um defeito congênito decisivo:

> [...] no momento em que seres humanos perdem a proteção de um regime, não desfrutam de uma nacionalidade e, portanto, dependem de um mínimo de direito que supostamente lhes é de nascença, não havia ninguém que lhes pudesse garantir esse direito, e nenhuma autoridade, governamental ou intergovernamental, estava disposta a protegê-los.[54]

Foi justamente na França que esse caráter contraditório em si de um direito à proteção incondicional, que tinha sido pensado e concebido exatamente para os casos nos quais *não* podia ser posto em prática, se tornou mais patente. Afinal, tinha sido lá, como consequência da Revolução Francesa de 1789 (como, pouco antes, também da Revolução Americana), que havia surgido, no contexto de uma Constituição, a primeira declaração compulsória dos direitos humanos em geral — ou seja, de direitos que valiam para todas e quaisquer pessoas, independentemente de sua origem e classe.[55]

O ser humano como tal era sua fonte e seu verdadeiro objetivo.[56] Segundo Arendt, o paradoxismo por longo tempo oculto nessa proposição era

> que esse direito contava com um "ser humano abstrato" que não existia em lugar nenhum, pois mesmo os selvagens vivem em algum tipo de comunidade humana, sim, que esse direito parecia contradizer literalmente a natureza — já que só conhecemos "seres humanos" na forma de "homens" e "mulheres"; ou seja, o conceito de ser humano, para ser politicamente viável, sempre deve abranger a pluralidade do ser humano. Essa pluralidade pôde ser recuperada novamente no contexto dos eventos políticos do século XVIII na medida em que o "ser humano abstrato" foi identificado com um membro de um povo [...]. Como a Revolução Francesa compreendia a humanidade como uma família de nações, o conceito de ser humano, que estava na base dos direitos humanos, orientava-se pelo povo, e não mais pelo indivíduo.[57]

A primeira contradição desse "direito congênito" natural, segundo Arendt, é sua destinação expressa (o ser humano em si) ser evidentemente incompatível com a natureza do ser humano como um ser ligado à comunidade — que só pode ser compreendido *como* ser humano se ancorado local e historicamente e apenas no plural (seres humanos!). Essa concepção só pôde ser distorcida pelo fato de um desses direitos ter sido pensado no sentido de que o indivíduo a ser protegido devia *necessariamente* fazer parte de um "povo", ou seja, de uma "nação" que, no decorrer do século XIX, decidia de forma autônoma sobre suas próprias leis. O fato de que essa segunda solução do espírito dos direitos humanos haveria de ser necessariamente uma contradição fica patente no início dos anos 1930 com o fenômeno, principalmente francês, das "pessoas apátridas".

Questão personificada

Em 1934-1935, Arendt certamente percebeu que a figura de uma judia expulsa da Alemanha nazista era a encarnação exemplar de todas as contradições implícitas que também compareciam na concepção dos direitos humanos como tais. Ou seja, ela era parte congênita de um *povo* que havia milênios não possuía mais um *Estado nacional*, mas que devido a sua pertença a esse povo precisava necessariamente ser protegida como um *indivíduo* perseguido.

O próprio caso biográfico de Arendt significava, nesse contexto, um último recrudescimento, pois se tratava de uma judia que, apenas a partir de sua expulsão fáctica da comunidade com a qual ela queria se identificar a princípio e principalmente como existência cultural ("da tradição da escrita e do pensamento alemão"), disse explicitamente sim ao seu judaísmo. Se em 1930 Arendt havia escrito ao seu orientador, Jaspers, quando da explicação do projeto sobre Varnhagen, que ela imaginava que "determinadas pessoas eram tão expostas em sua própria vida que se tornavam por assim dizer intersecções e objetivações concretas 'da vida'",[58] então ela própria havia se tornado uma tal "objetivação concreta": a questão tornada forma sobre o verdadeiro fundamento dos direitos humanos.

A conturbação iniciada foi proporcional. Ela haveria de ocupar Arendt por toda a vida, em especial no papel de questionadora obstinada, "que não sabe o que são na realidade os direitos humanos" e que além disso sabe "que também ninguém parece saber muito bem".[59]

Fiel à tarefa que Sócrates um dia recebeu do oráculo de Delfos — "Conheça-te a ti mesmo!" —, o percurso intelectual de Arendt pode ser interpretado, a princípio, como o esforço em se conhecer como pessoa, representando todas as outras, cuja existência de refugiada detonou a teoria política de seu tempo e de sua cultura ao fazer a pergunta básica: como pensar o direito mais fundamental de todos — ou seja, o direito de ter direitos — dentro de um arcabouço conceitual que abra mão da abstração do "ser humano em si", assim como resista à sedução de monopolizar sub-repticiamente cada indivíduo como parte necessária de um coletivo (ou seja, no sentido de um povo, de uma nação, de uma classe...)? Como foi que a tradição filosófica em geral não tinha atentado até então para esse questionamento?

Terra nova

Nos seus anos parisienses, Arendt absorve como uma esponja as contradições originais de concepções clássicas que estavam se tornando visíveis. Isso vale também para suas experiências práticas no movimento sionista e em obras assistenciais. Ainda em 1934 ela se transferiu para uma organização benemérita voltada aos orfanatos judeus, dirigida e patrocinada pela baronesa Germaine de Rotschild. Um mecenato humanitário clássico, posto em ação por um membro influente da poderosa associação religiosa dos judeus parisienses, o Consistório de Paris. A tarefa de Arendt, como assistente pessoal da baronesa, consiste principalmente em coordenar e supervisionar o fluxo de donativos aos diferentes orfanatos e associações beneficentes.[60]

Um trabalho certamente valioso e concreto de auxílio à "causa judaica", mas que, bem no fundo, não deve ter recebido a aprovação de Arendt, já que nesse caso a boa vontade era garantida de maneira puramente privada. Para ela, colocar a causa e a proteção nas mãos de poderosos benfeitores — independentemente de quão bem-intencionados e cuidadosos — permanecia sendo uma estratégia desesperançada, talvez até contraproducente. Afinal, a essência de problemas políticos é não admitir soluções privadas.

Portanto, Arendt sentiu-se no lugar certo apenas ao trabalhar no escritório da Aliá juvenil sionista, a partir do início de 1935. O nome da organização fundada por Recha Freier, poeta alemã e esposa de rabino, também já explicitava seu programa. "Aliá" (ou "*aliyah*") significa literalmente "ascensão" em hebraico, mas segundo a Bíblia também designa o retorno dos judeus do exílio babilônico para *Eretz* [terra de] Israel. Tratava-se, portanto, de apoiar jovens judeus refugiados em sua nova vida de colonos na Palestina, garantindo-lhes os conhecimentos necessários e resolvendo logisticamente a emigração à terra prometida. Como secretária-geral dessa associação criada apenas dois anos antes, no verão de 1935, Arendt teve a oportunidade de viajar à Palestina (à época, ainda protetorado inglês) como acompanhante e checar, com os próprios olhos, o desenvolvimento do projeto sionista.

Exclusões

Desde 1933, lá haviam chegado cerca de 10 mil emigrantes apenas da Alemanha — um desafio e tanto para a comunidade judaica ainda em construção à época. E o fluxo não diminuía. Nesse contexto, o estudioso da religião e judaísta Gershom Scholem, natural de Berlim e que havia emigrado para Jerusalém em 1923, tornou-se o cronista da elite intelectual alemão-judaica em busca da salvação na terra prometida.

Como os pássaros migratórios, cuja rede se estendia pelo mundo todo, também esses pequenos círculos permaneceram firmemente ligados, para além de continentes, por meio de parentescos, boatos e, principalmente, antigos hábitos. Numa carta de 25 de agosto de 1935 a Walter Benjamin, Scholem informa ao melhor amigo do tempo de Berlim, à época em Paris: "Há poucos dias vi aqui a mulher de seu primo, Hannah Stern, que agora prepara em Paris as crianças para a Palestina, mas não tive a impressão de que ela poderia estar próxima de você, senão teria também trazido lembranças suas; portanto, não perguntei de você. Ela foi brilhante aluna de Heidegger".[61]

Günther Stern (nome real de Günther Anders) era com efeito filho de um tio de Benjamin, William Stern, que ensinava psicologia do desenvolvimento em Hamburgo. Visto que em Paris, já em 1934, Arendt mantinha uma relação próxima de amizade com Benjamin, então seu verdadeiro motivo para a discrição em relação a Scholem deve ter sido o fim definitivo de seu casamento com Günther. E possivelmente também as prováveis avaliações e percepções divergentes sobre o progresso dos projetos de assentamentos sionistas, que Arendt pôde ver com os próprios olhos na forma de aldeias de trabalho e, principalmente, também de kibutzim.

Os kibutzim eram uma experiência social na qual as análises de Simone Weil e Hannah Arendt pareciam confluir no que dizia respeito aos verdadeiros motivos da opressão e da falta de liberdade dos judeus no mundo. Pois eles eram concebidos como cooperativas agrárias de médio porte, em grande medida sem estruturas hierárquicas; idealmente, cada cooperado deveria poder assumir quaisquer tarefas a serem cumpridas. De acordo com as ideias de Weil, essas comunidades exerciam em pequena escala as formas de organização e cooperação que deveriam proporcionar ao menos a perspectiva do trabalho global-local socialista, sem repressão. Mas, em relação ao projeto de estabelecimento de um Estado sionista, a rede desses kibutzim, em constante expansão, constituía um elemento essencial da política de assentamento e ocupação da minoria judaica em relação à ainda grande maioria da população árabe na Palestina.

As impressões dessa primeira visita de Arendt, registradas posteriormente, provavelmente também devem ser compreendidas desta maneira: "Ainda me lembro muito bem de minha primeira reação aos kibutzim. Pensei: uma nova aristocracia. Naquela época, já sabia [...] que não era possível viver lá. 'Domine seus vizinhos', seria o resultado por fim. Apesar disso, quando se acredita honestamente em igualdade, Israel impressiona".[62]

Quais formas da coletivização resistem ao nivelamento e à uniformização? E quais, se tanto, poderiam ser implantadas socialmente sem o constructo de um grupo de outros, que ameaça concretamente a sobrevivência da própria comunidade?

No outono de 1935, ela retornou da Palestina para Paris com essas questões, inspirada e provavelmente também um tanto desiludida. Em setembro, as Leis de Nuremberg são promulgadas na Alemanha. Ao lado da Lei da Proteção do Sangue, que passa a proibir qualquer casamento e relacionamento sexual entre "judeus" e "não judeus", as novas leis promovem uma diferenciação entre "cidadãos do Reich" e meros "nacionais", tornando os judeus oficialmente cidadãos de segunda classe dentro dos limites da Alemanha. Mais um passo rumo à desumanização, também da vida de Arendt. E estava longe de ser o último.

IV.
Subsequentes

1936-1937

Rand ama um super-homem; Arendt, um pária;
Weil, a República; e Beauvoir, sua nova família

Nós, os vivos

"A única desculpa para meu longo silêncio é que saí faz pouco do inferno. O ano passado, com todas suas constantes decepções, esperas infinitas e batalha interminável, foi tão terrível que preferi não me manifestar, pois tudo o que poderia ter vindo de mim seriam queixas."[1]

As frases com as quais Ayn Rand começa uma carta em Nova York ao colega roteirista Gouverneur Morris, da Califórnia, poderiam também ter sido escritas justificadamente por Simone Weil, Simone de Beauvoir e Hannah Arendt, em Paris. Pouco antes de completar trinta anos, todas elas entraram em situações — tanto profissionais quanto privadas — em que se viram mais na condição de pacientes do que de agentes. Sem falar da voragem da política mundial, que ameaça sugar para seu redemoinho, de maneira cada vez mais perceptível e profunda, toda vida humana da época.

"Apenas agora começo — mais ou menos — a erguer a cabeça", Rand prossegue, "não por causa da minha peça de teatro — embora esta esteja indo bastante bem —, mas pelo meu livro. Tê-lo conseguido vender foi, até o momento, o maior sucesso da minha vida. Deu certo. Não sei se terá êxito ou será um fracasso; ao menos, será publicado."[2]

Apenas uma semana antes, o manuscrito de *Airtight* fora contratado por uma editora. O adiantamento da obra chegou a 250 dólares. Na primavera, a renomada editora nova-iorquina

Macmillan lançaria *We the Living* [Nós os vivos]. Nesse meio-tempo, *A noite de 16 de janeiro*, que havia estreado na Broadway em agosto, alcançava um sucesso considerável. No final do outono de 1935, ela rendia para Rand até 1,2 mil dólares por semana a título de direitos autorais. A quantia correspondia, na época, ao salário anual médio americano.[3] Algo que não diminuiu de modo algum o rancor da autora em relação à deterioração de sua obra promovida pelo diretor, transformando-a num "cabaré terrível", mas por ora ela não tinha mais do que se queixar financeiramente.

Em dezembro — instalada num apartamento novo, mais amplo —, ela está de novo junto ao único móvel trazido de Los Angeles, uma escrivaninha de nogueira, elaborando rascunhos para o próximo projeto: um romance que deve superar tudo o que existe até então em abrangência e complexidade, mas principalmente em ímpeto filosófico. À sombra da Estátua da Liberdade e do recém-construído Empire State Building, Rand afirma que o verdadeiro objetivo do livro, provisoriamente intitulado de *Second-Hand Lives* [Vidas de segunda mão], é *"a defesa do egoísmo no verdadeiro sentido desta palavra"*.[4]

Reconquista do eu

O objetivo de Rand é mostrar que as premissas ocultas, sempre compartilhadas entre o cristianismo e o comunismo, conduziram irremediavelmente ao cinismo autonegado do moderno capitalismo consumista. Sem dúvida, o verdadeiro motivo da crise desses "tempos modernos" — aqui Rand está de acordo com suas fontes filosóficas primárias, Friedrich Nietzsche, Oswald Spengler e Ortega y Gasset — não era material, mas espiritual:

Oh, sim, houve um desenvolvimento técnico, mas espiritualmente estamos bem atrás da Itália renascentista. Na verdade, atualmente não há *nenhuma* vida espiritual que ainda mereça tal nome. A culpa é das máquinas? [...] *Ou no fim das contas seria apenas a palavrinha "eu", que após 2 mil anos de ação cristã foi apagada da consciência humana e, com isso, tudo aquilo que foi a consciência humana?*[5]

O foco irrefreável no simples querer ter aquilo que outros já possuem, alcançaram ou valorizam muito, revela que o pretenso individualismo exemplar de sociedades capitalistas contemporâneas está tão profundamente corrompido em termos morais quanto o estão as tendências coletivistas da sociedade. Segundo ela, em nenhum dos dois sistemas há uma noção do que realmente caracteriza um indivíduo humano e o que haveria de orientar suas decisões. Numa época em que os seres humanos pautam seus juízos de valor e premissas de vida pelos outros, a sagrada palavra "eu" perdeu toda função fundamental, seja nos campos estético, moral ou político. Nesse contexto, há apenas uma saída do inferno: a reconquista do "eu" deve acontecer por meio de uma negação radical da relevância do outro, de todos os outros seres humanos!

Mas como haveria de se organizar a vida de um indivíduo que, baseado numa aceitação incondicional de seu próprio julgamento e força de criação, escolhe esse caminho? Sob as condições reinantes no presente, uma pessoa dessas poderia existir ou até ser exitosa? Ou haveria necessariamente de fracassar e ser vítima do ressentimento dos "demasiados"?

Perguntas abertas, que abundam nessa fase inicial de planejamento. No inverno de 1935-1936, entretanto, Rand já enxerga com uma claridade ofuscante o herói de seu romance. A força criadora única do personagem aspiraria realizar-se justamente na forma de arte considerada socialmente condicionada e indicativa do futuro do século XX: a arquitetura. Em 9 de fevereiro de 1936, Rand define, até o último detalhe, o perfil de seu novo super-homem.

Howard Roark

"Visão em face da vida: [...] duas coisas determinam toda a sua postura em face da vida: sua própria superioridade e a total falta de valor do mundo. Ele sabe o que quer e o que pensa. Não sente necessidade de outros motivos, parâmetros ou considerações. Seu total egocentrismo [*selfishness*] lhe é tão natural quanto a respiração. Ele não o adquiriu nem se trata de resultado de uma dedução lógica. É congênito. Ele nunca o questiona porque nem pensa na possibilidade de questioná-lo."[6]

Ou seja, Roark, o herói de Rand, não conquistou nem desenvolveu as disposições que o definem, mas simplesmente protegeu-as da ameaçadora contaminação pelos outros. Mais tarde, no romance, ele será apresentado como órfão ou sem nenhum passado digno de nota. Entretanto, o problema relativo a isso se mantém: para o ser humano, o caminho para a conquista daquela autêntica autonomia que Rand pretende apresentar como um ideal de vida válido para todos é inevitavelmente condicionado pela sociedade. Lançados à vida em grande medida sem instintos e, a princípio, completamente indefesos, começamos a aprender — todos nós — sobre o mundo e sobre nós mesmos do colo de outras pessoas e por suas mãos. São as vozes dos outros que nos chamam à vida como seres pensantes. Dessa maneira, o ideal almejado por Rand só pode ser imaginado como subir uma escada que, uma vez alcançada a altura da própria autonomia, deve ser chutada para longe de maneira consciente. É exatamente nessa altura solitária que Rand coloca seu herói logo de início:

Indiferença e um desdém infinito, imperturbável, é tudo o que ele sente pelo mundo e pelas pessoas que não são como ele. Ele compreende as pessoas perfeitamente. E visto que as compreende, relega a questão. Como alguém que está totalmente ancorado dentro de si, ele não anseia por outros do seu tipo, nem por companhia nem por compreensão.[7]

Ou seja, Roark não nega de modo algum a *existência* de outras pessoas, mas apenas sua *relevância* para o direcionamento e a conformação da própria vida. Visto que sabe como a maioria das outras pessoas pensa e vive (de modo falho!), ele as empurra para o lado do alto de seu observatório. Então é lógico imaginarmos essa nova figura, totalmente insocial, como um ser humano animado e ativo. Em vez de perdoar os pecados dos outros, o ser humano ideal Roark vive num presente em que o único pecado possível para ele é se afastar de seus próprios objetivos produtivos. Além disso, como um evidente antípoda ao salvador cristão Jesus Cristo (marceneiro de profissão), o arquiteto Roark não almeja salvar todos os outros permanentemente por meio de seu sofrimento, mas apenas ele mesmo e usando de ações particularíssimas:

> Ele não sofre porque não acredita no sofrimento. Fracasso e decepções são, para ele, apenas partes da luta. [...] Seu estado emocional é uma constante e duradoura alegria de viver, sabendo de suas capacidades; uma alegria da qual ele não tem consciência, porque é tão constante, imutável e natural. [...] Para ele, o mundo é apenas um lugar da ação, não do sentimento. [...] Seus sentimentos estão todos sob o controle de sua lógica. Melhor dizendo, ambos são inseparáveis, visto que os sentimentos seguem a lógica.[8]

Portanto, a resistência à frustração de Roark é consequência direta da capacidade de sujeitar o direcionamento de toda sua vida sentimental ao pensamento. Roark pouco percebe o próprio corpo como possível fonte de perseverança e resistência; sua vida sentimental igualmente pouco atrapalha seu caminho. A exclusão constante da alteridade, que marca toda a sua vida, não começa a partir da existência de outras pessoas, mas já em relação às próprias circunstâncias físicas, estados de espírito e inclinações.

Egocentrismo sensual

A alegria e a felicidade constantes que o ser humano ideal de Rand experimenta na vida alimenta-se da certeza de que este mundo da concretização dos próprios desejos e objetivos — a partir dos meios do pensamento e da lógica — é absolutamente acessível (Rand logo vai falar da ideia de um "universo favorável"). É exatamente essa felicidade ou alegria que caracteriza o herói Roark em todos os aspectos: viver como a contínua resolução positiva de problemas para a realização de objetivos autoimpostos.

Toda a esfera da natureza aparece aqui apenas como um meio para o fim. Ou seja, uma pedra interessa ao arquiteto Roark apenas como material; uma encosta de montanha, como local para obra; o sol, como fonte de luz e sombra. Em outras palavras, a natureza não tem um valor em si — apenas para ele e seus projetos. Os únicos obstáculos que estão no caminho no sentido do chamado *"pursuit of hapiness"* são os outros seres humanos. Roark compreendeu isso. E disso deriva apenas consequências lógicas.

Seu interesse na política consiste em não estar interessado em política. A sociedade como tal não existe para ele.

Outras pessoas não lhe interessam. [...] Seu modo de agir é guiado pela recusa total e descomprometida de se submeter às ideias ou desejos dos outros. [...] Recompensas usuais para o sucesso — dinheiro, fama e outros privilégios — não importam para ele; sua vida deve ser real, sua vida é seu trabalho, ele vai atuar como quiser, que é a única maneira na qual trabalhar é prazeroso — se não, a alternativa é perecer na batalha.[9]

Mesmo alguém como Roark pode fracassar. Mas ele coloca as coisas no devido lugar: não foi por sua culpa nem pelo mundo das coisas. Portanto, esse fracasso nunca vai manchar sua honra e seu valor. E essa honra — como sentido inquebrantável do próprio valor e posição no mundo — lhe é mais importante do que todo o resto, mais importante até do que a realização fática de projetos criativos. Por fim, essa autoestima é o verdadeiro fundamento, ou muito mais a fonte, que permite expressar a palavra "eu" de maneira autoconsciente.

Por essa razão, vale manter essa fonte livre de todas as impurezas. Um veredicto que cabe para todos aqueles estados absolutamente humanos de maior êxtase e alegria, dos quais Roark, como ser humano de carne e osso, não quer abrir mão:

Sexo: sensual no sentido de um animal saudável. Entretanto, não demonstra um interesse maior nessa área. Não consegue nunca se entregar totalmente ao amor. Sua orientação não é "amo você, sou totalmente seu", mas "amo você, você me pertence". O acesso decisivo é a sensação de desejar alguém, sem muitas considerações sobre a questão de também ser desejado.[10]

Dessa maneira, segundo a compreensão usual, alguém como Roark não sabe o que é nem experimenta o amor. Seu amor pelo eu, como o único indispensável, se interpõe ao amor persistente. Assim que ele tem condições de vivenciar e aceitar relacionamentos estáveis, a força de ligação deve vir de pessoas que estejam dispostas a se entregar incondicionalmente para ele — algo que, para Rand, é apenas imaginável no modo da admiração permanente e de uma submissão inclusive sexual. Uma nota sadomasoquista se encaixa bem nesse momento de submissão voluptuosa. No romance, isso é exemplificado pelo relacionamento de Roark com Dominique (como de hábito nas obras de Rand, o nome é um aptônimo, ou seja, adquire uma função especial na caracterização das personagens). E, realmente, a primeira transa entre Roark e Dominique no romance será indiferenciável do estupro (embora num contexto paradoxalmente consensual). Um tema recorrente na obra de Rand, sempre com um calculado potencial para escândalo.

Ou seja, os traços básicos do ser humano ideal Roark estavam fixados. Entretanto, isso não bastava para o romance em si. Na primavera de 1936, o enredo e seu desenvolvimento ainda engatinhavam. A única certeza, de início, era a de que não se tratava de um romance clássico de formação. O desenrolar da narrativa ganharia tensão por meio dos obstáculos que se colocariam no caminho de Roark na forma de pessoas de segunda categoria — precisamente, os *second-handers*. Visto que o herói rejeita consistentemente toda forma de bajulação [*boot-licking*], conclui Rand em seu esquema detalhado, ele terá de "aceitar durante anos trabalhos menores" bem como "toda degradação econômica que uma sociedade pode impor a um indivíduo".[11]

Casamento em Connecticut

Para Rand, Roark era a personificação de seu particularíssimo ideal de vida — e deveria ser assim. Um estilo bem complicado.

Para ela e para seu marido. E mais ainda no dia a dia em comum. No mais tardar em 1936, Rand assumiu definitivamente a clássica "posição masculina" no seu casamento. Ela é o *male breadwinner*, traz o dinheiro para casa, é reconhecida no exterior, cria e produz, determina e avalia. Embora a publicação de *We the Living* em abril de 1936 tenha sido uma decepção, do ponto de vista comercial (o best-seller surpresa dessa primavera se chama *E o vento levou*, de Margaret Mitchell), o livro recebeu resenhas bastante positivas. Sua ênfase soviética transforma Rand numa comentadora política com presença frequente na mídia — uma função que ela executa, cada vez mais satisfeita e autoconfiante, nas inúmeras entrevistas radiofônicas e em palestras noturnas fortemente opinativas. O marido, Frank, apoia a esposa de acordo com suas possibilidades, principalmente como cuidadoso dono de casa e com seu suporte emocional. Com a mudança para Nova York, o objetivo de uma grande carreira cinematográfica foi para ele definitivamente engavetado. Para não se sentir cada vez mais humilhado com as seguidas recusas, ele deixa de comparecer aos testes. Uma decisão que Rand compreende, principalmente ao se lembrar da experiência com seu pai. Por fim, há circunstâncias e tempos nos quais a única alternativa de um ser humano para manter sua dignidade não está na luta contra as relações dominantes, mas em participar delas na forma de um boicote ativo. Aos temas que mobilizam Rand intelectualmente, Frank pode contribuir no máximo como ouvinte paciente ou como eventual comentador sarcástico, cujo humor seco combina bem com as criações de Rand, via de regra sem um pingo de humor.

Depois de sete anos de casamento, os dois recém-chegados a Nova York não contam com uma vida social que mereça esse nome, e muito menos com um estabelecido círculo de amigos ou até de conhecidos. O motivo também está em Rand, que não nutre nenhuma vontade de sociabilização e que se sente absolutamente deslocada nas *smalltalk partys* norte-americanas. Apenas Nick, o animado e criativo irmão de Frank, areja vez ou outra o casal, que está também cada vez mais embotado nos quesitos sensualidade e erotismo.

Durante anos, os únicos papéis de Frank, mais como hobby do que como profissão, serão alguns personagens masculinos na peça de Rand *A noite de 16 de janeiro*, em apresentações de verão geralmente próximas de destinos de férias. No verão de 1936, quando ele parte em direção a Connecticut para um trabalho desses, acontece de ambos ficarem separados por mais de algumas poucas horas pela primeira vez em anos. Mal o trem de Frank deixa a estação, Rand se senta à escrivaninha.

19 de agosto de 1936

Cubby, Sweet!

Bem, aqui está ela, a primeira carta de amor que tenho oportunidade de escrever. E na verdade não tenho nada a escrever, a não ser que sinto terrivelmente sua falta. Mas não sinto verdadeiramente sua falta; esta, a sensação engraçada disso tudo: por um lado, poderia começar a chorar aqui e agora, tamanha a saudade, por outro lado me sinto muito orgulhosa e virtuosa pelo fato de realmente ter conseguido deixar você partir, enquanto fico aqui para "cumprir com minhas obrigações".

O pior foi voltar da estação para casa. Foi terrível e, ao mesmo tempo, algo de que gostei, pois foi uma sensação absolutamente nova, algo que nunca senti antes: a cidade inteira parecia vazia e isso não é, de modo algum, tão clichê quanto pode parecer, pois era a certeza de que ninguém, em lugar nenhum, em nenhuma das ruas, significava alguma coisa para mim. Me senti livre e amarga e, em seguida, fiquei com vontade de chorar. Não me virei para olhar o trem. Qual foi sua sensação?

De todo modo, uma coisa é boa: a falta "da minha inspiração" me inspira mais do que todo o resto. Trabalhei realmente bem e estou com vontade de trabalhar.

[...]

Tenho realmente de dizer que amo você?
Boa noite, Tweet!
XXXX

Sua Fluff[12]

É possível afirmar com segurança que um Howard Roark nunca escreveria algo assim. Também não precisamos de um olhar especializado em terapia de casal para descobrir o considerável potencial de tensão das entrelinhas. O teatro ainda está intacto, mas os papéis já se inverteram faz tempo.

A questão sobre que parte outras pessoas — à exceção de Frank — assumem no mundo e no pensamento de Rand permanecerá em suspenso. De todo modo, Rand acredita que uma pessoa só consegue pensar sozinha. E o mesmo vale para a forma mais elevada do pensar, a imaginação e o desenvolvimento criativo de mundos nos quais viver e amar valem a pena.

Frentes

Do mesmo modo, em agosto de 1936 Hannah Arendt precisa lutar consigo mesma para colocar no papel, sem restrições, a frase "eu te amo". De Genebra, onde está como observadora do encontro para a criação do Congresso Mundial Judaico, ela escreve em 24 de agosto de 1936 ao novo homem de sua vida: "Que eu te amo — isso você já sabia em Paris, assim como eu também sabia. Se eu não disse, foi porque tinha medo das consequências. E o que posso dizer hoje a respeito é: vamos tentar — pelo bem do nosso amor. Não sei se posso, se serei sua mulher. Minhas dúvidas não foram dissipadas. Nem o fato de que sou casada".[13]

O medo a que se refere Arendt é o medo da perda da independência que, para ela, acompanha necessariamente o amor. Como jovem estudante em Marburg, Arendt foi sacudida vigorosamente por essa experiência, que quase a tirou de seu lugar no mundo. As sombras desses anos ainda a acompanham. Heinrich Blücher ainda não sabe nada do relacionamento amoroso dela com Martin Heidegger, autor de *Ser e tempo*, à época professor de filosofia e que em 1933 ingressou no Partido Nacional-Socialista dos Trabalhadores Alemães (NSDAP). Do mesmo modo, Hannah Stern — cujo marido de fato, Günther, havia emigrado no outono de 1936 para os Estados Unidos — também não sabe nada do casamento ainda em vigor de Blücher com a russa Natasha Jefroikyn, que também morava em Paris. Afinal, os dois se conhecem há apenas poucos meses. E um pouco de mistério nunca fez mal a nenhum amor. Principalmente aos muito recentes. Ou seja, as dúvidas se mantinham. Principalmente porque os desenvolvimentos políticos tomavam um curso cada vez mais sombrio no mundo todo.

Como se atendessem a um sinal secreto, as tensões no decorrer de 1936 se tornaram mais fortes e resultaram em fronts violentos e conflitos bélicos. Gershom Scholem escreve em 26 de agosto de 1936, da Palestina, para seu antigo amigo filósofo Walter Benjamin, que está em Paris: "Há três meses vivemos em Jerusalém sob estado de sítio, todas as noites ouvimos tiroteios mais ou menos ferozes [...]. Ao mesmo tempo, nos acostumamos a uma porção de fatalismo: embora ninguém saiba se uma bomba será lançada na sua cabeça na esquina seguinte, descobriu-se que a menor parte das bombas explode ou provoca estragos, de maneira que ficamos relativamente tranquilos. Aqui acontecem verdadeiras batalhas, em parte entre o Exército e os grupos de guerrilheiros árabes, em parte entre esses grupos e as colônias judaicas, constantemente atacadas por eles".[14] Enquanto o primeiro grande movimento de resistência dos árabes radicados no protetorado inglês da Palestina irrompe, mostra-se — como Benjamin relata num estilo seco, há tempos livre de quaisquer ilusões — também "a situação europeia [...] de acordo com sua estrutura latente, não mais confiável do que a da Palestina".[15] E isso não apenas do ponto de vista de um judeu alemão emigrado para Paris.

Processos sombrios

Em 1936, a indústria alemã é colocada por Hitler sob o imperativo dos preparativos de guerra. Sob a palavra-chave "liberdade de armamento", a economia e as Forças Armadas devem se tornar novamente aptas ao confronto em quatro anos. Inicia-se um rearmamento massivo, cujo primeiro sinal visível é a entrada de tropas alemãs, em março de 1936, na Renânia desmilitarizada. Trata-se de uma ação incontestável contra os tratados de Locarno e Versalhes, não penalizada por parte das forças vencedoras da Primeira Guerra Mundial. A conduta dessas últimas em relação à Alemanha nazista, agora ideologicamente alinhada internamente, é: vale tudo, menos outra guerra. Nesse meio-tempo, a oposição de esquerda na Alemanha está tão enfraquecida e desmantelada que o número dos presos políticos nos campos de concentração não chega a 3 mil, seu menor número.[16] A partir da lógica do regime, novos inimigos — internos e externos — têm de ser inventados e perseguidos. Portanto, os judeus tornam-se cada vez mais o alvo da propaganda nazista de ódio.

Em maio de 1936, depois de seis meses de guerra de defesa e mais de 250 mil soldados mortos, as tropas etíopes em Adis

Abeba capitulam diante das forças de combate de Mussolini. Na sequência, o "Duce" proclama o renascimento do "império" italiano.[17] Enquanto isso, em Moscou, Stálin intensifica uma vez mais a luta contra opositores dentro do próprio partido, entre eles inúmeras pessoas da confiança de Trótski. No verão de 1936, acontecem os primeiros grandes "processos de Moscou". Todos os acusados — e, via de regra, também seus parentes próximos — são executados. Nessa época, o número dos presos em gulags chega a 180 mil.[18] Planejados como o início de um abrangente "processo de expurgo" em toda a União Soviética, os processos geram um primeiro distanciamento dos intelectuais de esquerda centro-europeus do império de Stálin e de seus ideais.

E 1936 é também o ano de reconstrução de uma esquerda europeia unida nas assim chamadas "frentes populares". Como consequência de uma mudança de estratégia ocorrida em 1934 em Moscou,[19] os sociais-democratas em países como a França ou a Espanha deixam de ser discriminados pelas Internacionais comunistas como "sociais-fascistas". Stálin passa a encorajar os partidos comunistas locais a se unir com os sociais-democratas, a fim de chegar ao poder pela via democrática.

A nova estratégia tem êxito primeiro na Espanha, onde em fevereiro de 1936 uma "frente popular" composta de "republicanos" (em sua maioria, oriundos da classe média burguesa), comunistas, separatistas e sindicalistas vence, por uma estreita margem, as eleições contra o regime de coalizão da direita católica. Num total de 9 milhões de votos, a vantagem da "frente popular" esquerda é de apenas 150 mil.[20]

Três meses mais tarde, uma "frente popular" também triunfa na França. Nesse caso, a linha de delimitação política não é tanto aquela entre o nacionalismo e o internacionalismo, mas sim entre o catolicismo de caráter nacionalista e o comunismo popular. Nessas disputas eleitorais, não há mais lugar para um centro politicamente liberal — ou mesmo para a ideia de uma oposição democrática em vez de hostil. À semelhança do que Simone Weil havia previsto, também as democracias europeias restantes — com exceção da Grã-Bretanha — são tragadas pelo redemoinho de convicções coletivas irreconciliáveis entre si.

Sob o novo premiê Léon Blum, o primeiro socialista e também o primeiro judeu no círculo mais destacado do governo francês, um amplo pacote de reformas é anunciado, que inclui aposentadorias por idade e a diminuição da carga semanal de trabalho, bem como um seguro-desemprego (embora não contemple, como igualmente prometido, direito de voto às mulheres, férias pagas ou direito de coparticipação nas empresas).

Mal as medidas são decididas, em junho e julho a França é assolada pela maior onda de greves de sua história.[21] Devido a milhares de ações espontâneas, em sua grande maioria pacíficas, que vão desde "operação tartaruga" até ocupações nas fábricas, a vida pública praticamente cessa. A revolução está no ar, uma ameaça utilizada por Blum para aprovar outras exigências em face da amedrontada economia privada. Melhor ceder agora do que ser totalmente desapropriado no futuro. É evidente que a França ainda se encontra numa profunda crise econômica; os sinais mais claros são um exército de 2 milhões de desempregados e a moeda sustentada por maciça intervenção estatal. Apesar da popularidade das medidas, do ponto de vista econômico elas não são justificáveis, como será demonstrado mais tarde.

Em 14 de julho, feriado nacional francês, quando as massas eufóricas marcham através de Paris, a situação na Espanha está próxima de uma guerra civil. Apenas três dias mais tarde, em 17 de julho de 1936, tem início, sob liderança do general Francisco Franco, um levante militar com o objetivo de derrubar o novo governo. Ambos os fronts se tornam partidos da guerra civil. A ruptura ideológica na sociedade marcou a sucessão de fronts que passam por todas as cidades e vilarejos. Em poucos dias, as tensões aumentam e resultam em assassinatos, saques, incêndios criminosos, estupros e execuções, que rapidamente custam a vida de dezenas de milhares de espanhóis.

Em 1º de agosto de 1936, durante o desfile de entrada dos países no recém-construído estádio olímpico em Berlim, quando as delegações da Itália e da Alemanha saúdam Hitler com o cumprimento fascista, as tropas de Franco recebem abrangente apoio logístico das forças de combate de Mussolini e de Hitler. A Guerra Civil Espanhola ameaça se transformar numa guerra por procuração dos dois grandes blocos totalitários.

A grita da esquerda ecoa por toda a Europa. Mas nem o jovem governo de Blum nem a Grã-Bretanha — e, a princípio, nem mesmo Stálin — têm interesse em intervir diretamente no conflito. Em Paris, tal atitude é considerada "traição" em relação aos irmãos socialistas. A partir do final de agosto de 1936, dezenas de milhares se apresentam voluntariamente para apoiar, na forma de uma brigada internacional, a república espanhola na luta contra a falange franquista. Desse modo, a guerra civil acaba sendo também uma guerra dos intelectuais e dos literatos.

Tribo e "Stups"

Entre o círculo de amigos de Arendt em Paris, a situação espanhola é debatida intensamente. Entretanto, seus integrantes com certeza não brincam com a ideia séria de também aderir à Brigada Internacional e, literalmente, pegar em armas. Pois o que junta essas pessoas de backgrounds e profissões das mais diferentes e que a partir de 1935 se reúnem em noites de discussões é, além de seu exílio em Paris, principalmente o ceticismo em relação a qualquer forma de aceitação irrefletida de ideologias ou movimentos políticos — seja comunismo, anarquismo ou sionismo. O que importa para a postura dessa "tribo" parisiense, como seus membros logo se denominaram de modo irônico, era o desejo pela preservação do último e valioso espaço livre que lhes havia restado em sua nova existência de párias: a vontade de pensar livremente!

Isso valia tanto para o filósofo e crítico Walter Benjamin, fugido de Berlim, quanto para o advogado oriundo de Frankfurt Erich Cohn-Bendit, para o escritor polonês Chanan Klenbort, para Käthe Hirsch, para Lotte Sempell, para o pintor Karl Heidenreich. Mas também, em especial medida, para Heinrich Blücher, nascido em Berlim em 1899 — um homem que à época vivia em Paris de maneira tão ilegal que "não sabia onde morava".[22]

Como jovem no movimento trabalhista e, no início dos anos 1920, também atuante no Partido Comunista, o truque de sobrevivência de Blücher consiste em, durante o dia, misturar-se às pessoas nas ruas disfarçado de turista — com uma bengala, roupas alinhadas e modos impecáveis — e, de noite, encontrar um lugar provisório para dormir, em hotéis ou na casa de alguma benfeitora. Quando perguntado sobre sua profissão, ele costumava responder simplesmente "trefilador". Esse também foi seu codinome no partido, de cujos fios ideológicos ele foi se soltando no transcorrer dos anos 1930.[23]

Blücher, que cresceu sem a figura paterna no distrito de Wedding, em Berlim, é autodidata. Além dos hábitos viris e do modo de falar de seu entorno de origem, ele manteve durante todos esses anos o ceticismo e a brusquidão típicos dos berlinenses contra todo o intelectualismo pretensioso. Um clássico self-made man, que se mantém firmemente em pé apenas sobre as próprias pernas e cuja independência intelectual só era superada por sua falta de dinheiro. Em outras palavras: um pária por excelência e, desse modo, totalmente afim ao gosto de Arendt, refinado pela vida.

Devido à sua aparência sempre alinhada e aos conhecimentos medianos de francês, Arendt o chama ironicamente de "monsieur" — em contextos especialmente íntimos ela usa também o amoroso "Stups". Apaixonados, eles podem ter entrado num furacão, mas Arendt, segundo atesta sua carta de agosto de 1936, não estava disposta a se deixar "arrastar" totalmente por esse acontecimento. Sua reserva é alimentada especialmente pela dúvida sobre como e se seria possível, para ela, integrar a experiência do amor com a manutenção da própria identidade e integridade. Uma dúvida a ser levada a sério, pois esse era o questionamento inicial de sua tese orientada em Heidelberg por Karl Jaspers sobre "o conceito de amor em Santo Agostinho",[24] de 1928 — oriunda de uma época em que ela mantinha encontros secretos com Martin Heidegger.

Amor ao próximo total

Partindo do conceito de amor de Santo Agostinho (354-430 d.C.), um dos patriarcas da Igreja, Arendt vai investigar, em seu primeiro trabalho independente, a "relevância do outro" na relação do indivíduo com o mundo e consigo mesmo. Mas em nenhum lugar a questão é mais premente — e supostamente está respondida de maneira mais clara — do que no amor. Afinal, nas palavras de Heidegger em uma carta para Arendt, datada de 1925, o amor é um acontecimento "no qual a presença do outro irrompe em nossa vida".[25] Quem ama não está sozinho no mundo. E percebe também o sentido deste mundo e de si não a partir de uma individuação.

Portanto, é surpreendente que, no conceito de amor de Agostinho, a instância da outra pessoa — como um alguém insubstituível em sua individualidade — não tenha um papel decisivo. Pois o amor na filosofia de Agostinho, fortemente impregnada pelo cristianismo, tem sua origem em Deus — assim como também tem em Deus seu verdadeiro objetivo. O mesmo vale para qualquer forma de sentido fundamental à vida e um possível acolhimento emocional neste mundo.

Segundo Agostinho, o que é amado e deve ser amado na forma do próximo como outro concreto é apenas sua condição de originário de Deus e de seu pertencimento à comunidade de todos os seres caídos em pecado e, portanto, mortais. Diante de Deus, como verdadeira fonte e objetivo do amor, todos são iguais. Por isso, seu amor, também entre os seres humanos, não deve ser pautado pela individualidade de cada um, mas por sua igualdade básica.

Essa igualdade é assegurada em Agostinho pelo pecado de Adão e Eva, como princípio terreno de nossa finitude e depravação irreparável. No capítulo final de sua tese de 1928, com o significativo título de *Vita socialis* [Vida em sociedade], Arendt afirma:

> Este caráter explícito e claro da igualdade está contido no mandamento do amor ao próximo. Porque no fundo o outro é igual a ti porque tem o mesmo passado de pecador que tu; é por isso que deves amá-lo.[26]
>
> O próximo nunca é amado por si mesmo, mas pela graça divina. Este caráter indireto próprio do amor [*dilectio*] suprime, num sentido ainda mais radical, a evidência natural do ser-conjunto. Toda a relação com o outro torna-se uma simples passagem para a relação direta com Deus. Não é outrem como tal que pode dar a salvação; só há salvação porque a graça de Deus é eficaz nele.[27]

Ou seja, a questão se e como a própria individualidade pode ser mantida ou até conquistada amorosamente não está nem pode ser posta diante do pano de fundo da filosofia agostiniana. Como autêntico escândalo do pensamento ocidental, Arendt enfatiza isso em 1928 quando a questão do amor é tratada simplesmente como uma intensificação existencial da questão de se e em que medida há *outros* seres humanos (e não apenas iguais como espécie). E principalmente também onde estaria a contribuição de alteridade do outro para a própria vida. Mesmo a mulher enquanto mulher não se constitui, segundo a ficção original do Antigo Testamento, num outro autêntico, mas apenas é pensada como uma versão insuficiente do homem primordial. Consequentemente, foi formada, segundo a narrativa, por uma parte do corpo que não é imprescindível à mera sobrevivência do ser humano — uma costela.

No que se refere às relações terrenas, a igualdade dos seres humanos na filosofia de Agostinho (e, portanto, também em seu conceito de amor) está assegurada por uma origem comum, com característica de parentesco, que é a "descendência comum de Adão", da qual ninguém pode se furtar:

> Este parentesco cria a igualdade [...] da situação. Todos têm o mesmo destino. O ser particular não está só no mundo, tem companheiros de destino [*consortes*], e aqui, não apenas nesta ou naquela situação, mas durante toda a sua vida. A vida inteira é considerada como uma situação particular submetida a um destino, o dever morrer. É sobre ela que se funda o parentesco dos homens e, ao mesmo tempo, a sua ligação num mesmo conjunto [*societas*].[28]

O ser humano individual como parte de uma sociedade igualitária em sua origem, no sentido de uma comunidade total de destino dos mortais ou, melhor dizendo, dos iniciados na mortalidade é, segundo a interpretação da discípula de Heidegger e Jaspers, Hannah Arendt, o verdadeiro ponto de fuga e absolutamente sensível à crítica da compreensão do amor e também da política do patriarca Agostinho. Não é por acaso que ele também é autor da obra *A cidade de Deus*.

A viravolta de Arendt

Foi essa a interpretação da futura autora da obra *Origens do totalitarismo*, que em 1936 deve ter enxergado, com toda a clareza, em que medida os temas supostamente havia muito perdidos do pensamento agostiniano continuaram a se desenvolver e a ser aplicados, numa continuidade quase terrível — por assim dizer, às costas dos atores da política mundial —, com seu efeito totalizante e homogeneizador, em nome de seus coletivos.

Em realidade, na interpretação do presente político, Arendt precisava apenas trocar a transcendência do Deus todo-poderoso pela imanência do onipotente Führer, e eis que o princípio da desvalorização do ser particular em relação a esse Führer estava evidente: "apenas reconhecido como isolado e vindo ao mundo por acaso".[29] O indivíduo como indivíduo não tinha nenhuma importância especial para (e nessa) visão de mundo totalitária. Ele ou ela poderiam existir, mas não necessariamente. Seu sacrifício não significava nenhum fim do mundo.

No que se refere à narrativa mítica original da comunidade humana como uma comunidade dos expulsos do paraíso, esta se encontrava, no presente político de Arendt — por exemplo, com Hitler —, substituída de maneira constante por narrativas originárias supostamente de caráter histórico de cada um dos povos, ou nações, em questão. E rapidamente também aqui se realizava a desejada equalização no sentido de um pertencimento a um coletivo étnico [*Volksgenossenschaft*]: ame seu compatriota como a si mesmo! E, se necessário, sacrifique a própria vida pela dele em nome desse coletivo étnico. Desse modo, é mais que coerente que, sob tal arranjo, o amor ao respectivo representante do corpo racial [*Volkskörper*] deva ser análogo ao amor ao seu líder [*Führer*], como no caso de Agostinho o amor ao próximo e o amor a Deus.

No contexto dessa estrutura de pensamento, também não haverá uma resposta plausível à questão da "relevância do outro" como esse ser humano único, garantidor do mundo e que, portanto, deve ser necessariamente preservado. Ainda mais agudo: ela não é compreensível nem como questão. E ganhou plausibilidade apenas no contexto das relações puramente interpessoais do âmbito privado e, portanto, relações que não deveriam mais existir segundo o ideal de um Estado tornado totalitário. A intimidade privada dos amantes como último e primeiro ato de resistência contra uma sociedade ameaçada pela equivalência pública total... como Arendt tinha escrito tão lindamente de Genebra a seu Heinrich: "Vamos tentar — por nosso amor". Por nenhum outro amor. Nem mesmo o de um deus. Em outras palavras: puramente por nossa vontade, nossa respectiva felicidade e posição neste mundo e, principalmente, também pela ausência de medo da própria finitude, típica do amor.

Do ponto de vista puramente filosófico, a questão sobre como devia ser o amor que deixa o outro entrar, com força total, na própria vida como sendo outro, sem um sentimento por assim dizer de despejo e ocupação permanente, não estava de modo algum resolvida para Arendt. Mas ao menos na experiência de um cotidiano compartilhado amorosamente, logo aparecem pontos de apoio concretos, como Hannah revela a seu "Stups" um ano mais tarde, novamente de Genebra, sem nenhuma reserva. Ela soa até mesmo um pouco berlinense:

18 de setembro de 1937

Meu amado mais amado, único, amadíssimo,

estou muito orgulhosa e muito feliz de ter estado à noite (em sonho) com você. Veja, querido, sempre soube — ainda enquanto jovem — que eu realmente só posso existir no amor. E por isso tinha tanto medo de simplesmente me perder. E de abrir mão da minha independência. E no amor dos outros, que me chamavam de fria, sempre pensei: vocês não fazem ideia do quão perigoso isso é e seria para mim. E quando eu o encontrei, finalmente não tive mais medo — depois daquele primeiro susto, que na verdade era um susto infantil e só pareceu adulto. Ainda me parece inacreditável que consegui ter as duas coisas, o "grande amor" e minha identidade como pessoa. E tenho uma apenas porque tenho a outra. Entretanto, também finalmente sei o que é a verdadeira felicidade [...]. Hoje recebi minha sentença de separação. Isso vai me dar muito trabalho. Mas de certo modo estou aliviada — rio, sou infantil — de ter meu antigo nome de volta.[30]

Com a conquista da separação, Arendt perdeu a cidadania alemã. Que este mundo fosse ao inferno à vista de todos: ao lado de "monsieur", a apátrida Hannah sentia-se pela primeira vez acolhida novamente, como depois de um naufrágio. O mesmo se dá com Heinrich. No outono de 1936 eles passam a morar juntos, dividindo um quarto num hotel na Rue Servandoni. Seus objetos mais importantes são duas espiriteiras, um gramofone e discos: uma verdadeira imagem da felicidade terrena e, portanto, finita em tempos sombrios.

Paris is for lovers

Duas pessoas num decadente quarto de hotel em Paris, no qual a estante de livros e a vitrola são os únicos móveis pessoais. Isso descreve com precisão a situação de vida de Simone de Beauvoir no outono de 1936. Como uma resposta ativa à questão que determinava o espírito da época sobre se "não haveria mais nenhum lugar no mundo onde se pudesse depositar nossa esperança",[31] Beauvoir e Sartre agarram-se principalmente um no outro. Entretanto, ambos não fugiram de Berlim para Paris, apenas retornaram do interior, do Norte do país, para sua cidade natal. Também sua vida no hotel não se deve de modo algum a pressões financeiras ou falta de legitimação, mas ao não conformismo escolhido livremente por dois professores concursados de escolas públicas. Isso vale também para a escolha dos cafés em Montparnasse e no Quartier Latin como seus verdadeiros espaços de moradia e trabalho. O que Beauvoir preza especialmente no murmurinho poliglota dos refugiados nas mesas vizinhas não é seu possível valor de relatos e, desse modo, de sobrevivência, mas o espaço narrativo que lhe é oferecido pela presença de pessoas. "Senti grandes satisfações em trabalhar solitariamente no meio dessa gente, muito próxima e muito longínqua, numa busca tateante de sua vida."[32]

A afirmação se encaixa de maneira ainda mais certeira com as prostitutas, os marginalizados, os entregadores de drogas, bem como os americanos e as americanas que noite após noite se apagavam de tanto beber e que completavam o quadro noturno dos cafés, lotados e enfumaçados. Como consequência das reformas do governo da Frente Popular de Blum, que extrapolaram em muito o orçamento do Estado, o franco se desvalorizou intensamente em relação ao dólar. Paris — já firmemente entronizada nos anos 1920 como a mítica capital das festas na Europa devido a ícones como F. Scott Fitzgerald, Ernest Hemingway e Gertrude Stein — recebeu assim um novo impulso turístico.

Quando Beauvoir abre, em agosto de 1936, o informe anual de alocação de pessoal do ministério, quase não acredita em sua sorte: uma vaga no Lycée Molière no 16º *arrondissement*. De fácil acesso pelo metrô, a partir do centro. Também a transferência de Sartre a Laon, a apenas 150 quilômetros de distância, possibilita-lhe passar muito mais tempo em Paris. "Duas vezes por semana eu ia esperar Sartre na estação do Norte [...]. Descíamos depois a Montparnasse. Tínhamos estabelecido nosso quartel-general no Dôme. Nas manhãs em que não ia ao liceu, lá tomava meu café. Não trabalhava nunca em meu quarto, e sim num pequeno compartimento dos fundos do café. Ao redor de mim, refugiados alemães liam os jornais e jogavam xadrez."[33]

Em novembro, sem permissão dos pais, Olga vai atrás do casal e passa a viver no andar abaixo do de Beauvoir. Ela não falava mais em estudar nem em estudos no geral. Durante o dia, trabalha de maneira intermitente numa casa de chá, à noite sai para festejar à larga como parte de um duo ou trio, dependendo do arranjo e da disponibilidade. Para Beauvoir, o que havia mudado desde Rouen foi no máximo o raio, não a forma de seu globo da morte privado.

Nesse meio-tempo, Sartre está com 31 anos, e Beauvoir, com 28. Quase todos os seus amigos e antigos colegas de faculdade, como Maurice Merleau-Ponty, Paul Nizan ou mesmo Raymond Aron, estão em relacionamentos estáveis e, no sentido burguês, estruturados. Não sem irritação, eles observam em Sartre e Beauvoir a evidente vontade de caotizar as próprias vidas. Também para os pais a mudança no estilo de vida traz confusão. Por medo de se infectar com alguma doença, a mãe de Simone se recusa a colocar o pé no quarto de hotel de

Simone, enquanto o pai não esconde, durante os almoços dominicais em família, cada vez mais raros, sua opinião sobre o que acha e o que espera da primogênita: "Você é velha demais para pensar; para conseguir escrever um livro decente, nem se fale. Nunca será mais que a prostituta desse verme".[34] A irritação do pai não parava por aí. Pois também Hélène, que tenta a carreira de pintora, se mostra cada vez mais atraída pelo exemplo da irmã mais velha, Simone.

Dúvida no pacto

O que mais abala a postura de Beauvoir diante da vida é o desafio permanente representado pela relação de Olga com Sartre. Não se trata prioritariamente de prerrogativas eróticas ou ciúme físico. Como casal, Sartre e Beauvoir, no sétimo ano de seu pacto, já passaram há tempos da fase em que o sexo compartilhado ainda tinha uma função decisiva para eles. Até porque Sartre, nessa primeira fase de seu regresso a Paris, começa a explorar toda a magnitude de seu gigante apetite sexual — e a aplacá-lo. Os múltiplos encontros amorosos vão ocupando cada vez mais o tempo que ele tem disponível em Paris. Sartre mal encontra espaço na agenda para tomar um café no Dôme com Beauvoir ou encontrá-la na estação ferroviária, a fim de lhe entregar as novas páginas do manuscrito do romance em progresso, *Melancolia*.

Não, o papel de Olga Kosakiewicz — mais um símbolo do que uma pessoa real — no universo de Beauvoir é questionar a natureza e sua ligação com Sartre, a verdadeira essência de seu pacto. Em que medida ele selava de fato, principalmente do ponto de vista de Sartre, a única "relação necessária" na vida deles? E o que na verdade mantinha e sustentava essa necessidade?

Do ponto de vista de Beauvoir, o cerne de um relacionamento humano duradouro é o projeto de um futuro em comum que baseia sua forma e seus objetivos num passado feliz.[35] Mas, com o surgimento de Olga como terceiro elemento na união, surge um princípio do imediatismo total, que subvertia qualquer expectativa de obrigação: "Olga desprezava raivosamente todas as construções voluntaristas; não era o suficiente para me abalar. Mas diante dela Sartre também se entregava à desordem de suas emoções: sentia inquietações, furores, alegrias que não conhecia comigo. O mal-estar que senti ia além do ciúme: por momentos, eu me perguntava se minha felicidade não assentava inteiramente numa enorme mentira".[36]

A suspeita de Beauvoir de estar vivendo naquele momento (ou mesmo todo o tempo) uma mentira tremenda em vez de uma relação necessária se alimentava da questão sobre como Sartre entendia a liberdade no relacionamento de ambos. Ele sentia a constância e a estabilidade afiançadas por Beauvoir como garantia ou como limitação da liberdade?

Caso o "princípio Olga" ganhasse protagonismo com ele, Beauvoir se tornaria, no fim das contas, apenas mais uma entre tantas outras — e seu status privilegiado se revelaria pura aparência. Uma aparência duradoura apenas porque Beauvoir agia a partir de uma compreensão diferente de liberdade. Na verdade, o cabo de guerra entre Olga e ela não tinha verdadeiramente nada a ver com a luta entre duas mulheres pela primazia erótica na vida de um homem. A começar porque Olga — que considerava Sartre intelectualmente atraente, mas sentia repulsa por ele no plano físico — não puxava nem queria puxar a corda do seu lado. Tratava-se mais de harmonizar, com o coração aberto, os conceitos de amor de Sartre e Beauvoir. Tratava-se também das condições para um relacionamento amoroso sob o signo da liberdade mutuamente concedida, inclusive sexual.

Livre amar

As preocupações filosóficas sobre o amor de Hannah Arendt são quase opostas às de Beauvoir. Pois se para Arendt o paradoxo a ser resolvido é como "conquistar as duas coisas ao mesmo tempo", ou seja, nas palavras de sua carta a Blücher, "o grande amor e a identidade da própria pessoa", o segredo maravilhoso do amor por Sartre, segundo a percepção de Beauvoir, é a conquista, desde o início, de uma única e inquebrantável identidade do "nós" na sua união. Enquanto Arendt enxerga o desafio em ingressar numa díade amorosa sem abrir mão da própria identidade, em 1936 o desafio de Beauvoir é reconhecer as evidentes fraturas de sua única e unicamente necessária ligação amorosa, sem ameaçar ou até perder a identidade de sua própria pessoa, em sua essência ligada à existência dessa díade. Ela não conseguiria dar uma resposta categórica a que tipo de pessoa seria sem Sartre. E desejava continuar sem conseguir. Afinal, ela amava Sartre. No inverno de 1936-1937, Beauvoir resume sua situação da seguinte maneira:

> O que me abalou mais ainda [do que as diferenças com Olga] foram as dissensões que, por vezes, me opunham a Sartre; ele cuidara sempre de nada dizer nem fazer que pudesse alterar nossas relações. Nossas discussões eram, como de costume, de uma vivacidade extrema, mas sem nenhum azedume. Nem por isso deixei de ser levada a revisar certos postulados que até então tomara por certos; confessei a mim mesma que era abusivo confundir um outro e eu mesma sob o equívoco desta palavra demasiado cômoda: nós. Havia experiências que cada um vivia por sua conta; eu sempre sustentara que as palavras não conseguem definir a presença da realidade: cumpria-me tirar as consequências disso. Trapaceava quando dizia: "Somos um só". Entre

dois indivíduos a harmonia nunca é dada, precisa ser conquistada continuamente. Isso eu estava disposta a admitir.[37]

Contra a própria vontade, Beauvoir tem de aceitar a irredutibilidade da experiência de cada um. Nada no mundo — nenhuma palavra, nem promessa, nem mesmo companhia, por mais íntima que seja — consegue superar totalmente a separação de uma vida em relação à outra. Há sempre uma fenda, se não um abismo. Uma noção tão fundamental quanto descentralizadora que Beauvoir tinha colocado, na citada reflexão, no mesmo degrau da perda de sua fé em Deus, ocorrida na juventude. Assim como a existência de Deus, segundo Kant, era um *postulado* da razão prática, e a crença em sua existência tinha uma função de sustentação moral neste mundo, para Beauvoir foi a crença na criação de unidade a partir da amorosa palavra "nós" com Sartre que lhe proporcionou sustentação e apoio. Como efeito da experiência "Olga", ela havia perdido essa crença.

Então, o que significava na realidade amar o outro livremente? Seria possível compreender até o relacionamento mais profundo de todos como um projeto aberto contínuo, que tinha de se renovar e se justificar a cada vez na vida compartilhada? Caso afirmativo e com a visão clara, será que isso era algo a lamentar?

Afinidades eletivas

Além dos esclarecimentos libertadores daquelas suposições falsas, sobre as quais a própria vida estava baseada, Beauvoir e Sartre descobrem, na crise do inverno de 1936-1937, novas maneiras de estabilizar seu relacionamento. Afinal, o que os impedia de acolher outras pessoas, além de Olga? Como o tão esperto quanto autoconfiante Jacques-Laurent Bost, um antigo aluno de Sartre que no ano anterior tinha sido levado vez ou outra de Le Havre a Rouen? Ou Wanda Kosakiewicz, a irmã dois anos mais nova de Olga, que também estava tentando escapar da modorrenta província e não ficava atrás da irmã no quesito abertura para novas experiências. Bost, irmão caçula do escritor Jean Bost, residente em Paris, ingressou como aluno na Sorbonne no outono. Wanda também seguiu a irmã em Paris. Os apelidos são dados naturalmente por Sartre. Bost é simplesmente o "pequeno Bost", e, visto que Olga tinha sido batizada de "pequena russa", Wanda só poderia ser a "russa menor".

Como num gracejo, logo Sartre e Beauvoir se referiam à "família" e criaram uma forma de vida baseada na intimidade cotidiana partilhada, em absoluto uníssono com seus filosofemas, que se desenvolviam cada vez mais concretamente. Afinal, o que une essa "família" está além de características congênitas ou um passado longamente compartilhado. A responsabilidade de uns pelos outros deve-se ao ato que, segundo a convicção de Sartre e Beauvoir, forma o verdadeiro núcleo de toda e qualquer vida humana: a escolha radicalmente livre contra ou a favor de alguma coisa, contra ou a favor de um valor, contra ou a favor de um projeto, uma norma existente, um modo de vida ou a participação numa comunidade! E a decisão para essa liberdade de escolha — por assim dizer, a decisão de querer decidir por conta própria — na situação dada iguala-se, justamente para os membros mais novos da família, à decisão do rompimento com modos de vida que suas famílias de origem viam como colocadas a priori.

Ou seja, mesmo que, como Olga se lembrava, os mais jovens ficassem "hipnotizados como cobras" com a mera presença de Sartre e Beauvoir e "faziam o que eles queriam, porque nos sentíamos tão privilegiados pela sua amizade",[38] os espaços de ação conquistados eram infinitamente maiores do que tudo o que seria imaginável em seu primeiro meio. A "família" de Sartre e Beauvoir desenvolve-se como uma experiência de liberdade sobre uma base filosófica, na qual teoria e prática — como incentivado pelo casal de filósofos — se fecundam e dinamizam mutuamente todos os dias, como uma experiência aberta de vida.

Melancolia

Independentemente de como se queira avaliar o constructo do ponto de vista moral, uma coisa era certa: tratava-se de algo muitíssimo exaustivo. Isso valia especialmente para a pessoa à qual confluíam todas as questões e que ansiava por suas resoluções em bons termos, ou seja, Simone de Beauvoir: "Eu me entregava com menos disposição que de costume a minhas ocupações, a minhas distrações: sentia-me sempre cansada. Com Olga, com Sartre, com ambos, ficava até tarde acordada; Sartre descansava em Laon; Olga, durante o dia; eu, nunca. [...] À espera de Sartre num café perto da estação do Norte, às vezes fechava os olhos e perdia consciência durante alguns minutos".[39]

No início da primavera de 1937, era Sartre quem precisava novamente de muita atenção, e não devido à dolorida perda parcial de Olga ao jovem Bost. Apesar da ingerência do amigo de faculdade, o escritor já estabelecido Paul Nizan, seu romance *Melancolia* (mais tarde, *A náusea*), no qual ele havia trabalhado intensamente durante quatro anos, foi recusado pela editora Gallimard. Notícia difícil de ser digerida, também para Beauvoir, que havia acompanhado o processo criativo, desde o início, como primeira leitora e editora.

Como casal, eles haviam investido grande parte da energia, tanto criativa quanto filosófica, nesse projeto. Ambos consideravam a obra como uma expressão literariamente bem-sucedida de seus estudos e ideias sobre a vida humana. E agora eles estavam sendo nocauteados na base. A editora Gallimard apresentou como motivo da recusa não tanto a fatura concreta da obra, mas sim a proposta de romance abertamente metafísico.

A grande preocupação de Beauvoir com o equilíbrio psíquico de seu "Poupette" — de todo modo, os crustáceos do tamanho de seres humanos desapareceram da percepção de Sartre — está relacionada essencialmente com o conteúdo da obra recusada. Afinal, a verdadeira ação do romance é, a partir de anotações como as de um diário, refazer o caminho pelo mundo do herói ruivo e sempre ligeiramente desgrenhado Antoine Roquentin, até a perda total dos sentidos e de si mesmo.

Roquentin se parece com o irmão gêmeo bivitelino do ruivo super-homem de Ayn Rand, Howard Roark — só que originado de outro ovo, supostamente de temperamento bem menos animado. Todas as questões e dúvidas, às quais o herói de Rand, Roark, permanece absolutamente cego, incomodam Roquentin o tempo todo. Nada lhe é evidente, muito menos sua existência. Nada lhe é mais dolorido do que o olhar dos outros sobre si. Em vez de colocar no mundo, como Roark, arranha-céus que apontam para o futuro em Nova York, Roquentin passa seus dias na província francesa, escrevendo a biografia de um diplomata francês do século anterior, não especialmente influente. Um projeto que ele logo percebe como totalmente sem sentido e o encerra. Nesse meio-tempo, também os planos e os objetivos são colocados de lado. Sua vida afunda num redemoinho de dúvidas, exteriormente inativo. Tudo se dissolve num nada sem fundo nem forma, também e especialmente seu assim chamado "eu".

No fim, até a existência das pedras ou das plantas, supostamente desprovidas de consciência, entram no turbilhão da falta de sentido de Roquentin:

> Estava então, ainda agora, no jardim público. A raiz do castanheiro branco se enfiava na terra bem por baixo do meu banco. Já não me lembrava de que era uma raiz. As palavras se haviam dissipado e com elas o significado das coisas, seus modos de emprego, os frágeis pontos de referência que os homens traçaram em sua superfície [...].
> Mas tudo isso ocorria na superfície. Se me tivessem perguntado o que era a existência, teria respondido de boa-fé que não era nada, apenas uma forma vazia que vinha se juntar às coisas exteriormente, sem modificar em nada sua natureza. E depois foi isto: de repente, ali estava, claro como o dia: a existência subitamente se revelara. Perdera seu aspecto inofensivo de categoria abstrata: era a própria massa das coisas, aquela raiz estava sovada em existência. Ou antes, a raiz, as grades do jardim, o banco, a relva rala do gramado, tudo se desvanecera; a diversidade das coisas, sua individualidade, eram apenas uma aparência, um verniz. Esse verniz se dissolvera, restavam massas monstruosas e moles, em desordem — nuas, mas de uma nudez apavorante e obscena.[40]

O encontro assim descrito rumo à verdadeira essência das coisas baseia-se num evento que Sartre vivenciou em Le Havre, na virada do ano 1935-1936, ponto alto de sua crise depressiva, e que registrou em seu diário de ideias: nada daquilo que existia era algo em si mesmo ou tinha necessidade de existir. Por essa razão (pelo menos assim era a possível conclusão), tudo é destituído de consistência. Eis o abismo que aparece na experiência do jardim público de Sartre/Roquentin como uma epifania, a fim de lançá-lo de uma melancolia exausta a um estado de profunda náusea diante da "massa mole" do ser. Uma náusea que Roquentin sentirá mais profunda e desesperadamente porque sua consciência — apenas porque é uma consciência humana — não o deixa se render à evidência e continua a perturbá-lo com as falsas aparências da solidez do eu, dos objetos do mundo e da chamada razão.

Fundamentalmente indeciso, Roquentin oscila pelo resto do romance entre o sentimento quase eufórico de uma libertação incondicional e a prisão sem saída nos volteios literários de seu fluxo de consciência:

> Lúcida, imóvel, deserta, a consciência se encontra entre as paredes: perpetua-se. Já ninguém a habita. Ainda agora alguém dizia *eu*, dizia *minha* consciência. Quem? Exteriormente havia ruas falantes, com cores e odores conhecidos. Restam paredes anônimas, uma consciência anônima.[41]
>
> Sou livre: já não me resta nenhuma razão para viver, todas as que tentei cederam e já não posso imaginar outras. Ainda sou bastante jovem [...]. Mas recomeçar o quê?[42]

Ou seja, esse romance tinha sido recusado exatamente pelo que era e queria ser: a tentativa de expressar novos sentimentos e verdades metafísicas numa forma literária. O verdadeiro motivo da decepção é, uma vez mais, um estranhamento fundamental. Nas palavras de Beauvoir: "Como podia haver tal distância entre um ponto de vista de outra pessoa e o nosso?".[43]

No mais tardar na primavera de 1937, essa perturbação pode ser transposta integralmente ao curso dos desenvolvimentos políticos. O governo da Frente Popular sob Blum está em vias de entrar em colapso. E contra toda esperança e euforia inicial, a queda de Málaga parece indicar que a Guerra Civil Espanhola está virando, definitivamente, em favor de Franco. Tudo poderia ser diferente, mas eles não podiam mudar nada.

Se fosse sincero, Sartre não teria nem votado. Nesse sentido, a ideia de imitar tantos outros de sua roda e ir à Espanha para, num último esforço, lutar pela liberdade de outra república, deveria parecer muito absurda. "Nada em nossa vida nos predispunha a essa loucura", recorda-se Beauvoir. "Ademais, apesar de ter capacidades técnicas ou políticas definidas, nos arriscávamos a auxiliar de maneira inútil. Simone Weil atravessara a fronteira para alistar-se como miliciana; pediu um fuzil; mandaram-na para a cozinha e ela derrubou um tacho de azeite fervente nos pés."[44] Essa era a história contada no seio da "família", em 1937, sobre Simone Weil. Ela quase correspondia à realidade.

Quebrar a cabeça

A felicidade desses dias, também para Simone Weil, é principalmente um gramofone. Durante sua estadia num sanatório suíço na primavera de 1937, a coleção de discos de uma estudante de medicina lá residente se mostrou a única terapia eficiente. Seus sofrimentos haviam se intensificado de tal maneira que era impossível distinguir se os ápices dos ataques, que vinham feito ondas, eram ou não o momento da morte. Apenas a música consegue libertá-la momentaneamente da dor. Principalmente as gravações dos *Concertos de Brandemburgo*, de Bach.[45]

Além de "fortes dores de cabeça" e de uma anemia, o atestado de 15 de dezembro de 1936 assinado por seu pai para mais uma liberação do trabalho de docência relata que a perna esquerda de Simone, "na qual ela sofreu queimaduras graves, [...] ainda dói muito".[46]

O ferimento tem origem em sua atuação na Guerra Civil Espanhola. De fato não foi, como se sussurra de maneira desdenhosa nos cafés de Paris, consequência de um acidente na cozinha. O evento se deu diretamente no front, quando Simone estava acampada na floresta de Aragão com sua tropa de vinte homens. Tarde da noite, ela pisou numa panela com óleo quente que seus companheiros haviam guardado numa depressão do terreno e coberto com folhas, para evitar a fumaça.[47] Pedaços inteiros de pele queimada se soltaram e as inflamações posteriores fizeram supor, na volta para casa, que uma amputação seria necessária. Apesar de tudo, seus companheiros de luta estão aliviados. Em Barcelona, pouco antes de se colocar ao longo do Ebro, eles haviam votado em bloco contra entregar uma arma à companheira Weil, muito menos permitir que ela manipulasse a munição. Afinal, sua miopia extrema não permitia mirar nem a árvore mais próxima. Weil, entretanto, faz questão do armamento. Ela será a única a não precisar usá-lo.

Apenas um mês após seu acidente, sua tropa é dissolvida por forças inimigas e a maioria de seus membros é executada no vilarejo de Perdiguera. Nessa época, Weil está novamente em Paris. Como se antevissem algo, os pais haviam ido atrás dela em Barcelona e encontraram a combatente ferida num hospital militar. No fim das contas, a aventura espanhola de Simone — do cruzamento da fronteira em Portbou, em 8 de agosto de 1936, ao retorno à França, em 25 de setembro — não durou nem seis semanas.

Disfarçada de jornalista, ela entrou na Espanha, apresentando-se imediatamente às tropas da POUM[48] em Barcelona com o pedido de permissão para uma missão solo especial. Por conta própria, ela quer investigar secretamente o paradeiro do fundador desse grupo, que havia desaparecido sem deixar nenhuma pista (um cunhado do seu companheiro sindical francês Boris Souvarine), e, se possível, libertá-lo. Uma missão suicida, sem perspectiva de sucesso ou mesmo de sobrevivência, como o comandante responsável precisa lhe explicar durante horas.

Em seguida, ainda decidida a tudo, Weil convoca junto a essa milícia um grupo sindical de tendência anarquista. Enquanto isso, aos pais, quase mortos de preocupação, ela envia cartões-postais que fantasiam sobre a situação geral absolutamente tranquila, a falta de combates e o tempo ótimo. Silêncio sobre os aviões imunes a quaisquer armas dos brigadistas e que lançavam bombas diretamente sobre eles. Nem um pio sobre o medo da morte que ela sente agora com cada colina a ser tomada. Toda casa pode ser potencialmente a de inimigos, todo anteparo de madeira pode ser uma última emboscada. Ser preso significa execução — e vale para ambos os lados.

Logo após sua chegada à Catalunha, Weil se transforma em testemunha da vontade de seus companheiros em executar um sacerdote católico. Em seu diário de guerra, ela relata a batalha emocional desses minutos. Estaria ela disposta a intervir no momento crítico, se colocar diante do religioso e, desse modo, provocar a própria execução? Teria a coragem para tanto? Por um motivo não especificado, a execução é cancelada. Mas e o dia seguinte? Seríamos menos culpados por um crime apenas porque não estivemos diretamente presentes? No inverno de 1936-1937, as experiências de guerra ainda ocupam Weil em grande medida, além de pesar em sua consciência, mas isso não a impede de desfilar orgulhosamente seu uniforme de brigadista nos bulevares de Paris. Não, ela não se arrepende de nada. E até fala diversas vezes em voltar ao front o mais rapidamente possível.

Muitos, inclusive seus melhores amigos e conhecidos, ficam desconcertados ao ver como Weil, em seus artigos e ensaios, advoga energicamente *contra* qualquer apoio militar às forças republicanas por parte do governo francês. Uma pacifista convicta envergando o uniforme dos voluntários das Brigadas Internacionais — o que era isso?

Interior moral

Numa carta posterior ao escritor católico conservador Georges Bernanos, autor do influente livro antiguerra *Os grandes cemitérios sob a lua*,[49] Weil defende sua posição da seguinte maneira: "Não gosto da guerra, mas o que sempre achei mais terrível nela é a situação daqueles no interior. Quando compreendi que, apesar de todos os esforços, não conseguiria deixar de participar internamente nessa guerra, quer dizer, desejando dia após dia, hora após hora, a vitória de uns e a derrota de outros, disse-me a mim que, no meu caso, Paris é o interior".[50]

Dessa maneira, pelo menos para ela, havia uma saída possível! Sobretudo porque as Brigadas Internacionais agiam de modo bem diferente do que um exército nacional. Este depende, principalmente no caso de guerra, de uma mobilização obtida por meio da força do Estado. As Brigadas, por sua vez, eram formadas por voluntários!

Segundo as convicções de Weil, os critérios para o ingresso de uma nação na guerra, independentemente da maneira como se dá, permanecem distintos e são mais rigorosos do que aqueles para os indivíduos que realizam uma livre escolha. Por essa razão, como francesa, Weil recusa, totalmente convicta, a participação na guerra e sobretudo a atuação do Exército na Espanha. Mas, como ser moral que é, não lhe resta alternativa a não ser entrar no combate. Assim como existem pessoas que se negam a prestar serviço militar por questões de consciência ou de religião, e para tanto estão dispostas a aceitar qualquer tipo de sanção e de sacrifício, para Simone Weil, no verão de 1935, é indispensável, por motivos morais, lutar pela República como soldado na Espanha e aceitar qualquer sacrifício nesse sentido.

Vale a pena comparar essa justificativa com as reflexões de Simone de Beauvoir, que se dão na mesma época. Olhando para a situação espanhola no inverno de 1936-1937, Beauvoir escreve:

A comédia da "não intervenção" parecia-nos dia a dia mais criminosa. Pela primeira vez em nossa vida, porque nos interessávamos profundamente pelo destino da Espanha, a indignação não era mais para nós um antídoto suficiente; nossa incapacidade política, longe de nos fornecer um álibi, desolava-nos. Era total. Estávamos isolados, não éramos nada: nada do que pudéssemos dizer ou escrever em prol da intervenção teria o menor peso. Não havia como pensar em partir para a Espanha.[51]

Ambas têm a percepção, claríssima, de que nessa situação não há mais álibis morais, no máximo diversas maneiras de configurar a própria impotência. Weil também tem absoluta consciência da impotência como indivíduo apontada por Beauvoir e, sem dúvida, de sua insuficiência como combatente. Entretanto, sua decisão de ir à Espanha é tudo menos impulsiva, mas bem pensada. Ela não alimenta a ilusão de que sua presença teria qualquer influência nos rumos da guerra. Em relação à pergunta sobre qual seria uma reação ética em face do sentimento da própria impotência e isolamento nessa situação, Simone Weil acredita ter de agir de maneira essencialmente diferente. Simples assim.

Do ponto de vista de Beauvoir, a única reação adequada é, como cidadã, exigir uma intervenção oficial de seu país. Para Weil, trata-se de se alistar voluntariamente. Afinal, ela supõe que seu sentimento de impotência e isolamento é compartilhado e vivenciado da mesma maneira pelos espanhóis. E principalmente por todos aqueles que se encontram, sem culpa, em meio a esse conflito. Weil quer estar ao lado justamente dessa gente, em nome de uma completa identificação com as vítimas. Sua autoestima está diretamente ligada à sua disposição pelo comprometimento individual com os outros sofredores. Como alternativa, restaria a Weil apenas se misturar àquele cinismo da impotência, que também Beauvoir sente como ameaça interna para si nessa situação.

Em sua autodeterminação, Simone Weil professa uma compreensão cristã do amor, que enxerga o próximo nos outros sofredores, e exige amá-los como a si mesma. Amor como vontade ao martírio em nome dos humilhados inocentes. Insere-se aí a renúncia a qualquer forma de amor romântico ou intimidade física, determinante — até onde sabemos — para a vida de Weil como um todo. Afinal, um amor romântico é, em essência, manifestadamente injusto e, do ponto de vista moral, totalmente arbitrário. Ele escolhe um indivíduo entre todos os outros como "único e tudo" — e tal escolha não é nem mesmo consciente. Para a identidade profundamente ancorada na moralidade de Weil, não se trata de uma opção viável.

Como um detalhe meramente casual dos fios invisíveis que ligam essas duas trajetórias de vida, em abril de 1937 tanto Weil quanto Beauvoir estão "fora de combate" por motivos de saúde. No caso de Weil, o motivo pode ter sido seu altruísmo incondicional que a conduzira para além dos limites do suportável; no de Beauvoir, seu hedonismo faminto por experiências. Em março de 1937, a última tem um colapso no seu quarto de hotel em Paris e, correndo risco de morte, precisa ser levada ao hospital. Um dos lados do pulmão parou de funcionar, o outro está inflamado. O descanso total é compulsório, além de muitos meses de tratamento, como no caso de Weil.

Espiral de desumanização

No mais tardar com a primavera de 1937, a fronteira entre guerra civil e guerra de representação desapareceu em definitivo. Quem ainda participava de maneira ativa — Weil não se cansará de repetir —, o fazia por objetivos quase não mais relacionados com as causas originais do conflito. Mais precisamente, a pessoa se tornava cúmplice de assassinatos sem sentido. Para além disso, o que perturbava agudamente Weil e outros observadores do caso espanhol era a irrefreável brutalidade e a indiferença dos acontecimentos, que ultrapassavam as normas de segurança mais elementares. Quais seus motivos e catalisadores? O motor de uma violência cega e tão abrangente era mesmo apenas o medo da própria morte?

Weil não acredita nisso. Para ela, a condição indispensável de uma degola dessa magnitude era o bloqueio da imaginação humana realizado pela propaganda. E, mais especificamente, um bloqueio relativo à questão sobre quem participava do agrupamento dos seres humanos.

> Tive a sensação, muito pessoal, de que não havia para o ser humano nada mais natural do que matar quando as forças terrenas e espirituais estabelecem determinada categoria de seres humanos que exclui aqueles cuja vida têm um sentido. Quando se sabe que é possível matar sem o risco de receber uma pena ou uma repreensão, se mata — ou pelo menos se sorri de maneira encorajadora — àqueles que matam [...]. Numa atmosfera dessas, o objetivo da guerra em si se perde rapidamente. Pois o objetivo só consegue ser formulado quando se refere ao bem comum, ao bem da humanidade como um todo — e os seres humanos não têm valor.[52]

As guerras civis — com a violência a tiracolo — são mais receptíveis a essa espiral da desumanização do que conflitos clássicos entre as nações. Afinal, os que guerreiam nas primeiras são pessoas que havia poucas semanas ainda eram vizinhas de casa — fazendo com que o esforço de repressão deva ser especialmente violento e sem compromisso. Principalmente já se imaginando como retomar a convivência após um eventual encerramento do conflito. Diante desse cenário, o desejo de extermínio derrota facilmente uma reconciliação supostamente impossível.

Além disso, há o fato de que o front espanhol servia, de maneira cada vez mais evidente, como campo de experiências de tecnologias e táticas para os militares alemães e italianos. Na condição de país que não tinha grande importância estratégica em relação aos outros, nos quais também se previam guerras, a Espanha servia de laboratório de atrocidades futuras. Inclusive na guerra, os limites do factível só podem ser definidos na medida em que são superados.

A partir desse amargo balanço, que incluía sua própria missão, durante 1937 Weil se volta mais e mais ao tema da ameaça de um conflito armado entre a Alemanha e a França. Para a aluna de Alain — que ainda é um dos pacifistas mais importantes da França na imprensa —, a questão decisiva não é a intervenção, o auxílio ou o alistamento voluntário, mas sim a possível legitimidade de uma guerra de defesa do próprio país. Havia algo como uma guerra justa e, portanto, objetivos de guerra justos?

Declarações vazias

Partindo da tese de que os conflitos mais cruéis da história se caracterizaram todos em não perseguir um objetivo determinado com precisão (e que exatamente a falta de um propósito foi o incentivo maior de sua crueldade), num ensaio de abril de 1937 Weil se concentra nas palavras-chave dos conceitos mobilizados em toda a Europa para a legitimação de uma guerra. Crítica filosófica de linguagem como serviço concreto à paz. Pois

> esclarecer os conceitos, desacreditar as palavras que primordialmente eram vazias, estabelecer o uso das outras

palavras por meio de investigações precisas é um trabalho que, por mais estranho que pareça, poderia conservar vidas humanas.[53]

Como exemplo ocidental clássico para uma guerra excepcionalmente sangrenta e com inúmeras mortes, conduzida em nome de um puro fantasma, Simone escolhe a Guerra de Troia. Vem daí o título do texto, "Não recomecemos a Guerra de Troia":[54]

> Durante dez anos, gregos e troianos degolaram-se uns aos outros por Helena. Nenhum deles, exceto o guerreiro amador Páris, tinha alguma relação com Helena. [...] Para alguém com senso de visão, não há atualmente nenhuma síndrome mais ameaçadora do que o caráter irreal da maioria dos conflitos. Eles têm um caráter ainda menos real do que o conflito entre os gregos e os troianos. No centro da Guerra de Troia estava ao menos uma mulher, ainda por cima excepcionalmente bela. No nosso tempo, o papel de Helena é ocupado por palavras decoradas com letras maiúsculas. Quando escolhemos uma dessas palavras encharcadas de sangue e lágrimas e tentamos segurá-la, percebemos que não têm conteúdo [...] todos os conceitos do vocabulário político e social poderiam servir de exemplo nesse sentido: nação, segurança, capitalismo, comunismo, fascismo [...].[55]

Segundo a análise de Weil, esses conceitos são expropriados — principalmente pelo uso absolutizante que a linguagem política faz deles — daquela relação qualificadora, e seus potenciais de sentido são distorcidos até ficarem irreconhecíveis: "Cada uma dessas palavras parece apresentar uma realidade absoluta, incondicional, um fim absoluto, independentemente de seus efeitos, ou um mal absoluto; e, ao mesmo tempo, incorporamos a cada uma dessas palavras, gradualmente ou de uma só vez, qualquer coisa e à vontade".[56] Palavras e pessoas educam (e distorcem) umas às outras. Por essa razão, para Weil, as verdadeiras condições de uma violência ilimitada, como a que caracteriza a Guerra Civil Espanhola, estão nas formas de linguagens ilimitadas, nas quais palavras de ordem primeiramente foram expropriadas de seus antigos contextos de aplicação e depois tornadas absolutas, transformadas em puros fantasmas semânticos. Nesse tipo de linguagem "em férias na guerra", nenhum dos conceitos deturpados pela propaganda precisa se confrontar com a realidade, de cuja possibilidade de percepção diferenciada elas se incumbiram no passado.

Ou seja, o segredo que se esconde atrás das orgias de violência do presente e do passado é o segredo de uma linguagem que se despoja de todos os critérios de sua aplicação e, portanto, se transforma numa forma total de linguagem. Trata-se da forma de linguagem que Adolf Hitler e os seus dominam, no decorrer dos anos 1930, com diabólica maestria. Também é a forma de linguagem com a qual um delegado soviético defende, num congresso dos sindicatos franceses, no início de 1937, os julgamentos de fachada de Stálin e os expurgos que acontecem por todo o país como golpes necessários contra a "vanguarda do fascismo". Igualmente é a forma de linguagem que considera uma anarquista sindical chamada Simone Weil — que lutou do lado dos republicanos em Aragão — aos olhos de seu médico militar em Barcelona, simpatizante do Partido Comunista, nada além que mais uma "fascista". E é a forma de linguagem na qual a superação ou a defesa "do capitalismo" se torna sinônimo da salvação da humanidade como um todo. Enquanto isso, como Weil explica em seu livro a partir desse último exemplo, na verdade ninguém mais saberia dizer no que consistiria concretamente essa salvação nem qual poderia ser o significado concreto do "capitalismo" carregado com essa missão, ou de seu "sistema", como raiz de todo o mal.

Parece que é mais fácil matar e até morrer do que se colocar algumas questões bastante simples, como esta: as leis e as convenções que regem a vida econômica na atualidade formam um sistema?[57]

O que Weil quer ressaltar com essa análise de abril de 1937, tão sarcástica quanto apelativa, não é apenas a relação possível entre a linguagem e a ação de guerra. Também é igualmente grave que os conflitos e as guerras que surgem sob as condições de uma linguagem tão ilimitada na realidade só podem ser conflitos falsos e alternativas falsas.

"Outro exemplo maravilhoso de absurdo sangrento é a oposição entre fascismo e comunismo. O fato de que essa oposição carrega atualmente uma dupla ameaça para nós, de guerra civil e de guerra mundial, talvez seja o mais grave entre todos os sintomas do fracasso intelectual que podemos perceber ao nosso redor. Pois, ao investigarmos o significado de ambos os conceitos hoje, topamos com conceitos quase idênticos, políticos e sociais. Em ambos os lados, a mesma apropriação estatal de quase todas as formas de vida individuais e sociais; a mesma militarização alucinada, a mesma aprovação artificial, obtida por pressão, favorecendo um só partido, que se funde ao Estado e se determina nessa fundição; o mesmo regime de servidão, que é imposto às massas de trabalhadores no lugar de um status convencional de empregado. Não há nações estruturalmente mais semelhantes entre si que a Alemanha e a Rússia e que se ameaçam mutuamente numa cruzada internacional e fazem de conta que uma considera a outra a besta do apocalipse [...]. Entende-se que, sob essas circunstâncias, o antifascismo e o anticomunismo também não fazem sentido."[58]

Oposições de fachada

Nesse caso, o fato de as análises de Weil sobre o regime comunista parecerem ser mais certeiras do que o olhar predisposto sobre a Alemanha se deve à sua formação política no meio sindicalista. De todo modo, ainda é curioso que nesse texto não haja menção ao nome de Hitler nem ao termo "nacional-socialismo". Mas qual a capacidade seletiva de uma análise que não quer fazer uma diferenciação básica entre a Itália de Mussolini e a Alemanha de Hitler? Um vazio da análise que combina muito bem com a total ausência da imposição do antissemitismo, central para o sistema de Hitler. Nesse caso, a ampliação constante do conceito "judeu" — com o simultâneo recrudescimento das medidas legais promulgadas contra esse grupo — funcionaria como outro exemplo modelar para a diabólica dissociação entre palavra e linguagem, diagnosticada por Weil, em nome da violência. A suposta diferenciação vocabular entre judeus de primeiro, segundo ou terceiro graus, por exemplo, encobria apenas o esvaziamento de sentido desses conceitos pelos nazistas, sem apoio em qualquer embasamento teórico ou facticidade mundana. O que restou foi um conceito cada vez mais sinônimo daqueles que se colocavam contra a "missão histórica" do povo alemão e de seu "Führer" ou que a tinham "traído". Esse desenvolvimento da linguagem oficial aparece também nos julgamentos de fachada impregnados por estereótipos antissemitas em Moscou, na União Soviética dos grandes "anos de expurgo" 1937 e 1938.

Em todo o caso, segundo Weil, a suposta base de todos os conflitos bélicos dos anos 1930 está numa oposição puramente simulada, que — como diz a autora, com a língua ferina —, se comparada à Guerra de Troia, esta seria um "exemplo perfeito da saudável razão humana".[59] Justamente porque o suposto objetivo da guerra, mesmo sob uma análise mais apurada, se mostra vazio e sem sentido, seu lugar só pode ser ocupado pelo objetivo do extermínio total de um grupo declarado inimigo. A violência desmedida se torna visível como uma função daqueles conceitos que são mais adequados à incitação da guerra, justamente porque perderam todo o sentido. Isso vai até o ponto em que ambos os lados da guerra — por meio da própria dinâmica da guerra — se aproximam de tal maneira em suas formas de ação e de vida, que não há mais diferenciação possível entre eles. Nesse estágio, o conflito se torna puro conflito de fachada.

O objetivo da guerra então passa a ser apenas a matança em si, até o extermínio total. Nesse estágio, a única coisa que pode levar ao cessamento da orgia de violência é a exaustão dos recursos necessários à matança, matérias-primas, fábricas, estruturas — ou, em último caso, as próprias pessoas tornadas matérias-primas da matança.

Profético

É impossível haver um diagnóstico mais sombrio de uma era. Em carta escrita na mesma época ao redator-chefe de um jornal sindical, Weil transforma sua análise em um prognóstico (ou uma profecia) de uma desgraça iminente:

> Digo-lhe de antemão, podemos tranquilamente lembrar dessa data. Estamos no início de uma fase em que as burrices mais inacreditáveis serão cometidas em todos os países — e elas parecerão muito naturais. Aquilo que chamamos de comportamento e vida civis se tornará cada vez mais raro. Maneiras militares de agir dominarão mais e mais todo detalhe da vida. O capitalismo será abalado, mas não pela classe trabalhadora. Aquilo que o abalará será o desenvolvimento da defesa nacional nos respectivos

países — que será substituída por um Estado totalitário. Isso é o que se nos avizinha realmente como revolução.⁶⁰

Na primavera de 1937, eis a situação política mundial para Simone Weil. Entretanto, não há dúvida para quem e de que lado ela necessariamente lutará nesse conflito. Ela estará ao lado dos mais oprimidos entre os oprimidos. Ou seja, aqueles que sempre foram os maiores sofredores nas guerras. Trata-se de seus próximos, que ela quer amar como a si mesma — em nome da própria dignidade e da dos outros. Essa é sua "paixão". Para além de todas as análises e teses, nessa primavera Weil tem motivos mais profundos para acreditar que esse "martírio" apenas começou para ela.

V.
Acontecimentos
1938-1939

*Weil encontra Deus; Rand, a solução;
Arendt, sua tribo; e Beauvoir, sua voz*

No beco sem saída

Depois de dez anos, a única coisa a ser dita com certeza sobre as enxaquecas de Simone Weil é que seus sintomas tinham uma relação de ressonância quase sinistra com os acontecimentos políticos do período. No final do outono de 1938, seu estado de saúde chega a um novo ponto crítico. Não é mais possível pensar em lecionar. Em novembro, quando, acompanhada dos pais, ela tem consulta com um cirurgião especializado em tumores, nasce uma discussão na sala de espera: "Caso ele recomende uma operação, quero que seja feita o mais rápido possível".[1] A mãe a aconselha a refletir com calma sobre o assunto. Mas a paciência de Simone está definitivamente exaurida: "Então você prefere que eu vá apodrecendo mentalmente aos poucos!". Devido às dores incessantes, Weil tinha começado a temer por sua razão. Uma perspectiva que faz com que ela considere, inclusive, o suicídio.

Num dos poucos esboços de artigos aos quais ainda acha forças para escrever, ela resume a situação política geral sob o título "Désarroi de notre temps" [A desorganização de nosso tempo]:[2] "A falta total de segurança não é exatamente benéfico à saúde mental — principalmente quando as catástrofes ameaçadoras alcançaram uma dimensão desproporcional aos recursos intelectuais disponíveis como inteligência, atividade e coragem".[3]

Parece não haver mais nenhum caminho aberto; a rua que desembocava num beco sem saída se tornou cada vez mais estreita no decorrer de 1938. A chamada "anexação" da Áustria à Alemanha nazista em março é seguida, na França, pelo fracasso definitivo da Frente Popular sob Léon Blum. Em maio, as "leis dos estrangeiros" se tornam ainda mais estritas com o novo governo de Édouard Daladier. Em setembro, as Brigadas Internacionais na Espanha anunciam, quase por formalidade, sua dissolução. Por essa época, quase metade de seus 40 mil combatentes perdeu a vida. A batalha do rio Ebro, no verão, levou Franco definitivamente ao rumo da vitória. Nesse meio-tempo, Hitler ataca os Sudetos e arrisca, devido às alianças firmadas, mais uma guerra das grandes potências europeias. No último minuto, sua deflagração pode ser impedida mais uma vez pelo Acordo de Munique entre Alemanha, França, Grã-Bretanha e Itália, ocorrido no final de setembro.

Por fim, na noite de 9 para 10 de novembro de 1938, acontecem na Alemanha pogroms acobertados pelo governo contra a população judaica, a "Noite dos Cristais". Apenas cinco dias depois a situação jurídica para os alemães refugiados na França recrudesce mais uma vez. Enquanto isso, as tropas de Hitler se preparam para marchar até Praga e, contra os mais recentes acordos, novamente criar fatos consumados.[4]

O tempo das conferências acabou definitivamente. Weil também registra isso em seu esboço. Questiona-se apenas por qual caminho a guerra poderá se dar e com qual intensidade. "A expectativa da grande catástrofe impregna mais e mais a sensação de todos em face do futuro", ela diz. "O trabalho cotidiano, em suas formas mais diversas, quase deixou de ser objeto de interesse."[5]

Tons de misericórdia

Pelos títulos de seus poucos ensaios nessa fase, pode-se notar o abrangente sentimento de resignação e a introspecção emocional de Weil. Em vez de fazer uso de menções engenhosas ou imperativos intrincados, os textos são apresentados como "reflexões" ou até "meditações".[6] Entretanto, é quase impossível pensar em atividade intelectual. A procura pelas causas físicas do seu sofrimento também não se encerra no consultório do dr. Clovis Vicent. De todo modo, não há tumor. E no que diz respeito a uma terapia paliativa, há tempos que Weil já trilha caminhos próprios.

De licença médica de suas atividades docentes, no verão dos anos 1937 e 1938, Simone Weil faz longas viagens à Itália, centradas principalmente na experiência da música sacra. Ela frequenta quase três missas e concertos por dia durante suas idas a Florença, Bolonha ou Roma. Sempre que a música litúrgica ou um órgão ecoa numa igreja, as dores vão para um segundo plano e, em absoluta entrega, ela tem um sentimento de elevação do reino mundano condicionado pelo corpo. É como se lá, para além da dor absoluta do presente, outro mundo ainda estivesse à sua espera.

A ânsia por essa experiência leva Weil, em abril de 1938, à abadia beneditina de Solesmes, no vale do Loire, famosa por seus cantos gregorianos. Junto com a mãe, ela quer participar das missas de Páscoa locais — e durante a estadia de dez dias, Simone não perde nenhuma delas. Na retrospectiva de 1942, ela dirá que vivenciou algo num desses serviços que acabou sendo decisivo em sua vida: "Estava com enxaqueca forte, cada nota parecia um golpe; um esforço extremo para me manter atenta permitiu-me deixar este corpo sofredor para trás, deixá-lo sozinho, preso no meu caixão, e sentir alegria pura na beleza dos cantos e de suas palavras. Essa experiência me permitiu, como uma analogia, compreender melhor a possibilidade de aprender a amar o amor de Deus no caminho do sofrimento. E aconteceu também de eu aceitar, definitivamente, a ideia da Paixão de Cristo".[7]

O reino de Deus

Já em setembro de 1935, enfraquecida pelas experiências de seu "ano da fábrica", ela tinha sido "tocada pela fé" de modo semelhante durante as férias em companhia dos pais. Certa noite, ao caminhar pelas vielas do vilarejo de pescadores Viana do Castelo, em Portugal, Weil sem querer topa com uma procissão. Sob a lua cheia, as mulheres dos pescadores carregam Nossa Senhora até os barcos na baía. Impactada pelas "canções certamente muito antigas", Weil disse que havia compreendido com toda a clareza, pela primeira vez, que "o cristianismo é, de modo excepcional, uma religião para os escravos, que os escravos não têm alternativa senão ser parte dele — e eu entre eles".[8]

A experiência vivida por Weil perto de Assis, no verão de 1937, na igreja de Santa Maria degli Angeli, é ainda mais intensa; trata-se da igreja do século XII em que são Francisco se recolheu para rezar. Na condição de única visitante desse "milagre incomparável de pureza" ela haverá de ser "obrigada, por algo mais forte do que eu, a me ajoelhar pela primeira vez".[9]

Ou seja, havia precedentes. Mesmo assim, no que se refere à questão da existência de Deus, até novembro de 1938 ela nunca havia considerado a "possibilidade de um verdadeiro contato [...] aqui embaixo, entre um ser humano e Deus. Posso ter tido uma compreensão vaga de algo semelhante, mas nunca acreditei realmente nisso".[10]

Além do mergulho na música, ao longo dos anos Weil se apropriou de outra técnica aliviadora, baseada na atenção. Trata-se de recitar poemas, como se fossem mantras, nas fases de maior dor ("O poema ensina a observar pensamentos em vez de modificá-los").[11] Em Solesmes, um noviço inglês — ao qual ela chamará mais tarde de "Angel Boy" — já havia chamado sua atenção para as obras do poeta inglês George Herbert

(1593-1633). Weil sente-se especialmente tocada pelo seu poema "Love", de tintas religiosas e metafísicas. Ele termina com as palavras: *"You must sit down, says Love, and taste my meat./ So I did sit and eat"* [Você tem de se sentar, diz o Amor, e experimentar minha carne./ Sentei-me, pois, e comi].[12]

Poucos dias depois de sua visita ao médico em novembro de 1938, quando, torturada pela dor, se senta e recita mais uma vez esse poema, Weil vivencia algo até então desconhecido. Ela se vê na figura de Jesus Cristo, totalmente penetrada pelo amor divino. E isso na forma de uma presença direta, na qual, em suas próprias palavras, "não importavam nem a força da imaginação nem os sentidos; percebi simplesmente por meio do sofrimento a presença de um amor comparável àquele que vemos no sorriso de um rosto querido".[13]

É como se seus olhos tivessem sido abertos — ou fechados — pela primeira vez. De todo modo, de seu ponto de vista, trata-se de uma experiência sem espaço para dúvida ou ceticismo. De acordo com sua interpretação, em novembro de 1938 ela foi impregnada pela presença do amor divino e, desse modo, de uma forma de presença que "era mais real do que uma pessoa real".[14] Por trás da certeza do "de cara a cara", havia — de acordo com essa experiência — um outro nível: o do reino de Deus e seu amor ilimitado. Atrás do reino da imanência, um da transcendência. Atrás da língua dos seres humanos, uma outra maneira de comunicação. Atrás da perfeição do conhecimento humano, uma outra verdade. Weil sente-se transformada, como se "tocada por Deus".

Inimputável

Não era e nunca foi fácil encontrar uma linguagem para essa experiência do absoluto. Afinal, ela supera — e aí está sua especificidade — os limites da razão humana e exige o reconhecimento de um reino para além dos motivos e das causas, da comunicação e do método, do tempo e do espaço como verdadeiro início doador de sentido a toda nossa existência. O fato de Simone Weil, ao contrário de muitos outros, não anunciar imediatamente aos quatro ventos, de maneira eufórica e missionária, a experiência divina, pode ser explicado pela sua fraqueza física combinada com a experiência anterior de vida. Não houve mudanças em sua ação concreta e também não era preciso mudar nada. Como ativista sindical de esquerda, ela havia vivido todos os anos anteriores sob os imperativos do reino de Deus.

Nesse caso, a transformação vivenciada se deu não no próprio agir, mas na sua base e importante fonte. O que havia mudado foi o lugar, o foco de sua consciência, a autocompreensão de sua missão. Desde então, as ações passaram a não se basear apenas no interpessoal e no imanente, mas no divino e no transcendente. Ela se nutre não mais apenas de argumentos construídos, mas também (e principalmente) de experiências concedidas pela graça divina. Não seguia mais cálculos e considerações gerais, mas confissões incondicionais.

Para expressar isso com suas próprias palavras e medos, em novembro de 1938 Simone Weil, na condição de pessoa e filósofa, tinha se tornado definitivamente "inimputável". Pois, fiel ao cântico de Paulo, sua razão não contava mais no aqui e agora, mas amava em nome de um Altíssimo, transcendente.

A luz cega

Mas o que havia acontecido *de verdade*? Será que no caso de Weil não seria possível chamar essa vivência de fenômeno psicológico ou psiquiátrico? Uma alucinação à beira da inconsciência causada pela dor, um truque de efeito paliativo realizado pelo inconsciente, uma consequência alucinógena de medicamentos fortes... As possibilidades para colocar a experiência de Weil num contexto bem mais profano são inúmeras. Nada mais plausível do que isso. Afinal, quem acredita mesmo em fantasmas? Ou ainda na presença amorosa real do filho de Deus em um corpo torturado?

É inegável que existem outras maneiras de encarar o acontecimento. Assim como também está na essência da dita experiência que racionalizações não são relevantes ou mesmo plausíveis para quem a vivenciou. Afinal, nada neste mundo é mais real do que uma experiência concreta. E para quem a vivenciou, por sua vez, não há experiência mais clara e mais certa em seu conteúdo.

Em outras palavras, aquilo que limita — também do ponto de vista epistemológico — testar de maneira puramente científica essas experiências místicas de transformação ou abertura é o fato de elas, a partir desse momento, passarem a formar o padrão indemonstrável de tudo que possa significar evidência, clareza, certeza e até razão. O ímpeto de comprovar seu conteúdo cientificamente parece, aos olhos daquele que foi "iluminado", tão razoável (ou, melhor, tão pouco razoável) quanto a tentativa de testar com as tecnologias mais modernas possíveis se o chamado "metro-padrão" de Paris tem realmente um metro. Quem, como Weil em novembro de 1938, viu a "luz" não precisa de nenhum físico para confirmar que ela é real e transmite calor. Esses indivíduos prosseguem vivendo como se estivessem "no seu próprio mundo", e insistem com as outras pessoas, de maneira irritante, que esse seu mundo é o único verdadeiro e exemplar.

O termo cristão habitual para esse modo de vida é "santidade". Mesmo a tradição filosófica em sentido estrito sabe de experiências com a intensidade de verdadeiras epifanias: por exemplo, na forma de uma luz ofuscante que está no fim da saída da caverna platônica; os insights meditativos de René

Descartes ou os caminhos para uma ascensão gradual do discernimento descritos metaforicamente por Ludwig Wittgenstein em seu *Tractatus logico-philosophicus*. É preciso saltar do último degrau dessa subida — sem rede nem base argumentativas — para que o mundo seja, pela primeira vez, "visto corretamente". Sim, afinal também Sartre, quer dizer, Roquentin, num estado de autodissolução altamente ambivalente, não teve a irrefutável impressão de ter chegado à essência das coisas apenas com a contingente "massa da existência"?

Quando Simone Pétrement — na condição de amiga íntima de Weil e sua posterior biógrafa — afirma que a única garantia externa imaginável a uma vivência de evidências místicas é a vida que se sucede a ela,[15] então pelo menos no caso de Simone Weil não há motivos para duvidar da veracidade de sua experiência divina.

Não que seu comportamento tivesse se alterado a partir de então de uma maneira ou de outra. Mas ele ganha nova coloração, entende-se totalmente sob o signo do amor cristão e da paixão disposta ao sofrimento: as dores de cabeça passam a ser aprovadas e celebradas como possíveis portões à transcendência, assim como a escuridão quase total das relações políticas. Weil anota em seu diário de pensamentos: "Você não poderia desejar ter nascido num tempo melhor do que este, no qual perdemos tudo".[16] Só uma pessoa que se certificou daquilo que é realmente inalienável de uma nova maneira consegue escrever essas linhas. E, a partir de então, resolve se salvar de um jeito próprio.

De volta às fontes

Em novembro de 1938, não se pode negar "que a humanidade nesse pequeno torrão Europa, que durante tanto tempo domina o mundo, está passando por uma crise profunda e grave.

As grandes esperanças dos últimos três séculos, principalmente as do último, a esperança da disseminação dos ideais iluministas, a esperança de uma vida boa, suportável, a esperança da democracia, a esperança da paz, estão em vias de se dissolver no ar diante de nossos olhos".[17]

Em face da abrangente crise civilizatória, Weil — na condição de filósofa e ensaísta — enxerga apenas uma saída verdadeiramente eficaz para salvar a cultura: segundo sua opinião, é hora de voltar não às "coisas em si", mas "às fontes em si". Ou seja, a engajadas leituras e releituras dos grandes textos fundadores da humanidade, desvelando, como arqueólogos, camada por camada, valores e impulsos básicos que tinham sido soterrados e reprimidos de maneira tão irrefutável pela cultura europeia.

A partir da própria experiência de transcendência, para Simone Weil a luta desigual contra as realidades políticas contemporâneas só pode ser vencida por meio de uma reconquista dos valores fundamentais inspirados por Deus, registrados nos testemunhos e épicos mais antigos das altas culturas da Antiguidade. Trata-se especialmente das obras de Platão e Homero, das *Upanisadas* e da *Bhagavad Gita*, bem como dos textos dos estoicos e dos evangelistas. Segundo Weil, todos ele animados pela mesma luz e que se abrem na consciência de cada um à semelhança de um prisma, de acordo com a respectiva época e o ambiente cultural. Assim como Martin Heidegger (que ela ignora de maneira sistemática) ou também Walter Benjamin (que desconhece por completo), Weil interpreta o devir da tradição ocidental em sua totalidade como um processo de longo e contínuo obscurecimento e distanciamento do essencial.

Ainda segundo ela, o ser humano conquista sua verdadeira dignidade e sacrossantidade pela abertura à luz do amor — e, com isso, a uma fonte que não é apenas de origem humana nem é apenas garantida pela humanidade. As verdadeiras fontes do nosso sentido de existência são transcendentes. E, portanto, permanecem protegidas do acesso puramente humano — principalmente do acesso da razão geral ou da razão pura (ou daquilo que se quer declarar político em determinado tempo).

Portanto, com absoluta determinação, o amor ao próximo toma o lugar da solidariedade; o amor ao inimigo, o lugar da luta de classes; a forma de vida totalmente rebaixada do "escravo", o lugar do "proletário". Como Weil escreveu na conclusão de seu diário de fábrica: no fim das contas, tudo gira em torno "da classe daqueles que *não contam* — em nenhuma situação — aos olhos dos outros [...] e que não contarão, nunca, independentemente do que aconteça, apesar dos últimos versos da *Internacional*[18] [...]. São sempre necessários, para nós mesmos, os sinais *exteriores* do próprio valor".[19]

Mas e se esses sinais exteriores desaparecerem totalmente em épocas de absoluta escuridão? Quem salva o direito humano, quem o assegura? O próprio valor? Outros seres humanos poderiam estar fazendo isso? Era possível confiar neles? Caso positivo, a partir de quais fontes e de quais maneiras? Essas são exatamente as perguntas que, em outro lugar, quase enlouqueceram Ayn Rand em 1937 e 1938.

Bloqueada

"Não recebemos permissão."[20] Por telegrama, Ayn Rand fica sabendo, em maio de 1937, do fracasso definitivo de sua tentativa de trazer os pais de Leningrado para se juntarem a ela em Nova York. Embora todos os documentos tenham sido apresentados, inclusive as passagens de navio pagas antecipadamente por Rand, as autoridades impedem a saída sem explicar os motivos. Não se tratava de nenhuma novidade. Muito menos numa época em que a arbitrariedade do regime de Stálin estava aumentando. A partir da primavera de 1937, depois dos julgamentos de fachada, partido e população passam por um processo de limpeza dos "elementos inimigos". Concretamente, isso significa que, semana após semana, milhares de pessoas são retiradas de suas casas nas primeiras horas da manhã pela polícia secreta e levadas aos porões do Comissariado do Povo para Assuntos Internos (NKVD). Lá são interrogadas e, conforme o caso, torturadas, obrigadas a confessar ou a fazer denúncias para, em seguida, serem executadas ou condenadas a anos de trabalho forçado no gulag. De acordo com um decreto especial anunciado também em 1937, tanto esposa ("cônjuge de um inimigo do povo") quanto filhos ("membros da família de um inimigo da Revolução") dos presos também podem ser condenados.[21] Vinte anos mais tarde, a Revolução literalmente come os próprios filhos.

Até hoje a fase entre 1937 e 1938 na Rússia é lembrada como o tempo do "grande terror". Nas palavras de uma testemunha de época, o cotidiano era determinado por uma atmosfera na qual "ninguém sabia a surpresa do dia seguinte. As pessoas tinham medo de conversar entre si ou de se encontrar, principalmente em famílias nas quais o pai ou a mãe já tinham sido 'isolados'".[22] Isso deve ter valido especialmente para as famílias cujas filhas emigradas para os Estados Unidos tomavam partido como escritoras e ensaístas, de modo cada vez mais veemente, contra a "experiência russa". A mera existência de Ayn já se constituía num risco palpável à sobrevivência de sua família — e ela sabia muito bem disso. Com a firmeza que lhe era característica, depois da chegada da mensagem ela interrompe todo tipo de contato. Nem mesmo o recebimento do telegrama será confirmado.

A crise familiar caminha em paralelo com uma crise criativa. Pela primeira vez na vida, Rand tem um bloqueio de escrita.[23] Há meses, seus dias de trabalho não rendem mais do que pensamentos confusos e estéreis, tentativas abortadas e esboços descartados, embora o tema, os personagens principais e as linhas narrativas essenciais do novo romance já estejam claramente fixados. Até que Rand saiba qual acontecimento conectará dramaticamente os diversos eixos no final, ela não consegue prosseguir trabalhando — não consegue nem mesmo começar. Está, segundo suas próprias palavras, "prestes a enlouquecer".[24]

Sem dúvida, o problema é ela mesma, sua própria fonte e força criativas. Tudo depende de uma ideia que vingue. Mas a vontade imperiosa, por si só, não é garantia de nada nessa área — Rand seria a primeira a confirmar isso. Ao contrário.

Hino

No verão de 1937, seu marido, Frank, está novamente escalado para o papel do gângster Guts Regan nas apresentações de *A noite de 16 de janeiro* em Connecticut. Ambos alugam uma casinha junto à costa do Atlântico. Enquanto Frank ensaia e atua, Rand quer por fim pensar em outras coisas e, principalmente, ter novas ideias na praia de Long Island.

Primeiro, mais para se distrair e liberar a criatividade, ela coloca em ação um plano antigo da época de estudante. Sobre um colchão de ar com vista para o mar, tenta elaborar uma novela distópica de ficção científica.[25] O ponto de partida é uma sociedade nos últimos estágios da coletivização total. As pessoas envolvidas não mantiveram (nem lhes foi permitido manter) a sensação de sua respectiva individualidade. Desde a mais tenra infância, doutrinado de maneira quase devocional ("Não somos nada. A humanidade é tudo. Nossa vida deve-se unicamente à misericórdia de nossos irmãos. Existimos com, para e por meio de nossos irmãos que são o Estado. Amém"),[26] cada um dos moradores do lugar fala e pensa sempre na primeira pessoa do plural, "nós". Até quando se trata dos próprios sentimentos, desejos ou medos. Pois o "Grande Conselho", que fala por todos e, portanto, tem necessariamente razão, diz: "Todos os seres humanos são um, e não há nenhuma vontade fora da vontade de todos os seres humanos juntos".[27]

O esboço de Rand se apoia até o último detalhe no romance de ficção científica *Nós*, de 1920, de seu compatriota Ievguêni Zamiátin, que circulava clandestinamente em Leningrado durante seus dias de estudante. Em vez de nomes, também na história de Rand as pessoas usam números; o coletivo, na forma do Estado, é onipotente e semelhante a Deus; todo desvio individual é severamente punido.

É como se uma janela tivesse sido aberta. Na praia de Long Island, ela precisa de menos de três semanas para colocar a novela de cem páginas no papel. Primeiro, o herói de Rand, Equity 7-2521, encontra casualmente um túnel do tempo da "Grande Revolução", onde começa a fixar pensamentos em pergaminhos roubados ("Escrever isto é pecado").[28] Logo ele estará fazendo experiências científicas com sapos e outros animais, chegando a redescobrir o milagre da eletricidade e até a inventar uma lâmpada.

Durante seu trabalho como varredor de rua, seu olhar se cruza repetidas vezes com os da camponesa Liberty 5300. À libertadora luz do conhecimento junta-se a do amor ("Trocávamos olhares e sabíamos que tínhamos sido tocados pelo bafejo de um milagre").[29] Ambos conseguem fugir para a floresta proibida dos antepassados. Juntos, iniciam uma nova vida num paradisíaco ambiente selvagem, enquanto o caminho à liberdade compartilhada encontra seu verdadeiro final e clímax com a redescoberta das primeiras palavras da linguagem humana, as mais importantes e garantidoras da liberdade: "Minhas mãos [...] meu espírito [...] meu céu [...] minha floresta

[...]. Esta terra é minha [...]. Muitas palavras me foram dadas, algumas são sábias e outras, falsas, mas apenas essas duas são sagradas: 'Eu quero'".[30]

A ressurreição revolucionária do ser humano racional autodeterminado sob as condições do coletivismo total termina, como a própria novela, "com a palavra que nunca pode morrer nesta Terra, pois é seu verdadeiro coração e o significado de sua fama. A palavra mágica: EGO".[31]

Trabalhando no mito

A autoafirmação humana baseada no "eu" se tornará o verdadeiro acontecimento sagrado, a entrada no jardim do paraíso na terra, na medida em que toda a narrativa de Rand está impregnada de temas do Antigo Testamento e da mitologia grega: a passagem à luz do outro mundo se dá através do túnel do inferno; o roubo sacrílego do fogo divino acontece na forma da descoberta da eletricidade; num lago plácido, Equity 7-2521 enxerga pela primeira vez, de maneira libertadora, seu próprio rosto. É lógico que os salvos sejam rebatizados, no fim, como Prometeu e Gaia.

Fiel ao leitmotiv da autoafirmação incondicional, Rand insere na narrativa temas de sua própria biografia de fuga. Como o herói Equity 7-2521, no momento de sua fuga da União Soviética Rand tinha vinte e poucos anos. E, no seu caso, o seu primeiro ato após a saída bem-sucedida é a mudança de nome. Ainda no navio da Estônia à Inglaterra, Alissa Rosenbaum resolve se chamar "Ayn Rand".

A escolha do prenome deve ter sido motivada por sua admiração pela escritora fino-estoniana Aino Kallas,[32] bastante popular à época, que misturava em seus livros narrativas políticas de liberdade com temas míticos do mundo das lendas nórdicas. Perguntada por um admirador a respeito da origem do nome pouco comum, Rand respondeu em janeiro de 1937: "Tenho de confessar que Ayn não é um nome existente nem inventado. O original é um prenome finlandês, que é escrito assim em russo: Аина [Aina]. Sua pronúncia, soletrada de maneira fonética, seria I-na em inglês. Como ele seria escrito corretamente em inglês eu não sei, mas decidi transformá-lo em 'Ayn', ou seja, eliminar o 'a' do fim. Pronuncio como a letra 'i' em inglês e acrescento um 'n'".[33]

"*I*" — "eu", reforçado matematicamente n vezes: um autobatizado como credo de vida. O trabalho de Rand no próprio mito de liberdade começou no dia 1 após a fuga e encontrou na novela *Cântico* uma forma que expressa "o leitmotiv, o objetivo e a verdadeira determinação da minha escrita".[34]

Nas sobreposições biográficas de *Cântico*, é convincente o fato de que Frank O'Connor e Ayn se casaram justamente quando seu visto para os Estados Unidos, renovado diversas vezes, estava prestes a expirar em definitivo em 1931. Uma decisão clássica para o *green card* que permitiu a Rand continuar trabalhando livremente no jardim do paraíso.

Arranha-céu

Com a novela encerrada, o casal retorna a Manhattan e vai morar, junto com dois gatos, no apartamento de três quartos decorado caprichosamente por Frank no Upper East Side. Para grande decepção de Rand, ela não consegue achar uma editora interessada em *Cântico*. Outros projetos teatrais bem como uma dramatização de *We the Living* não dão em nada. Além disso, ela fica sabendo que sua editora, Macmillan, sem querer destruiu as chapas de impressão do seu romance após a primeira tiragem e agora não consegue reimprimi-lo, embora as vendas estejam crescendo milagrosamente após um ano e meio de seu lançamento. Rand imagina haver uma conspiração em curso no cenário editorial "vermelho" nova-iorquino. De todo modo, a venda dos direitos de *A noite de 16 de janeiro* para o cinema resultou num alívio financeiro (5 mil dólares, correspondendo a cerca de 75 mil euros no câmbio de final de 2020).[35]

Ela ainda não avançou nem um centímetro em relação ao enredo. Enquanto isso, o relacionamento com seu "*cubbyhole*" Frank, apesar de todo o afeto, começa a se distanciar de maneira cada vez mais perceptível das idealizações de Rand. Do ponto de vista puramente prático, a vida de Frank em Nova York significa um enorme alívio; do ponto de vista da beleza da vida, uma grande decepção. Era como se a orquestra de seus sonhos simplesmente tivesse parado de tocar. Sem nenhum protesto evidente, nem ao menos um sinal de indisposição, ele assume o papel de "dono de casa" que cuida de tudo, mas absolutamente sem iniciativa em outras áreas. Além disso, não se mostra nem um pouco interessado em participar espontaneamente das fantasias de Rand, cada vez mais elaboradas, por "dominação [...] como um animal selvagem".[36] Os dois dependiam um do outro por motivos absolutamente cotidianos.

Ou seja, quem ou o que poderia livrá-la de sua profunda melancolia do outono não seria o marido nem nada que ele viesse a fazer. Frank não dispunha de um impulso condutor, um tema que unificasse sua vida, um "eu quero" autônomo na base de sua vida. Para Rand, tratava-se de uma situação inaceitável. Um tipo de erro humano primordial.

Ela, por sua vez, sabia muito bem desde a juventude que estava no mundo para moldar a alegria da própria vida e criar narrativas que mostrariam o mundo do jeito que deveria ser — e não como infelizmente era. E algo semelhante valia para seu super-herói Howard Roark, embora ele, como arquiteto, encontrasse sua felicidade na construção de edifícios nos quais as pessoas deviam morar de verdade e literalmente se sentir em casa nessa sua terra. À semelhança dos deuses e com absoluta convicção, nesses edifícios a função e a forma deveriam se fundir numa só coisa: seres humanos como arranha-céus.

Ideia incendiária

De volta à reescrita. De todo modo, Rand tinha clareza do conflito básico do romance. A ascensão e a queda de Howard Hoark deveriam apresentar, de maneira exemplar, a batalha entre o individualismo e o coletivismo numa alma humana.[37] Os eventos da política mundial em 1937-1938 vieram complicar uma vez mais a solução encontrada para o enredo. Simplesmente não era mais possível limitar o tema em seus aspectos psicológicos. Caso o super-homem Roark devesse realmente ocupar o lugar de todos os outros, a batalha por sua criação deveria ter uma motivação maior do que apenas estética e privada.

Rand continuava matutando. Para fins de pesquisa, ela começa a trabalhar, no final do outono de 1937, como secretária no escritório de arquitetura Ely Jacques Kahn Architects, especializado em arranha-céus. Apenas Ely Kahn, que foi apresentado a Rand por intermédio de conhecidos do círculo conservador, sabe de sua verdadeira missão. Em março de 1938, pouco antes do almoço, Rand pergunta ao chefe quais projetos são os mais desafiadores no momento, e Kahn responde sem pestanejar: as moradias populares. "De repente, deu um clique na minha cabeça, pois pensei ter achado um tema que era político e, ao mesmo tempo, interessava à arquitetura — e perfeito para meu objetivo."[38] Roark em meio aos programas de moradias populares, era isso!

Ainda na hora do almoço, Rand define o enredo geral: no final do romance, seu herói teria de aparecer diante do tribunal como acusado de ter explodido um conjunto habitacional modelo de moradias populares, que ele próprio havia projetado, pouco antes de seu término. Esse seria seu protesto contra as mudanças no projeto, que tinham sido impostas na fase final por um comitê externo.

Cortlandt devia existir de acordo com sua vontade estrita — ou não! Afinal, a ideia tinha sido sua. Ele havia feito o projeto, mais ninguém! Por essa razão, ele e ninguém mais podia decidir sobre o ser ou o não ser da moradia. Nenhuma forma de confisco poderia ser tolerada, principalmente quando se referia a interferências na integridade criativa da obra. Esse era o conflito do egomaníaco genial contra o comitê dos "demasiados". Perfeccionismo contra a lógica do acordo. *Prime-mover* contra *second-hander*. Roark contra o povo. Quais direitos deviam necessariamente ser salvaguardados? E de que maneira?

Ecce Homo

Rand vai seguindo a trilha metafórica colocada por Nietzsche até o núcleo mais interno do enredo. A reavaliação exemplar do cânone dos valores altruístas, que na realidade liga intimamente o cristianismo e o comunismo, só pode acontecer por meio de uma explosão. Como se lê em *Ecce Homo*, sob o título "Por que sou um destino":

> Conheço a minha sina. Um dia, meu nome será ligado à lembrança de algo tremendo — de uma crise como jamais houve sobre a terra, da mais profunda colisão de consciências, de uma decisão conjurada *contra* tudo o que até então foi acreditado, santificado, requerido. Eu não sou um homem, sou dinamite. [...]
>
> Eu contradigo como nunca foi contradito, e sou contudo o oposto de um espírito negador. Eu sou um *mensageiro alegre*, como nunca houve, eu conheço tarefas de uma altura tal que até então inexistiu noção para elas, somente a partir de mim há novamente esperanças. Com

tudo isso sou necessariamente também o homem da fatalidade. Pois quando a verdade sair em luta contra a mentira de milênios, teremos comoções, um espasmo de terremotos, um deslocamento de montes e valões como jamais foi sonhado. A noção de política estará então completamente dissolvida em uma guerra de espíritos, todas as formações de poder da velha sociedade terão explodido pelos ares — todas se baseiam inteiramente na mentira: haverá guerras como ainda não houve sobre a terra. Somente a partir de mim haverá *grande política* na terra.[39]

Nietzsche era a dinamite de Rand. Roark, seu técnico americano de explosões. Mas o que seria tudo isso caso não fosse possível fundir a grande política numa psicologia de verdadeira grandeza individual? Uma psicologia na qual a desejada descrição ideal de autonomia também se justifica de dentro para fora? Para essas pesquisas, Rand não precisava nem sair de casa. Para tanto, seu único objeto de estudo, absolutamente exemplar, era suficiente: ela própria. "A psique de Roark foi baseada na minha."[40]

Veneno do reconhecimento

Rand concebe a heroica obstinação de Roark segundo sua própria imagem psíquica. E, portanto, também tem muita certeza de onde se encontra a verdadeira condição para concretizar a autodeterminação. Um registro de seu diário:

10 de novembro de 1938

> É muito terrível ter consciência de como os outros nos veem (tanto faz se bem ou mal). Considere-se garantido [*Take yourself for granted*]. A consciência que se percebe

sozinha — sem a carga do peso de outros olhos — é a única consciência saudável.[41]

Aquilo que é considerado como severa deformação da razão humana saudável, se não um distúrbio narcisista, no mundo de Rand vale como o estado necessário, a ser alcançado, de todos os egos. Ser verdadeiramente livre significa em primeiro lugar e principalmente ser livre da presença do outro, que ainda contém uma carga normativa e que é percebida de forma mais clara nos olhos do outro, no seu olhar. Nesse sentido, Rand também usa as palavras de seu autor predileto, Victor Hugo, para falar da onipresença silenciosa, universal, das "feras dos outros".[42]

Um ideologema com consequências incrivelmente abrangentes, até filosóficas e sociais. De acordo com Rand, a pessoa que tenta conquistar sua autonomia ou apenas sua autoimagem por meio da batalha por reconhecimento perdeu essa batalha no instante que a iniciou. Em outras palavras, não há consciência feliz no outro ou por meio do outro — nem mesmo no sentido da amizade ou do amor. Pois:

> Amizade: Roark é o único capaz da verdadeira amizade, pois está em condições de enxergar os seres humanos como tais, sem pretensões egoístas [*unselfishly*], porque ele é muito egocêntrico, porque eles não são, de modo algum, parte dele. No fundo, ele não os necessita, não precisa de suas opiniões sobre si mesmo, e por essa razão pode valorizá-las no sentido de uma relação entre iguais. Roark não quer impressionar os outros ou conquistá-los porque não precisa disso.[43]

Ou seja: apenas uma pessoa como Roark pode honrar os outros — e a si mesmo — como "objetivos em si" realmente indispensáveis, visto que apenas alguém do seu tipo não sente nenhuma necessidade de usar as pessoas para objetivos próprios ou instrumentalizá-las. Ele não precisa delas psiquicamente. Nem para seu próprio valor nem para sua posição no mundo. Pois se há um pecado psicológico original no mundo que signifique a queda ao inferno dos outros e, com isso, o necessário autoengano, para Rand ele está na pergunta: o que você pensa de mim?

Amanhecer

Da mesma maneira — e ao mesmo tempo — que Simone Weil, Ayn Rand se pergunta sobre o que poderia acontecer com a dignidade humana em épocas como aquelas, caso ela estivesse totalmente fundamentada na garantia ou na ausência do reconhecimento social. A experiência de Weil faz com que ela coloque a fundamentação da dignidade numa esfera de transcendência divina, amorosa, que liberta ou cura a consciência da ilusão do ego tocado em nome de um Deus amoroso: Sou, diante de Ti, assim como todos, idealmente nada além de um recipiente sempre aberto de ativo amor ao próximo. As experiências de Rand, por sua vez, tendem a assegurar a incondicionalidade da dignidade ao equipar o eu desejante com autonomia e sacralidade divinas: Sou, assim como todos nascidos livres, idealmente um mundo inteiro e uma fonte incessante de egoísmo razoável. Porém o cenário infernal metafísico para Weil e Rand é aquele em que a responsabilidade das fontes e das certezas é confiada totalmente à esfera das outras pessoas, até de todas as outras pessoas.

Ou seja, uma consciência verdadeiramente filantrópica encontra-se num lugar que não é o olhar das outras pessoas. No caso de Weil, está no amor de Deus. No caso de Rand, no egoísmo divino. E, para Rand, no caso ideal de Roark, está sempre focado no alcance de objetivos autoimpostos, concretos. Em realidade, ele pensa tão pouco em si quanto em outras pessoas, e apenas naquilo que quer alcançar de maneira razoável em cada momento. No caso ideal, existe apenas uma ação pura. Trata-se da consciência de uma alegria de viver apreciada de maneira genuína — e descreve um estado que, alcançado e estabilizado, constitui-se no propósito explícito de todas as grandes doutrinas de sabedoria. As representações mais usuais desse estado mostram as pessoas com um sorriso delicado, relaxado.

Faz sentido que Rand, na condição de nietzschiana, dê um passo além à medida que transforma esse sorriso numa risada escancarada, autoconsciente, e a coloque bem no início do seu romance — entrelaçada com a descrição de um estado de consciência totalmente límpido, ilustrado pela imagem de um lago. *A nascente* começa assim:

HOWARD ROARK RIU:

Ele estava nu, parado à beira do penhasco. O lago se estendia muito abaixo. Uma explosão congelada de granito se projetava rumo ao céu, sobre a superfície do lago. A água parecia imutável; a pedra, fluída. A pedra possuía a imobilidade de um breve instante na batalha, quando ímpetos opostos se confrontam e as forças mantêm-se suspensas em uma pausa mais dinâmica que o próprio movimento. E brilhava, úmida, com os raios de sol.

O lago abaixo era apenas um fino anel de aço que cortava as rochas ao meio. Elas submergiam nas profundezas, imutáveis. Começavam e terminavam no céu, de modo que o mundo parecia suspenso no espaço, uma ilha flutuando no vazio, ancorada aos pés do homem no penhasco.[44]

O mundo como ilha do ego — mantido apenas por um ser humano que está no penhasco, pronto para saltar numa nova vida. A partir daí, mesmo com o início de 1939, não havia nenhuma tarefa que Ayn Rand não se sentisse capaz de enfrentar.

Rua de mão única

Take yourself for granted... pelo menos Walter Benjamin detestou a nova língua desde o primeiro dia. Mas não havia saída. Até em seu minúsculo apartamento na Rue Dombasle 10, quartel-general não oficial da "tribo" parisiense, as pessoas se reuniam noite após noite, tomavam chá, jogavam xadrez e ensinavam inglês umas às outras. Como se a tarefa fosse adaptar fielmente um script berlinense dos anos 1932 e 1933, as relações na capital francesa se tornavam cada vez mais sufocantes. Com a diferença decisiva de que nenhum país no continente europeu poderia ser considerado seguro para os judeus em fuga.

Uma nova leva de refugiados apareceu principalmente após a "anexação" da Áustria ao império de Hitler, em março de 1938. Ao confiscar in absentia a cidadania de 20 mil judeus, o governo de Varsóvia procurava impedir seu retorno à Polônia. O endurecimento das leis de permanência em maio na França também foi abertamente dirigido aos novos movimentos de refugiados. Em 1938, cerca de um décimo dos 4 milhões de habitantes de Paris eram estrangeiros — entre eles, 40 mil refugiados judeus. Os meios de comunicação franceses responsabilizavam esse grupo pelas crescentes tensões nas políticas interna e externa da *Grande Nation*; a difamação foi explicitamente apoiada pela imprensa alemã. As primeiras ondas de prisões e expulsões entre os refugiados — bem como suicídios movidos pelo desespero — aconteceram no decorrer da primavera de 1938. Ao mesmo tempo, Adolf Eichmann montava na Áustria anexada um Escritório Central para Questões de Emigração, cujos objetivos e práticas, a mando dos nazistas, acabariam sendo expandidos sucessivamente também para outras áreas.[45]

Num capítulo recém-escrito do livro sobre Varnhagen, quando Arendt cita a heroína com as seguintes palavras: "Como é desagradável ter de se legitimar o tempo todo", ela está descrevendo ao mesmo tempo o núcleo obscuro de sua própria situação de vida, tanto do ponto de vista psicológico quanto administrativo. Nada mais abissal ou absurdo do que o pensamento de se sentir "garantida" [*for granted*], na condição de judia alemã, em Paris de 1938.

Encorajada por Benjamin a retomar a obra inacabada, os pensamentos de Arendt sobre Rahel nos dois capítulos finais do livro giram em torno da conquista de uma identidade viável sob as condições de uma sociedade em sua maioria não judia, nitidamente antissemita do ponto de vista estrutural. E em relação às antigas passagens de Berlim, eles trazem um tom mais ácido, notadamente mais beligerante.

As mentiras mais elementares

Na análise do caso Varnhagen, Arendt aplica a diferenciação estabelecida pelo sociólogo francês Bernard Lazare (1865-1903) entre *pária* e *parvenu*. Devido a um pertencimento por nascença a um grupo estranho, o pária assume uma posição social de exclusão, enquanto o *parvenu* se caracteriza, como alpinista social, pela superação exitosa das barreiras e dos limites impostos a ele no decorrer de sua biografia. Assim também Rahel, que, como filha de um banqueiro judeu na época do romantismo alemão, chega aos círculos nobres por meio do casamento tardio com o diplomata Karl August Varnhagen von Ense, alçado à nobreza prussiana. E, por fim, com a conversão ao cristianismo, ela se distancia totalmente de suas raízes judaicas.

Segundo Arendt, esse ocultamento das próprias origens de pária é impossível; mais ainda, essa investida traz o custo da dissimulação e da anestesia duradouras. Afinal, o preço psicológico para uma completa "assimilação à cultura hospedeira alemã" seria adaptar totalmente seu "gosto, sua vida, seus desejos" e de maneira a negar qualquer escolha diante de toda escolha. Nas palavras de Arendt, trata-se de "uma mentira muito mais elementar do que simplesmente hipocrisia".[46]

Semelhante ao fenômeno dos "*second-handers*" — do qual Ayn Rand se serve a partir do exemplo de sua vizinha Marcella Bannett como chave de sua crítica à alienação, inspirada em Nietzsche —, para Arendt, o tipo do assimilado (judeu) extremamente exitoso se torna exemplo modelar de uma heteronomia heteronomicamente determinada de ponta a ponta, que no caso extremo penetra tão profundamente no próprio interior que a pessoa em questão não a percebe mais como tal. Ou seja, quanto mais a máscara está aderida, mais a cegueira para as verdadeiras fontes do próprio eu avançou. Por essa razão, tendo em vista a vida *parvenu*, Arendt também fala do "grande veneno de toda percepção e aparência".[47]

Se houver restado uma fagulha que seja de alerta para — nas palavras de Rand — o próprio "*sense of life*", o *parvenu* suspeitará ou tomará consciência de maneira chocante através de experiências-chave, "que aquilo em que ele se tornou é algo que basicamente não desejava tornar-se, pois não poderia tê-lo desejado".[48]

Riqueza salva

No fim das contas, o que salvava Rahel da cegueira total, no estilo *parvenu*, em relação ao olhar para si mesma e para o mundo era uma suscetibilidade muito especial, que a própria Rahel chamava de seu "maior e inexprimível erro": "Eu posso antes ferir meu próprio coração do que ofender ou ver outra pessoa ferida".[49]

Para Arendt, essa sensibilidade para os anseios do próximo imediato, instintiva, mas de todo modo pré-reflexiva, descreve o verdadeiro centro da natureza do pária. Além do mais, "a dignidade humana, o respeito à pessoa que o pária descobre instintivamente é o único estágio preliminar natural para o conjunto da estrutura moral universal da razão".[50]

Como num diálogo aberto com a filosofia da moral de Immanuel Kant, Arendt coloca a base de sua própria ética da verdadeira autodeterminação na presença do outro. Pois a "consideração à lei em mim" de Kant não serve mais como fonte de autonomia e dignidade humana, mas sim a espontaneidade preservada de se deixar tocar pela feição sofredora do outro no direcionamento da própria vontade. Para Arendt, as duas verdadeiras fontes de nossa existência moral são a *gratidão* pela existência de outras pessoas no mundo e a *consideração* ativa por sua fragilidade sempre presente. E, no contexto concreto, o fato de essas duas disposições serem originalmente estranhas à essência da figura ideal sobre-humana de Ayn Rand, Howard Roark, não é resultado fortuito da exposição escolhida nem da sua orientação filosófico-sistemática.

No mundo de Arendt, um ser como Roark personifica de maneira exemplar os valores do *parvenu*. Numa passagem do capítulo de Paris em Varnhagen: "[o *parvenu*] não deve ser agradecido porque deve tudo a seus próprios esforços; não deve ser considerado por 'uma pessoa' porque deve estimar a si próprio como um super-homem da eficiência, um espécime da humanidade especialmente bom, forte e inteligente, um ídolo para pobres irmãos párias".[51]

No caso de Rahel, a heroína de Arendt, nada é realmente uno. No decorrer de sua formação biográfica, tudo é visivelmente inconclusivo, distorcido, "mais ou menos", supostamente inconsequente e, no melhor dos sentidos, desesperançado ("Posso jurar a Deus todo-poderoso que nunca em minha vida superei uma fraqueza").[52] Sua salvação como "ser humano" em situação e tempo obscuros é justamente a abertura constante para o caminho do autoconhecimento e do amor ao mundo. Um último caminho filosófico, que se mantém aberto ao pária de maneira especial. Pois a brecha de Rahel é "a própria brecha através da qual o pária, precisamente porque é um proscrito, pode ver a vida como um todo, e o próprio caminho pelo qual o pária pode atingir seu '*grande* amor pela existência livre'. Se desdenha, embora incapaz de revoltar-se como indivíduo contra o todo da sociedade, a alternativa de tornar-se *parvenu*, e é recompensado por suas 'situações desventuradas' com uma 'visão do todo', sua única esperança digna, 'porque tudo está relacionado; e na verdade tudo é suficientemente bom. Essa é a fortuna salva da *grande* falência da vida'".[53]

Ética da tribo

Aquilo que Arendt escreve em seus capítulos parisienses de Rahel vai bem além da trivialidade (com certeza a enfatizar); justamente ao outsider social abrem-se perspectivas especialmente interessantes relativas às dinâmicas no suposto centro. Ela formula aqui, de maneira velada, um ideal de vida e também de pesquisa com forte tom político e que orientava toda a "tribo de Paris": preservar, a partir de uma posição de absoluta opacidade e não pertencimento (do ponto de vista psicológico, político, social, profissional), a capacidade de se deixar tocar, afetar e reconhecer por este mundo e pelas pessoas dentro dele. No caso da prática da escrita, foi possível reunir à moda de "sucateiros" e de "toupeiras" (Benjamin) todos aqueles testemunhos de párias que ao menos apontam uma saída da escuridão na medida em que explicam aos contemporâneos como foi possível ingressar no obscurecimento do humano que notadamente estava em curso. Pois — como Benjamin formulou ao amigo pensador Gershom Scholem, que em 1938 estava em Nova York para pesquisar — justamente "essa época, que impossibilita tantas coisas, com certeza não impede que na trajetória histórica do Sol uma luz correta recaia sobre essas coisas".[54]

Muitas pistas, senão quase todas, conduzem ao século XIX; era preciso descobrir e iluminar esses começos.[55] E não no sentido de um interesse acadêmico de pesquisa, mas de uma missão conjunta. Durante esses meses tenebrosos, Benjamin trabalha intensamente em ensaios sobre Kafka e Baudelaire e na obra sobre o surgimento das passagens comerciais de Paris; o trefilador Blücher, na conversa com os seus, atua na salvação de Marx e Engels, sequestrados por *parvenus*; Arendt dedica-se à sua Rahel e à história muitas vezes distorcida da assimilação judaica — e, com isso, também a um tipo de pré-história do sionismo como movimento político.

Esse "etos" tribal conjunto originou, também para a prática cotidiana, máximas de ação bastante precisas, como: necessariamente tomar partido, mas não pertencer por completo a nenhum partido — seja o comunista, seja mesmo o sionista. A reconhecida impossibilidade de o "indivíduo revoltar-se contra o todo" não deveria de modo algum levar à disposição de subjugar a autonomia do próprio pensamento à ditadura de uma "lógica partidária" necessariamente tuteladora.

Nenhum fim justifica um meio se esse meio, como ato, acaba por trair o fim em si. E qual o fim da ação política senão garantir a espontaneidade autônoma do próprio pensamento? Em vez de se organizar como partido ou coletividade própria, a "tribo de Paris" se tornou um restrito grupo de amigos, cujos membros mais cultivavam sua crescente marginalização do que dela reclamavam. Além disso, tratava-se de um grupo cujas forças de ligação não eram pertenças de nascença, mas promessas firmadas. E a principal promessa (justamente em tempos sombrios, a única maneira possível) era a de moldar o futuro com as próprias mãos.

Não faltavam pressões externas sobre a existência. Assim como não havia nenhum motivo para uma romantização da crescente fragmentação da própria existência. "Afinal, a muito louvada liberdade do proscrito em relação à sociedade raramente era mais do que o direito totalmente livre de sentir desespero por ser 'exatamente nada'."[56] Entretanto, sem um fundo de proteção mínimo, nenhum ser humano consegue viver ou mesmo pensar livremente. E em 1938 esse fundo começou a ser desmontado, pedaço por pedaço, também na França. Como a Aliá da Juventude havia transferido seu escritório central de Paris para Londres, até Arendt está ameaçada de perder o emprego. A cada nova lei, a tríade da sobrevivência formada por documentos de trabalho, de estadia e de identidade é cada vez mais difícil de ser reunida. Quem comparecia voluntariamente num órgão público com papéis vencidos arriscava ser deportado. Quem não o fazia e era flagrado, também. Para vidas em grande medida voláteis, como as de Blücher e Benjamin, com seus atestados especiais de *"réfugiés provenants d'Allemagne"* que deviam ser renovados regularmente, isso logo se tornou uma preocupação diária.

Era quase impossível deixar o país. Entretanto, Benjamin o faz em 1938, atendendo a um convite de Bertolt Brecht de alegrá-lo em seu exílio na Dinamarca com as habilidades enxadrísticas recém-aprimoradas com Arendt. Esta última ousa vez ou outra visitar uma antiga amiga da família em Genebra, Martha Mundt, também para preparar a vinda da mãe (que não se sentia mais segura em Königsberg) a Paris.

Além disso, com o fracasso da solução de dois Estados, proposta pelos britânicos — com Jerusalém mantida como protetorado da Grã-Bretanha —, a situação na Palestina se agudizou claramente, conduzindo a um tipo de guerra civil entre judeus e árabes. "No que se refere aos judeus", Arendt, de Genebra, escreve em 22 de outubro de 1938 a seu "Stups", em Paris, "estou muito preocupada por causa de Jerusalém e por todo o resto. As coisas podem ir *tããão* mal lá que dá quase para se alegrar de novo."[57] A voz de Rahel, a naturalidade de Arendt. Inquebrantável por nada nem ninguém em sua afirmação fundamental da vida. Uma dádiva de espontaneidade natural.

Dependência anormal

Personalidades de outro tipo, como o amigo da casa "Benji", não estavam sendo capazes de se manter tão aprumados. Em 4 de fevereiro de 1939, ele relata ao amigo Gershom Scholem, que está em Jerusalém: "A chegada do inverno foi acompanhada por um período de depressão prolongada, da qual posso dizer *je ne l'ai pas volé* [não a roubei]. Muitas coisas contribuíram. Primeiro me vi confrontado com o fato de meu quarto ser quase imprestável para trabalhar no inverno; no verão, tenho a possibilidade de, com a janela aberta, manter os ruídos do elevador abafados pelas ruas parisienses; nos dias frios de inverno, não...".[58]

Além disso, havia desentendimentos com Adorno e Horkheimer, do Instituto de Pesquisa Social, na distante Nova York, seu último empregador. Apesar disso, o trabalho tinha de prosseguir, o que não era fácil, "pois o isolamento, no qual vivo aqui, e especialmente trabalho [...] cria uma dependência anormal da aceitação daquilo que faço".[59]

Em junho de 1939, não resta também a Scholem, em Jerusalém, nada mais do que reportar ao amigo sobre o "obscurecimento e a paralisia flagrantes" do seu estado de espírito: "Afinal, é impossível *não* refletir sobre nossa situação, embora com o 'nossa' eu não esteja me referindo apenas a nós, palestinos. A terrível catástrofe do judaísmo nesse último meio ano, de dimensão quase incompreensível, essa total falta de saída de uma situação na qual saídas só são encontradas para nos ridicularizar (como o humilhante 'projeto' de enviar os judeus à Guiana Britânica para 'colonização'), tudo isso acaba por se abater sobre a pessoa certo dia e daí o astral elevado se foi [...]. Para mim, a degradação da Palestina é o cenário de uma guerra civil, por fim, mais uma chance perdida entre tantas [...]. A chance de salvar uma colônia palestina viável[60] da próxima guerra mundial é ameaçada tanto por nós mesmos quanto pelos ingleses e árabes. Também entre nós surgem coisas terríveis, e estremeço quando tento pensar em quais podem ser as consequências. Vivemos no terror; a capitulação dos ingleses diante dele faz com que os loucos entre nós acreditem ser essa a única arma com a qual podemos alcançar algo mantendo ilesas nossas condições especiais".[61]

Como único raio de luz nesses meses, Scholem cita o livro de Hannah Arendt, por ela enviado, "sobre a Rahel". Ele diz ter gostado *muito*, e considera a obra "uma excelente análise daquilo que aconteceu naquela época, e mostra que uma ligação construída sobre falsidade, como essa por lado dos judeus alemães com a 'cultura germânica', não poderia terminar sem desgraça [...]. Pena que não vejo como o livro possa ser publicado".[62]

Se não era possível colocar a própria vida em segurança, então ao menos os próprios escritos. Seguindo o exemplo de vários anos de Benjamin, Arendt havia enviado seu manuscrito sobre Rahel[63] para o arquivista Scholem — e, secretamente, deveria estar torcendo para que ele pudesse, a partir da Palestina, agilizar uma publicação. Nenhuma chance. Também lá o cotidiano e a reflexão eram dominados por questões de pura sobrevivência.

Ambicionando uma futura "vida livre", a máxima naquela "primavera especialmente gelada" também do ponto de vista meteorológico — como Benjamin se queixa — só pode ser colocar a maior quantidade de água salgada entre si e a velha Europa. Entretanto, também nesse sentido todas as saídas para o futuro pareciam fechadas. Caso não fosse convocado aos Estados Unidos por uma universidade ou instituição similar, o tempo de espera por um visto para o país era "de quatro a cinco anos". Um período absurdamente longo para pessoas que, na realidade, não sabiam o que os próximos quatro meses ou até as próximas quatro semanas lhes reservavam.

De todo modo, nessa primavera Blücher e Arendt finalmente encontraram um apartamento para eles — para o qual a mãe de Arendt, Martha Beerwald, fugida de Königsberg, também vai se mudar em abril de 1939. Certamente não para o prazer de Blücher nem mesmo para o de Arendt. O que mais podia ser feito? Afinal, existem obrigações morais que vão muito além da pura espontaneidade da promessa. E aquelas em relação à própria mãe, ao menos para Arendt, simplesmente faziam parte desse grupo.

Sem futuro

"Durante o ano inteiro, tentara ainda encerrar-me no presente, aproveitar todos os instantes",[64] recorda-se Simone de Beauvoir. Na primavera de 1939, entretanto, essa postura por fim chega ao seu limite. Principalmente porque a relação de Sartre e Beauvoir, nesse momento, é quase tão complexa quanto a situação política do mundo em geral. Após três anos juntos em Paris, a constelação triangular Sartre-Beauvoir-Olga havia se transformado em polígonos várias vezes sobrepostos eroticamente. A partir de cronogramas detalhados, Beauvoir mantém, em paralelo a seu vínculo com Sartre, relações com Olga (à época num relacionamento estável com o "pequeno Bost"), com o "pequeno Bost" (sem que Olga pudesse ficar sabendo) e com uma ex-aluna do ano anterior em Paris, Bianca Bienenfeld, de dezoito anos (que desde o início de 1939 também se relaciona com Sartre). Além disso, Sartre mantém um relacionamento estável com Wanda, a irmã mais nova de Olga (a quem Sartre omite a existência de todas as outras relações). E tanto Beauvoir como Sartre começam a investir em mais uma relação com uma antiga aluna, chamada Natalie Sorokin. E essas são apenas as ligações que apresentam continuidade.

Exatamente como reza o pacto firmado havia dez anos, nas cartas que escrevem um ao outro, Beauvoir e Sartre não resguardam nenhum detalhe relativo a seus amantes, mesmo o mais desonroso. O impulso de Beauvoir de "aproveitar cada instante" sem verdadeiramente se arriscar como ser humano, tendo em vista o futuro sombrio, e que pautou sua vida por muitos anos, gerou, em outras palavras, um emaranhado cotidiano de relacionamentos totalmente assimétricos e de dependências que não permitem nenhuma descrição benevolente.[65]

Possivelmente essa situação abarcava tudo o que destacava o autêntico literato — ou a autêntica literata — da grande massa de autores: a vontade, depurada de todas as dimensões éticas, de colocar cada experiência, cada relacionamento, cada vivência a serviço de uma possível ficcionalização. Ou seja, tudo é instrumentalizado como meio para alcançar o verdadeiro objetivo de vida.

Moralizar a própria existência não era assunto para Sartre. No caso de Beauvoir, a coisa é um pouco diferente. O triângulo de mentiras com Olga e o "pequeno Bost" a sufoca cada vez mais.[66] De início, isso se deve menos a escrúpulos puramente éticos em relação a Olga e mais à paixão profunda de Beauvoir por Bost, de caráter principalmente sexual. Ela lhe assegura, carta após carta: "Tenho apenas *uma* vida sensual, e é com você".[67] E prossegue dizendo que continua mantendo relações físicas com Sartre, "mas apenas raramente, e mais por carinho mútuo — não tenho certeza de como dizer —, mas não me entrego totalmente porque ele também não o faz".[68]

Desde a primavera de 1939, Bost está integrado ao serviço militar. No caso de a guerra irromper, Sartre também seria convocado de imediato. Para Beauvoir, esse conflito supostamente inevitável ameaça roubar dela o centro intelectual e o sensual de sua existência. E daí, o que seria dela? Quem ou o que a seguraria neste mundo?

Em 6 de julho de 1939, quando sobe no trem para Amiens a fim de visitar Bost, que está estacionado na cidade, Beauvoir escreve para Sartre uma série de cartas que transmitem uma imagem representativa da situação de sua vida na época.

6 de julho de 1939

Criatura pequena muito querida,

[...] no Flore, encontrei uma Kos. muito nervosa [Olga], que tinha acabado de levar Wanda embora; tínhamos dado uma volta [...] conversamos sobre nossa relação, pela qual ela está colossalmente encantada; daí fomos ao Capoulade e ela falou sobre Bost [...]. No geral, quando se mostra em seu melhor ângulo, animada, carinhosa e dócil, ela parece extremamente interessante e até atraente, mas não simpática. Nos despedimos carinhosamente na escada do metrô Saint-Michel, e provavelmente teremos um relacionamento idílico no próximo ano [escolar] [...].[69]

[...] estou melancólica, dormi muito pouco nesses dias, sinto-me cansada; recebi uma primeira advertência sobre os impostos, que devem chegar a 2,4 mil francos, e ontem

Kos. me pediu trezentos francos para dívidas e aluguel, para os quais eu não estava preparada [...]. Kos. conversou longamente sobre Bost; não tenho dor na consciência por causa dela, mas uma sensação de deslealdade e futilidade, que desaparecerá quando eu vir Bost, mas que acaba com qualquer vontade de viajar [...].[70]

E dois dias depois, de Amiens:

8 de julho de 1939

[...] Às onze horas Bost teve de vestir novamente seu uniforme, acompanhei-o até a caserna e fui para casa. Ele estava muito simpático, mas profundamente abatido, e eu também estava um pouco; a sensação é de fratura, não dá para conversar nem ficar junto de verdade com a pessoa, e ao mesmo tempo são as últimas horas da visita, tudo é sem futuro e, de maneira sombria, isso resulta em indiferença.[71]

Beligerante

Vida fraturada, últimas horas, indiferença sombria — o estado de espírito de toda uma nação. Para Beauvoir, entretanto (suas cartas mostram claramente), a visão do abismo desse verão também guarda algo salvador. Nunca ela trabalhara tão bem, nunca tinha estado tão próxima ao ideal de sua escrita. Há meses se dedica alucinadamente a um romance que deve conter a soma filosófica de seu pensamento até então. Por orientação de Sartre, a obra se mantém muito próxima das suas próprias experiências de vida. Mas seu núcleo filosófico é aquela tensão que, aos dezenove anos, Beauvoir confidenciou ao seu diário como a questão-chave de seu pensamento: "a oposição entre o eu e os outros".[72]

Tudo em sua situação de vida aponta para isso. Não apenas que Sartre e ela vivenciam a tensão entre total monopolização e fria rejeição também no próprio relacionamento. Segundo Beauvoir, na figura amorfa de uma guerra no horizonte concentram-se, de maneira singularmente clara, as duas humilhações centrais de cada consciência em formação: de um lado, o conhecimento da própria finitude; de outro, o conhecimento da existência de outras consciências: "Como a morte, de que se fala sem nunca a ver de frente, a consciência de outra pessoa permanecia para mim um 'dizem que'; quando me ocorria realizar-lhe a existência, sentia-me às voltas com um escândalo da mesma ordem que a morte, igualmente inaceitável; este podia, de resto, compensar absurdamente aquele: tiro a vida ao Outro, e ele perde qualquer poder sobre o mundo e sobre mim".[73]

A extinção do outro para a salvação do suposto ser próprio. Politicamente, isso significava o desejo por guerra. No contexto privado, porém, o desejo por morte — e está colocada a trama de um romance filosófico de formação muito particular. Beauvoir trabalhava nele desde outubro de 1938 com um desconhecido fogo interno: "Eis enfim que, ao começar um livro, tive a certeza de que o terminaria, de que seria publicado".[74]

Retratos fiéis

Originalmente, uma versão ficcionalizada de Simone Weil deveria servir de vítima do assassinato perfeito — no universo intelectual de Beauvoir, sempre a "grande outra" até aquela data. "Por causa do prestígio remoto que tinha a meus olhos, pensei em erguer diante de mim uma protagonista inspirada em Simone Weil."[75] Aqui também Sartre ofereceu uma sugestão decisiva. Ele argumentou que, na condição de outra consciência intolerável, Olga era muito mais adequada no contexto da ação, quase perfeita tipologicamente falando:

mais jovem, mais decidida, de humor mais instável, mais obstinada, mais egocêntrica.[76]

Beauvoir iria apresentar a batalha de sua consciência pela autenticidade a partir da constelação triangular com Olga, tanto desfrutada quanto tolerada já há alguns anos, e assim formatar o tema filosófico de sua vida em um romance. E exatamente como Ayn Rand pôde afirmar, cheia de orgulho, que o objeto psicológico de pesquisa para seu herói Howard Roark foi simplesmente ela mesma, também a heroína de Beauvoir, a dramaturga e futura autora Françoise, foi criada segundo o próprio reflexo psíquico da autora. No romance, Olga é Xavière, aluna de artes cênicas; Sartre, o genial diretor de teatro Pierre; o cenário é transposto de Rouen para a cena artística e dos bares parisienses de 1938. O esquema condutor era abstrato, mas as ações reais, insuperavelmente reais. A princípio, condições ideais. Beauvoir enxerga de maneira muito clara principalmente os aspectos filosóficos da constelação de tensões a ser desenvolvida. Seria uma tipologia de três diferentes sábios, nos quais uma consciência se colocaria na óbvia realidade de outras consciências.

A heroína Françoise (Beauvoir) personificava nesse esquema o tipo de consciência quase imaculada: "Ela acreditava ser uma pura consciência, a única; associara Pierre à sua soberania: juntos achavam-se no centro do mundo que ela tinha por missão imperiosa revelar".[77]

Essa consciência se compreende como absolutamente pura do ponto de vista filosófico triplo: primeiro, não se mostra manchada, obscurecida ou insegura pela influência de outras consciências. Segundo, ela é pura em seu afã de descobrir o mundo da maneira como ele se oferece e se apresenta. Terceiro, é pura também no sentido de que essa consciência em sua desejada neutralidade não age avaliando, mas descrevendo — principalmente ao renunciar a tudo que costuma ser chamado de subjetividade: "O mal do privilégio estava em que, confundindo-se com tudo, ela não possuía, a seus próprios olhos, figura definida".[78] A partir de seus extensivos estudos sobre Husserl, em outras palavras Beauvoir apresenta sua Françoise como personificação exemplar de uma consciência determinada de maneira puramente fenomenológica e, desse modo, aberta às experiências, no melhor sentido, que procura e encontra o centro de seu sentido não em si, mas no mundo. A fenomenologia se transforma em psicologia; a epistemologia, (por baixo do pano) em estudo concreto de caráteres.

A consciência de Xavière (Olga) é concebida como antípoda direto de Françoise. Em vez de aberta ao mundo e neutra, ela permanece egocentricamente fechada em si mesma. Em vez de estar sempre alegre e pronta a aproveitar a vida, ela se mostra temperamental e oscilante. Em vez de ser focada e amar a verdade, ela é dispersiva e preconceituosa: "Encarnei em Xavière a opacidade de uma consciência fechada em si mesma".[79] Esse retraimento peculiar no caso de Xavière vem junto com um delineamento claro e uma resistência difícil de ser superada como pessoa. Filosoficamente falando, sua consciência personifica a postura de um ceticismo incitado pelo medo, que não quer conhecer — e, principalmente, reconhecer — nenhum acesso ao mundo a não ser aquele que é seu desde sempre.

Por fim, como terceira no jogo, Elisabeth toma a posição de uma consciência que se supõe profundamente heteronômica. No livro, ela é apresentada como a irmã de Pierre e pintora diletante.[80] Em seu acesso ao mundo, Elisabeth não é neutra em sua franqueza nem espontaneamente teimosa, mas controladamente cínica e desdenhadora do mundo. Não muito diferente da Rahel Varnhagen de Hannah Arendt, que procura por reconhecimento de maneira *parvenu*, Elisabeth — nas palavras de sua criadora — "andava à cata de emoções, de convicções que lhe parecia não sentir nunca de verdade; censurava-se essa incapacidade, e o desprezo em que se mantinha acabava de devastar o mundo [...] a verdade do mundo e de seu próprio ser pertencia a outros: a Pierre, a Françoise".[81] Elisabeth sabe que, em realidade, é estranha demais para si mesma a ponto de algum dia conseguir se conhecer e se reconhecer por completo. Essa tarefa pode ser cumprida apenas por outros em seu nome. Saber disso é sua infelicidade.

Como três bolas de bilhar numa mesa sem caçapas, Beauvoir deixa suas personagens se chocarem entre si algumas vezes — com Pierre (Sartre) sendo, por assim dizer, a intocável bola preta no jogo, como verdadeiro iniciador e prêmio das carambolas.

Guerra dos mundos

Ao longo de 450 páginas, o romance *A convidada* se desenvolve como variação constante do diálogo sobre um único tema: a condição para a possível e verdadeira autodescoberta em face dos outros. Um excerto representativo:

> [...]
> — Poderei algum dia ler seu livro? — perguntou Xavière.
> — Certamente. Quando quiser, mostro-lhe os primeiros capítulos.
> — Qual é o assunto? [...]
> — É sobre minha juventude. Gostaria de explicar no meu livro por que razão somos tantas vezes infelizes quando jovens.
> — Acha que somos infelizes?
> — Você não... Você é uma alma pura. Mas veja — disse, refletindo —. Quando somos crianças, resignamo-nos facilmente a que não nos deem muita atenção. Depois, aos dezessete anos, tudo muda; começamos a querer existir

de verdade. E, como dentro de nós nos sentimos iguais ao que éramos antes, apelamos estupidamente para certas garantias exteriores.

— Como? Não percebo.

— Começamos a procurar a aprovação das pessoas, a escrever nossos pensamentos, a nos comparar com certos modelos já aprovados. Olhe o caso de Elisabeth: de certa maneira ela nunca ultrapassou esse período. É uma eterna adolescente. [...] Elisabeth nos irrita porque nos escuta servilmente, porque está sempre fazendo pose. Mas, se tentarmos compreendê-la com certa simpatia, veremos em tudo isso um esforço desajeitado para dar à sua vida e à sua personalidade um valor seguro. Mesmo o seu respeito pelas formas sociais, o casamento e a fama, representam também um aspecto dessa preocupação.

O rosto de Xavière fechou-se.

— Ora, Elisabeth é molenga e vaidosa. É tudo!

— Não, não é tudo. Precisamos compreender a origem de seus atos.

— Para que serve tentar compreender certas pessoas, se elas não valem o nosso esforço? — perguntou Xavière, encolhendo os ombros.

Françoise reprimiu um movimento de impaciência, pensando que Xavière se sentia lesada quando se falava de alguém com indulgência ou mesmo simplesmente com imparcialidade.

— De certa maneira, todas as pessoas valem o nosso esforço [...].[82]

Françoise como consciência da compreensão pura, benevolente; Xavière como consciência narcisisticamente encapsulada da autoafirmação proativa; Elisabeth como consciência deformada por falsos impulsos de reconhecimento da inautenticidade percebida. Cada um observa e vigia o outro, cada um se torna uma pergunta aberta ao outro e uma contrariedade insultante. Um triângulo infernal de densidade dramática, que não permite antever uma saída feliz,[83] não pelo lado de Françoise.

Profundamente irritada pelo desejo, pela rivalidade e fundamental alteridade de Xavière, Françoise perde no decorrer da narrativa sua posição de consciência pura, precisa reconhecer o vazio fáctico do seu eu e logo se vê à mercê de uma situação que Beauvoir, como autora que existe na realidade, descreve da seguinte maneira: "Então tinha um perigo à espreita, esse mesmo que desde minha adolescência eu procurava conjurar: outra pessoa podia não somente roubar-lhe o mundo, como igualmente apossar-se de seu ser e enfeitiçá-lo. Com seus rancores, seus furores, Xavière desfigurava-o [o mundo de Françoise]".[84]

De modo exemplar para essa consciência a caminho de si mesma, as heroínas do romance, no limiar do incêndio mundial, fazem sua própria "guerra dos mundos".[85] Guerra essa que, de acordo com sua natureza, também só pode chegar ao fim com o extermínio total do outro.

A nova situação

Entretanto, o fato de Beauvoir, aos trinta anos de idade, sentir-se suficientemente prezada como mulher e como intelectual não significava que suas batalhas pessoais por reconhecimento tivessem se encerrado. Ao contrário. Com a publicação de *A náusea* (antes, *Melancolia*) na primavera de 1938, Sartre havia se transformado na nova estrela da literatura francesa. Satisfeitos, os críticos chegaram a comparar sua obra e seu estilo com os de Kafka. Ao mesmo tempo, o livro de contos de Beauvoir é recusado em definitivo pelos responsáveis das editoras Gallimard e Grasset. Profundamente magoada, ela impede que Sartre continue apresentando o manuscrito para publicação.

Enquanto ele chega a desfrutar daquilo que se chama de um "nome", ela continua sendo uma anônima literária e, na perspectiva da cena literária, existe a ameaça de ser reduzida ao papel de "mulher ao seu lado" — o clichê está pronto faz tempo. Por essa razão, era lógico que Beauvoir tematizasse minuciosamente a batalha do seu eu com o outro, também como tensão determinante de ambos os papéis de gênero. A posição de largada, com a qual o homem entrava no jogo dialógico da autodescoberta, não era completamente diferente daquele da mulher? Nessa batalha por reconhecimento, a mulher não comparecia de antemão como um tipo de pária?

Assim como Hannah Arendt registra em sua investigação sincrônica sobre Rahel que uma judia, sob as condições de um antissemitismo social demasiadamente real, "só pode realmente se assimilar quando também assimila o antissemitismo dos outros", o observatório de Beauvoir anuncia que cada assimilação consciente dos papéis sociais que desvalorizam as mulheres a priori só poderia significar a concomitante internalização de sua misoginia.

Em vez de "a mulher" e "o homem" terem pesos iguais na esquematização do "eu" e do "outro", a situação sempre foi determinada por uma alteridade abertamente desvantajosa — aquela do papel do segundo sexo ou do "outro sexo". Para trabalhar nesse pensamento potencialmente revelador da sociedade, Beauvoir necessitaria de mais dez anos e da experiência de mais uma guerra mundial. Por fim, sairia definitivamente da sombra de Sartre como pensadora.[86]

Em 1938-1939, ela já dispunha das ferramentas intelectuais para o deciframento da situação especificamente feminina. Nessa fase, porém, sua questão-chave ainda não é o que era e o que podia ser "uma mulher", mas simplesmente "essa mulher", ou seja, ser ela mesma.

Diante da angústia

De todo modo, nos dez anos anteriores de sua vida adulta, ela tinha conseguido não assumir o papel ainda dominante de esposa/mãe provedora, apesar de toda a oposição da família. Sem se submeter às lógicas preponderantes do desejo, o roteiro de sua vida sempre seguiu, de modo mais ou menos consciente, a estratégia de um hedonismo sempre disposto ao prazer. O "único relacionamento necessário" com Sartre, estabilizado por uma bissexualidade poliamorosa, era a comprovação da possibilidade de um conceito de vida radicalmente novo. É preciso registrar, porém, que o comportamento de Beauvoir em relação às amantes mulheres do período não apresenta nenhuma diferença perceptível, no que se refere ao comportamento e ao discurso, à compreensão que Sartre tem de seu papel diante dos próprios inúmeros casos. Beauvoir também professa uma dominação manipuladora, distante do prazer e não empática. Joguinhos veniais para animar o ego — sem maiores preocupações com as consequências das próprias ações na consciência dos outros.

Nas cartas, enquanto Sartre se autoelogia como "mulherengo consumado" e, nesse papel, anuncia "a bunda em formato de gota" ou a surpreendente disposição para "beijos íntimos" por parte de conquistas recentes, Beauvoir gosta de reforçar o quão indiferentes, tediosos, até irritantes são os encontros amorosos com antigas alunas, chegando inclusive a exprimir queixas muito concretas sobre o perturbador odor fecal da seduzida durante o ato sexual. Simone conversa "de homem para homem" sobre suas amantes com Sartre, ou seja, como sujeito sobre objetos. Pelo menos essa forma de assimilação tinha sido internalizada por ela.

O decisivo passo ético do cuidado consigo próprio ao cuidado com o outro foi, para Beauvoir, certamente o mais difícil.

Entretanto, a ameaça concreta da guerra dinamizou-a também nesse sentido. Sobretudo porque, na época, o projeto em andamento de Beauvoir — "integrar ideias filosóficas na própria vida" — recebe novos impulsos decisivos. No decorrer da primavera, ela está debruçada, junto com Sartre, sobre os escritos de Martin Heidegger, discípulo de Husserl, dedicando-se em especial à obra *Ser e tempo*.

Seguindo os estímulos metodológicos de seu professor, Heidegger desenvolve nesse trabalho uma análise abrangente da situação existencial especificamente humana. Lançado ao mundo totalmente sem alicerce e sem sustentação, segundo Heidegger, a tarefa essencial de cada ser [*Dasein*] é agarrar-se, da forma mais decidida possível, ao conhecimento prévio sempre presente do nada ameaçador da morte. Ou seja, um chamado filosófico à autenticidade corajosamente vivida, que encontra em Sartre e Beauvoir um solo especialmente fértil. Contra a eterna ditadura inautêntica do grande e anônimo "alguém", Heidegger se arma com o vago sentimento de angústia — principalmente a angústia da morte — como base da autodeterminação. Justamente a tranquilidade tensa anterior à tempestade, justamente a monotonia quase insuportável de imobilidade supostamente total servem, segundo Heidegger, como gatilhos à determinação existencial.

Mais uma carta de Beauvoir a Sartre, escrita durante seus dias de visita a Bost, que estava servindo num quartel em Amiens, revela muito claramente a influência de Heidegger sobre sua percepção do mundo:

7 de julho de 1939

> [...] passei o dia inteiro esperando pelo pequeno Bost num café melancólico, em vão, ele não apareceu. A coisa exigiu muito de meus nervos; hoje cedo fiquei desesperada e perguntei a seu respeito na caserna, e encontrei-o,

pressionado por um capacete; disse que ontem ficou de vigia o dia inteiro [...]. No mais, essa espera de horas ontem foi uma oportunidade excelente para ler Heidegger, que quase terminei e que compreendi bem, pelo menos superficialmente, ou seja, sei o que quer dizer, mas não vou atrás das dificuldades, embora perceba que existam um bocado delas. De resto, estou no momento tão obcecada que não lamento um dia desagradável em todos os sentidos como ontem, pois resulta num dia típico que posso muito bem aproveitar num romance [...].[87]

A angústia diante do tédio, da morte, da força deformadora dos outros bem como da coragem resultante em encontrar e cultivar a própria voz. Tudo isso se junta nesse verão e quer tomar forma pela mão de Beauvoir, após longos anos de tateios e de tentativas.

Sartre e Beauvoir passam agosto com amigos numa casa de praia na Côte d'Azur. O próprio tempo parece prender a respiração. Sartre ensina Beauvoir a nadar. No final de agosto, ao retornarem juntos à cidade quase vazia, ele resume suas impressões da seguinte maneira: "Paris foi engraçado. Tudo estava fechado. Restaurantes, teatros, lojas [...] e os bairros tinham perdido suas feições típicas. Havia restado apenas uma totalidade, que era Paris. Uma totalidade que para mim já era *passado* e também, como diz Heidegger, mantida unida e carregada pelo nada".[88]

Com o nada concreto diante dos olhos, também Sartre toma uma nova resolução. No jantar, sugere a Beauvoir transformar o pacto que haviam firmado de maneira tentativa dez anos antes em algo "definitivo". Eles nunca mais iriam se separar, ficariam juntos como casal e, portanto, ficariam na verdade — um casamento filosófico em face da morte.

Na noite de 1º de setembro, a Wehrmacht ataca a Polônia. Dois dias mais tarde, a França também está na guerra.

VI.
Violência

1939-1940

*Weil sem inimigos, Beauvoir sem Sartre,
Arendt em fuga e Rand na Resistência*

Incessantemente à vista

O conflito entre dois exércitos de milhões de soldados permanece, a princípio, sem batalhas e sem vítimas. Entrincheirados atrás de suas linhas, os franceses ficam à espera do ataque da Wehrmacht. Os dias de tensão transformam-se em semanas e, logo, meses. Simone Weil passa essa fase, chamada "guerra de mentira" [*drôle de guerre*], no apartamento dos pais em Paris. Em novembro de 1939, um artigo científico faz com que o pai, "Biri", imagine que os sofrimentos de anos da filha poderiam ter tido origem numa sinusite mal curada. A terapia sugerida era tratar a cavidade da face cronicamente inflamada com uma solução de cocaína. Sem curar totalmente as dores, o procedimento funciona.[1] Ao menos uma coisa positiva.

Tendo em vista os esperados excessos de violência, Weil quer imaginar suas consequências para a França: qual é a essência da guerra? Em quais dinâmicas se baseia? E sob quais condições poderia ser considerada justa? Em busca de respostas, ela se volta àquele que, na sua opinião, é um dos maiores e mais compassivos testemunhos de guerra da história ocidental: a epopeia de Homero sobre a guerra de Troia. Nos meses do inverno de 1939-1940, Weil escreve "A *Ilíada* ou o poema da força",[2] uma meditação sobre a essência da violência guerreira que está entre os documentos filosóficos mais profundos da época.

A princípio, segundo Weil, a especificidade da situação de guerra é sua ilimitada relação com a força, que gera uma coisificação do ser humano, pois: "A força é aquilo que transforma quem quer que lhe seja submetido em uma coisa. Quando ela se exerce até o fim, transforma o homem em coisa, no sentido mais literal da palavra, porque o transforma em cadáver. Era uma vez alguém e, um instante depois, não há mais ninguém. É um quadro que a *Ilíada* não cansa de nos apresentar".[3]

Mas na verdade — como a *Ilíada* informa com urgência — a lógica dessa coisificação é mais abrangente e devastadora. Como se fosse um comentário filosófico sobre a situação da "guerra de mentira" entre a França e a Alemanha, o ensaio de Weil enfatiza os efeitos ignorados da situação de guerra na consciência de todos os envolvidos:

> A força que mata é uma forma sumária, grosseira, de força. Quanto mais variada em seus processos, mais surpreendente em seus efeitos é a outra força, a que não mata, isto é, a que não mata ainda. Vai seguramente matar, ou vai matar, talvez, ou então está apenas suspensa sobre o ser que pode matar a qualquer momento; seja como for, ela transforma o homem em pedra. Do poder de transformar um homem em coisa fazendo-o morrer procede um outro poder — prodigioso de outra forma —, o de transformar em coisa um homem que continua vivo. Está vivo, tem uma alma; no entanto, é uma coisa. Ser estranho: uma coisa que tem uma alma; estado estranho para a alma.[4]

Ou seja, a situação de guerra cria um novo estado existencial muito disseminado, que rouba do ser humano, enquanto vivo, aquilo que o define e o orienta enquanto ser humano: a abertura, a plasticidade, a vivacidade de sua alma em relação ao outro. Tendo em vista o mundo bélico grego, Weil chama esse "estado estranho", no qual um outro animado só é percebido e tratado como coisa, de estado da "escravidão". Afinal, a consequência mais comum de uma guerra perdida era a escravização pelos vencedores — principalmente também daqueles que não haviam participado diretamente dos eventos da guerra, como mulheres e crianças. O estado de escravização se assemelharia a "uma morte que se estende ao longo de toda uma vida: uma vida que a morte congelou muito antes de suprimi-la".[5] A guerra como situação dividida "escraviza" todos, visto que significa para cada indivíduo um deslocamento fundamental em relação ao "outro", transformado em "inimigo" declarado.

Conhece-te a ti mesmo!

Como patriota declarada, Weil enfatiza a obrigação de seu próprio país, justamente na situação de guerra de defesa então iniciada, não sustentar cegamente as relações de opressão análogas à escravidão que haviam sido criadas por ele mesmo em seu papel de potência colonial, em todo o mundo e ainda vigentes. Em 26 de novembro de 1939, quando o escritor Jean Giraudoux, recém-nomeado comissário-geral para informação, publica na revista *Le Temps* um artigo em que fala "dos 110 milhões de pessoas" em todo o mundo "que se sentem ligadas às metrópoles de outro modo além daquele da dominação e da exploração", Weil não consegue mais se conter. No mesmo dia, ela redige uma violenta carta de protesto: "Seu testemunho continha uma passagem que me machucou muito [...] gostaria de saber, de todo o coração, se o senhor realmente acredita ter falado a verdade ao afirmar que a relação das colônias com suas metrópoles é formada por outra coisa além de opressão e exploração".[6]

Segundo Weil, principalmente na guerra era preciso corresponder ao imperativo filosófico do "Conhece-te a ti mesmo". Pois aquilo que necessariamente acompanha sua "petrificação das almas" é o obscurecimento do olhar para as consequências das próprias ações violentas. Nesse contexto, Weil reconhece o valor potencialmente curativo do mundo da *Ilíada* no fato de seu modo de apresentar a guerra ter por objetivo curar os envolvidos na guerra dessa cegueira específica.

> Com a mesma dureza com que a força esmaga os vencidos, embriaga aquele que a possui ou julga possuí-la. Ninguém a possui verdadeiramente. Os homens não estão divididos, na *Ilíada*, em vencidos, em escravos, em suplicantes de um lado e, do outro, em vencedores, em chefes; não há um só homem que não seja obrigado em algum momento a curvar-se sob a força. Os soldados, embora livres e armados, nem por isso escapam de ordens e de injúrias.[7]
>
> Se todos, ao nascer, estão destinados a sofrer a pressão da violência, isso é uma verdade para a qual o domínio das circunstâncias embota o espírito dos homens. O forte nunca é totalmente forte, nem o fraco totalmente fraco, mas ambos o ignoram.[8]

Portanto, o verdadeiro objetivo de uma "iluminação" nesse sentido nunca poderia ser eliminar totalmente a violência do mundo. Nem mesmo como violência de guerra. Pois uma convivência absolutamente livre de violência só poderia funcionar se não houvesse nenhuma diferença de poder nos relacionamentos sociais entre os seres humanos. E esse estado, por sua vez, seria alcançável e mantido — se tanto — apenas com a mais intensa violência social, uma violência social total. Entretanto, essa descrição só pode (e deve) estar se referindo à libertação da cegueira para as condições e consequências das próprias ações na guerra, bem como para as circunstâncias, condicionadas por acasos históricos, nas quais as pessoas se encontram como perpetradores ou sofredores de violência. Segundo Weil, apenas quando os olhos forem abertos para esse assunto poderá haver uma medida e um sentimento de empatia que nos apontem a saída da espiral da morte e do assassinato, pois "só é possível amar e ser justo quando se conhece o poder da força e quando se sabe não o respeitar".[9]

Geometria do acaso

O estado de guerra traz consigo, dissimuladamente, uma desconfiança na qual cada mínima irritação, cada perturbação casual podem se tornar gatilhos do último recurso — e, portanto, matar. Já que numa situação de "vida ou morte" nada nem ninguém quer estar à mercê da força do acaso, na guerra o acaso detém o poder máximo, tornando-se o autêntico controlador do evento. Enquanto dá os últimos retoques em seu texto, Weil sabe, também por experiência própria, relatar essa paradoxal dissimulação.

Em 30 de novembro de 1939, quando a União Soviética invade a Finlândia com 1,2 milhão de soldados e 3 mil tanques, seu irmão André, professor de matemática na Universidade de Estrasburgo, está passando um ano como pesquisador em Helsinque, com a esposa. Durante um passeio pela cidade, ao circundar um prédio que abriga a Defesa Antiaérea finlandesa, ele é parado em plena rua e, devido à sua cidadania, preso sob suspeita de espionagem. Uma suposição que parece se tornar mais concreta depois da revista em seu apartamento. Pois, além de intensa correspondência com colegas russos, as forças de segurança finlandesas encontram textos num código estranho. Trata-se dos exercícios de estenografia da esposa; às noites, André lê para ela passagens do romance de Balzac *A prima Bette*, para que ela os transcreva. A história não é crível para os ouvidos finlandeses. Ele tem sorte em não ser executado de imediato. Em vez disso, é enviado à Suécia para investigações suplementares, de barco e na companhia de dois policiais. Logo na chegada, André é novamente preso. Esse é o início de um longo processo de extradição, que Simone, baseada em Paris, apoiará — por meio de inúmeras cartas num código secreto criado pelos irmãos — na medida de suas forças.[10]

Ao mesmo tempo, a Wehrmacht altera a data do ataque à França várias vezes (codinome Caso Amarelo). O motivo é um infortúnio ocorrido em 10 de janeiro de 1940, quando um avião de ligação se perdeu na névoa, de Münster para Colônia, fazendo uma aterrissagem de emergência em Maasmechelen, na Bélgica. O piloto, Helmuth Reinberger, não consegue destruir em tempo hábil os documentos que havia a bordo. Desse modo, os planos de ataque alemães caem em mãos inimigas e os militares são obrigados a reorientar suas ações. No decorrer das discussões, Hitler decide-se por fim pelo "corte de foice", manobra criada pelo chefe do Estado-Maior Erich von Manstein.

Criado puramente pelo acaso, esse movimento contribuirá essencialmente para o fortalecimento da alardeada fama de Hitler, durante o transcurso da guerra, de "maior marechal de campo da história" — inclusive aos olhos de seus conselheiros mais próximos.[11] Será que não estava em jogo a "antevisão" que o Führer gostava tanto de citar? Assim como em Homero o mítico "adivinhador cego", suposto criador da *Ilíada*, o olhar de Simone Weil no início de 1940 se mostra quase profético quando esclarece por que o acaso vai alcançar os "maiores" (e pretensamente absolutos) líderes de uma guerra:

> Quem possui a força anda num meio não resistente, sem que nada, na matéria humana a seu redor, seja de natureza a suscitar, entre o impulso inicial e o ato, esse breve intervalo onde se abriga o pensamento. Onde o pensamento não tiver lugar, nem a justiça nem a prudência o terão. [...] Como os outros homens não impõem a seus movimentos esse tempo de parada, do qual, e só dele, procedem nossas

> atenções para com os nossos semelhantes, daí inferem que o destino lhes deu toda permissão a eles e nenhuma a seus inferiores. A partir de então, vão além de toda força de que dispõem. Vão inevitavelmente além, ignoram que ela é limitada. Ficam, então, entregues ao acaso sem nenhum recurso, e as coisas não lhe obedecem mais. [...] Este castigo de um rigor geométrico, que pune automaticamente o abuso da força, foi o objeto primeiro da meditação entre os gregos. Constitui a alma da epopeia [...].[12]

Uma vez tomado pelo fogo da violência da guerra, o vitorioso não encontra mais oposição e perde a prudência; no fim, perde a noção de estar exposto em suas ações. Sujeito ao acaso, que participa do desenrolar de todas as coisas, um líder total abre seu próprio caminho à derrocada. Essa evolução dos eventos não se deve a nenhuma intervenção divina, mas, como já em Homero, à própria natureza da violência. Mais que tudo, a violência exige moderação; mais que tudo, ela é que leva, justamente na guerra, à falta de moderação. Quanto mais incondicionalmente um guerreiro malbarata seu poder e liderança, maior a certeza de que um dia será alcançado e devorado pela essência destrutiva da violência.

Portanto, a única questão que Weil se coloca antes dos confrontos é como, e se, a própria nação seria capaz de, no decorrer da guerra, não perder a própria alma, o que a levaria a ser vencida no sentido decisivo. Segundo ela, quem leu a *Ilíada* corretamente sabe que isso demanda nada menos do que um verdadeiro milagre, pelo menos um esforço sobre-humano: "Um uso moderado da força, o único que permitiria escapar da engrenagem, exigiria uma virtude mais do que humana, tão rara quanto uma dignidade contínua na franqueza. Aliás, a moderação tampouco existe sempre sem perigo; pois o prestígio que constitui mais de três quartos da força é feito, antes de mais nada, pela soberba indiferença do forte em relação aos fracos, indiferença tão contagiosa que se comunica aos que lhe estão sujeitos. Mas, normalmente, não é um pensamento político que aconselha o excesso. É a tentação do excesso que é quase irresistível".[13]

Morte e tempo

Diante da morte, a capacidade de garantir moderação se revela como uma resolução verdadeiramente sobre-humana. Como numa inversão direta do pensamento de Heidegger em *Ser e tempo*, que simultaneamente também incentiva Simone de Beauvoir e Jean-Paul Sartre a uma nova compreensão da liberdade e da autenticidade, Weil considera que a maior sedução da guerra e de sua angústia de morte é desenvolver, na alma de cada indivíduo, um tipo de existencialismo da crueldade. Quer dizer, com a perspectiva concreta da própria morte perde-se também qualquer perspectiva de formulação de um futuro que ultrapasse o período da própria guerra. Enquanto Heidegger nobilita a angustiada "antecipação do ser para sua morte" [*Vorlaufen des Daseins zu seinem Vorbei*][14] como condição para a verdadeira autopercepção, Weil reconhece aí o caminho seguro para uma autotransgressão que tudo extermina. Exemplo disso seria a relação do presente e do futuro na consciência de um soldado:

> O pensamento da morte não pode ser sustentado senão por relances, assim que se sente que a morte é de fato possível. É verdade que todo homem está destinado a morrer e que um soldado pode envelhecer dentro de combates; mas para aqueles cuja alma está submetida ao jugo da guerra, a relação entre a morte e o futuro não é a mesma que para os outros homens. Para os outros, a morte é um limite imposto previamente ao futuro; para eles, ela é o próprio futuro, o

futuro que sua profissão lhes assinala. Terem os homens por futuro a morte é contra a natureza. [...] O espírito fica então tenso, de uma forma que ele não aguenta senão por pouco tempo; mas cada nova alvorada traz a mesma necessidade; os dias acrescentados aos dias formam anos. A alma sofre violência todos os dias. Cada manhã a alma se mutila de toda aspiração, porque o pensamento não pode viajar no tempo sem passar pela morte. Assim a guerra apaga toda e qualquer ideia de finalidade, até mesmo as finalidades da guerra."[15]

Presa num eterno presente escuro da entrega à morte, a consciência para um futuro além da guerra está como que anestesiada e contribui tanto para a irrealidade fantasmagórica da experiência da guerra quanto para a desumanização crescente daqueles que devem ser mortos, dia após dia, em nome dos chamados objetivos de guerra — até o ponto em que a ação de matar não tem nem pode ter mais um objetivo externo a ela. Nada consegue impedir essa espiral, nem mesmo a própria morte. "Essa alma, com o que a natureza nela havia posto, e que a existência de um inimigo obrigou a destruir dentro de si, essa alma acha que só se poderá curar destruindo o inimigo. [...] O homem habitado por esta dupla necessidade de morte pertence, enquanto não se tiver tornado outro, a uma raça diferente da raça dos vivos."[16]

Sensibilidade única

Desse modo, é a reciprocidade da desumanização, que resulta da própria essência da violência, que empresta à guerra seu autêntico terror e sua insensatez que logo parece desesperada. Nenhuma das partes consegue ficar imune a essa dinâmica — nem vencedores nem vencidos, nem criminosos nem vítimas, nem heróis nem inocentes sujeitados.

> Um e outro, em contato com a força, sofrem a consequência infalível, que é a de converter os que são tocados por ela em mudos ou surdos. Tal é a natureza da força. O poder que ela possui de transformar os homens em coisas é duplo e se exerce no sentido de ambos os lados; petrifica diferentemente, mas igualmente, as almas dos que a sofrem e dos que a manejam.[17]
>
> [...] esta dupla propriedade de petrificação é essencial à força, e uma alma colocada em contato com a força só lhe escapa por uma espécie de milagre. Esses milagres são raros e curtos.[18]

Apesar disso, diz Weil, encontram-se na história da humanidade reiterados testemunhos desse milagre, do salto a um plano mais elevado, da saída da escuridão à luz. Seja na forma de indivíduos e fundadores — como Buda, Krishna, Sócrates ou Jesus —, seja na forma de textos básicos da cultura e épicos como a *Bhagavad Gita*, os Evangelhos ou, principalmente, a *Ilíada*. Todo seu olhar sobre o evento da guerra está, segundo Weil, iluminado pela compaixão por todos os seres: o amor a cada um deles, o desejo por justiça e paz para suas almas torturadas, a disposição não vingativa à amizade com o inimigo e o luto compartilhado pelo estado sombrio do mundo em que foram lançados.

> Nisso a *Ilíada* é uma obra única, por essa amargura que procede da ternura, e que se estende sobre todos os humanos, do mesmo modo que a luz do sol. [...] A justiça e o amor, que não podem entrar nesse quadro de extremos e de violências injustas, banham-no com sua luz, e só pela inflexão, pelo tom, se fazem sentir.[19]
>
> [...] Tudo o que, no interior da alma e nas relações humanas, foge ao império da força, é amado, mas amado dolorosamente, por causa do perigo de destruição continuamente pendente.[20]

Ao recorrer ao épico mais antigo daquele círculo cultural que, num intervalo de poucas décadas, se entrega totalmente, pela segunda vez, à dinâmica da guerra, Weil formula também as precondições para uma paz futura, que poderia ser mais do que apenas outra etapa inicial, nutrida pela cegueira e vingança, de uma nova guerra.

No momento em que está terminando de redigir esse texto, 5 milhões de soldados prontos ao combate ainda se encontram de ambos os lados das linhas de frente. Ela não tem dúvida da determinação da Wehrmacht e dos seus objetivos finais integralmente desumanizadores. Segundo o alerta de Weil a seus compatriotas, diante desse cenário, uma vitória disputada e possivelmente conquistada no mesmo espírito seria quase mais desonrosa do que o fracasso.

Seu país só poderia ser protegido de tal fracasso — o único realmente imperdoável — por um mergulho piedoso naquela luz que anima a *Ilíada*. Para Weil, ela é comparável à luz dos Evangelhos e com a luz que a anima a partir de uma profunda experiência particular. Esse é o motivo pelo qual sua voz, no final do texto, transforma-se e passa a dar o tom de seus pensamentos nos próximos anos de guerra: da análise sóbria ao alerta profético, do mundo do aqui a outro mundo, do argumento puro ao apelo do despertar: "Os povos da Europa [...] talvez reencontrem o espírito épico quando souberem crer que nada está ao abrigo do acaso, deixarem de admirar a força, de odiar os inimigos e de desprezar os infelizes. Duvido que seja para já".[21]

Paraquedistas

Um episódio cotidiano de maio de 1940 comprova o quanto Simone Weil levava a sério seu existencialismo da compaixão. A "guerra de mentira" está em seu nono mês. Não é possível demorar muito mais. Certa noite, ao perguntar em casa durante um jantar sobre como um jovem paraquedista alemão deveria ser tratado caso caísse naquele exato momento na varanda, o pai, "Biri", respondeu que o certo seria entregá-lo, se possível imediatamente, à guarda da polícia militar. Indignada, Simone retrucou que não queria continuar dividindo a mesa com uma pessoa que defendia essa posição.

Simone Pétrement, boa amiga de Weil e convidada nessa noite, a princípio achou que tudo não passava de uma brincadeira.[22] Weil, entretanto, se recusa a dar uma garfada a mais que seja. Com certeza não foi a primeira vez que, em sua intransigência atormentadora, ela tenha se negado a comer para assim ameaçá-los, instrumentalizando violentamente a constante preocupação dos pais com seu bem-estar psíquico. Previsivelmente, a fim de restabelecer a paz, o pai se corrigiu ainda à mesa, prometendo por tudo o que era sagrado não entregar o soldado às autoridades no caso de encontrá-lo na varanda.

Em 10 de janeiro, Hitler dispara o Caso Amarelo e coloca a Wehrmacht em movimento rumo à França. Em 13 de junho, o governo francês oficialmente abdica de Paris, que é declarada "cidade livre" para os vencedores. Um dia depois, as primeiras tropas alemãs chegam à cidade. O emprego de paraquedistas havia se tornado desnecessário naquele ponto.

Êxodo

Em 9 de junho de 1940, Simone de Beauvoir sofre o primeiro ataque nervoso de sua vida. O pai de Bianca Bienenfeld ficou sabendo, por meio do alto círculo militar, da iminente invasão da Wehrmacht. No dia seguinte, a família fugiria de carro rumo ao oeste. Beauvoir faz uma mala usando suas últimas forças. Apenas o imprescindível — entre as coisas, a correspondência com Sartre, que já dura dez anos. Na noite de 10 de junho, quando sobe no carro, os Bienenfeld e ela são os precursores daquilo que até hoje se chama, em francês, de "o êxodo". Em poucos dias, mais de 3 milhões de habitantes fogem dos alemães que se aproximam, vindos do norte ao centro de Paris.

O caos está instalado: trens superlotados, ruas entupidas. Nas cidades próximas à capital, assoladas pelo fluxo de pessoas, primeiro é a gasolina que acaba; em seguida, a comida. Depois de sair da linha de tiro, Beauvoir quer dar um jeito de ir para o oeste, a La Pouëze, para a casa de campo de uma antiga amiga e mecenas de Sartre, madame Morel. Ao chegar no local depois de dois dias "num estado de medo sombrio", lá passa "os dias mais terríveis de minha vida".[23]

A Linha Maginot não resistiu nem uma semana ao ataque da Wehrmacht de Hitler. Como era possível? Traição? Sabotagem? Ou, no fim das contas, os nazistas eram mesmo tão superiores como sua propaganda alardeava?

Ela sabe que Jacques-Laurent Bost, ferido na barriga, está lutando pela vida num hospital militar. A última carta de Sartre é de 8 de junho, "[...] não posso mais esperar *positivamente* que ganhemos a guerra (também não acredito que vamos perdê-la: não penso nada, o futuro permanece trancado)".[24]

Ele ainda estava no front ou já tinha saído dali? "Durante três dias", escreve Beauvoir, "não fiz senão ler romances policiais e desesperar-me [...]. A aldeia estava repleta de parentes, de amigos. Escutavam febrilmente todos os comunicados. Uma noite bateram na porta, às nove horas: tinham visto paraquedistas [...] soube-se no dia seguinte que os paraquedistas eram simples balõezinhos".[25]

Situação-limite

Mas e se os alemães realmente chegassem? Essas fantasias aterrorizantes circulavam por toda parte no vilarejo. Com um misto de incredulidade, desespero e esperança, Beauvoir escuta pelo rádio, em 22 de junho, que o velho general Pétain assinou um cessar-fogo em Compiègne. "O dia era de sol forte. Eu tinha a impressão de viver um romance por antecipação; era sempre a mesma aldeia familiar, mas o tempo precipitara-se. Eu fora projetada num momento que não pertencia a minha vida. Não era mais a França, não era ainda a Alemanha — um *no man's land*."[26]

Beauvoir se imagina num pesadelo sem fim. Nem seis semanas antes seu projeto de romance tinha sido aceito para publicação pela editora Gallimard.[27] Nessa primavera, Sartre e ela dividiam a certeza de sucessos decisivos. Semelhante ao trabalho num quebra-cabeça infinitamente complicado, ao qual ambos se dedicaram por dez anos, finalmente as peças pareciam se encaixar: como compreender a relação entre consciência e realidade? Qual sua consequência para a própria liberdade? E para uma existência vivida de maneira autêntica? E ainda: qual o papel das outras pessoas nisso?

Em fevereiro de 1940, não apenas o tratado de quatrocentas páginas de Sartre, *O imaginário. Psicologia fenomenológica da imaginação*, foi lançado na forma de livro. Desde o início do ano ele estava trabalhando febrilmente — interrompido apenas pelas diárias medições meteorológicas no front — numa nova obra sobre o "nada". Quase eufórico, em 15 de janeiro de 1940 ele escreve a Beauvoir uma carta do front:

Meu encantador Castor,

mais um dia de pouco trabalho [...] filosofia [...] tinha de ser assim. Reli hoje de manhã a palestra de Heidegger, *O que é metafísica*, e, durante o dia, me ocupei em "tomar posição" frente a ele na questão do nada. Eu tinha uma teoria do nada. Ela não estava bem formulada, mas agora está. [...] a filosofia que faço [...] é egoísta. Na minha vida, ela tem o papel de me proteger contra a melancolia, a frustração e a tristeza da guerra, e de resto não estou tentando novamente proteger minha vida por meio de minha filosofia, o que é uma sujeira, nem adaptar minha vida à minha filosofia, o que é pedante, mas vida e filosofia são realmente uma coisa só. Em relação a isso, li uma bela frase de Heidegger que poderia aplicar para mim: "A metafísica da existência [*Dasein*] não é apenas a metafísica sobre a existência; é a metafísica que se produz como existência".[28]

Por esses mesmos dias, também Beauvoir pode relatar à sua "muito querida pequena criatura" que seu romance está andando bem: "Já estou achando que você vai me elogiar quando ler minhas 250 páginas (pois serão 250, meu pequeno, que se deixa esperar por tanto tempo)".[29] A maneira como Beauvoir se expressa numa carta, apenas dois dias depois, revela com clareza o quão profundamente os impulsos de autenticidade de Heidegger também impregnam seu próprio pensamento. Ela se queixa que Bienenfeld está lhe dando terrivelmente nos nervos, porque "simplesmente não compreendeu o que eu lhe expliquei, que a moral é, principalmente, uma conduta existencial; e realmente ela é a criatura a quem mais falta qualquer sentido existencial [...] ela absolutamente não vive a *sua própria* situação, ela é [...] o 'alguém' e nada mais".[30]

Nada como a liberdade

Do modo como Beauvoir e Sartre leem Heidegger enquanto teórico do nada, o problema da liberdade não pode ser tratado — muito menos resolvido — de maneira puramente intelectual. Em vez de se tratar de um fato, cuja realidade pudesse ser comprovada objetivamente, a liberdade precisava ser compreendida ativamente numa dada situação. Justo porque se baseava em nada além dessa determinação, era incondicional. Segundo as palavras de Heidegger de 1929, "a liberdade apenas é e pode estar na libertação. A única relação adequada da liberdade com o ser humano é o libertar-se a si mesmo [*Sich-Befreien*] da liberdade no ser humano".[31] Ou seja, sob o signo do nada, o ser humano estava definitivamente à mercê da situação da liberdade, inclusive a ela condenado. Por fim, a renúncia desse libertar-se, oriunda da necessidade de segurança dos "alguéns", era uma espécie de decisão.

Ainda durante as últimas férias de Sartre longe do front, em abril de 1940, Beauvoir e ele discutiram esses temas durante extensos passeios ao longo do Sena. "Principalmente", como Beauvoir se recorda, "sobre a relação da situação com a liberdade. Eu sustentava que, do ponto de vista da liberdade tal qual Sartre a definia — não a resignação estoica, e sim a superação ativa do dado —, as situações não são equivalentes: qual a superação possível para uma mulher encerrada no harém? Mesmo essa clausura, há diferentes maneiras de sobrevivê-la, dizia-me Sartre. Obstinei-me durante muito tempo e só cedi superficialmente."[32]

Será que a liberdade que nascia da fonte do nada sempre era, necessariamente, incondicional? Ou, como argumentava Beauvoir, será que a liberdade não tinha de ser compreendida como liberdade em uma situação — e, portanto, condicionada por essa situação? Essas eram perguntas em aberto e flancos que se referiam, de maneira mais clara que nunca, também ao próprio estado de exceção de Beauvoir em La Pouëze. Ela precisava apenas olhar no espelho ou pela janela, isolada das pessoas que lhe eram mais caras, como que petrificada pelo medo, numa casa de campo no extremo oeste de uma nação combalida. O que significaria posicionar-se de maneira autêntica numa França ocupada pelos nazistas? Quais as possibilidades abertas para *superar* essa situação?

"Depois, alguma coisa explodiu junto às nossas janelas, os vidros do restaurante de frente voaram em estilhaços, uma voz gutural lançou palavras desconhecidas e eles surgiram, todos muito grandes, muito louros, com rostos rosados. Marchavam ritmadamente e não olhavam nada. Desfilaram longamente. Atrás deles, passaram cavalos, tanques, caminhões, canhões e cozinhas rolantes. [...] Os alemães não cortavam as mãos das crianças, pagavam suas consumações e os ovos que compravam nas granjas, falavam cortesmente; todos os comerciantes lhes sorriam. Começaram imediatamente sua propaganda."[33]

Avançar

Como toda propaganda, também a nazista tinha por objetivo manipular a relação entre situação e decisão segundo seus próprios objetivos. Apesar disso, havia uma diferença decisiva resultante dos objetivos formulados abertamente pelos nazistas. Afinal, tratava-se da criação violenta de pessoas que deixariam de considerar ou de sentir a liberdade como opção. Da criação de pessoas que existiam permanentemente para além da alternativa entre a mera resignação ou a ativa superação. Do sonho totalitário de um coletivo de fidelidade cega formado por iguais absolutos e aqueles tornados iguais.

A "educação" e a "correção" das tropas de ocupação alemãs na França que Simone de Beauvoir notou, a princípio aliviada, tampouco negavam essa interpretação. Pelo contrário, elas a confirmavam da maneira mais terrível. Pois aquilo que valia para o "passo militar" dos soldados da Wehrmacht marchando vilarejo adentro deveria valer, segundo as rígidas orientações, à população submetida: "Não olhar à direita nem à esquerda, mas se ater estritamente às regras ordenadas". Afinal, segundo as categorias raciais alucinadas dos nazistas, previstas pelas regras, os "franceses" não eram "sub-humanos". Desse modo, o objetivo dos ocupantes também não era sua eliminação física ou escravização, mas a princípio uma submissão puramente intelectual-existencial. Nas outras regiões conquistadas pelos nazistas, "eles" se comportavam de maneira bem diferente. Eis por que seria difícil encontrar relatos semelhantes de testemunhas oculares, mulheres e homens poloneses ou ucranianos, sobre a entrada dos soldados alemães em suas cidades[34] — ou seja, de pessoas que, na visão de mundo nazista, eram classificadas como "sub-humanos". Isso sem falar do comportamento em relação aos judeus, mesmo na França.

Volta para casa

No final de junho de 1940, pelo menos em La Pouëze, existe uma espécie de cotidiano. Os camponeses voltaram às propriedades, os cafés e as lojas estão recém-abertos. Quando Beauvoir fica sabendo de boatos dando conta do regresso dos primeiros prisioneiros de guerra a suas famílias, ela decide voltar de carona para Paris.

Entretanto, o único sinal de vida de Sartre que ela encontra em seu hotel, após uma odisseia de dias, é uma carta breve de 9 de junho, o dia em que Beauvoir fugiu de Paris. Ele escreve dizendo que havia "trabalhado bem" e que estava "cheio de pequenas *Erlebnisse* [experiências]".[35] Isso poderia significar tudo. Ou também nada: "Ontem à noite, depois de me sentir tão miserável quanto nunca em minha vida", escreve Beauvoir na manhã de 30 de junho de 1940 em seu diário de guerra parisiense, "recobro hoje cedo uma espécie de alegria — está quente —, retomei meu lugar cativo no Dôme [...]. Com toda força, acredito subitamente num 'depois' [...] no qual viveremos juntos. [...] Hoje é o primeiro dia em que saio um pouco de meu isolamento e paro de ser um 'inseto esmagado', a fim de tentar voltar a ser uma pessoa".[36]

De um ponto de vista neutro, sua situação realmente poderia ser pior. Os pais estão bem, as irmãs Kosakiewicz encontram-se no interior, em Rouen, também em segurança, e Natalie Sorokin está voltando a Paris, montada numa bicicleta. Até as aulas nas escolas devem recomeçar em breve. "A vida à minha volta retoma sua forma", escreve Beauvoir apenas dois dias mais tarde, "é interessante como vivenciamos esse tipo de separação. Primeiro há um estado de levitação, o mundo colocado entre parênteses, todo o presente colocado entre parênteses [...] quase sem uma imagem viva de Sartre, mas uma estereotipada, indefinida, e mesmo a palavra 'Sartre' aparece involuntariamente assim que a ação e o pensamento cessam [...]. Quando consigo ter uma orientação temporal, no fundo o que mais espero é por uma carta."[37] Um exemplo de autoanálise da linha fenomenológica. Quem precisa de inconsciente quando se tem uma consciência? Afinal, ela já é complicada o bastante.

Projeto Hegel

Como resultado da análise, "o Castor" — como Sartre chamou Beauvoir durante toda a vida — se autoprescreve novos projetos e rotinas rígidas. Vale tudo, menos ficar parada. Pois com o silêncio vem o vazio. E, com o vazio, a angústia. Entre esses projetos está também andar de bicicleta. Por esses dias, Natalie Sorokin tem a paciência de ensiná-la: "Você vai começar a rir ao me ver; sabe, é maravilhoso perambular por Paris de bicicleta [...] praticamente não há mais cinemas".[38]

Independentemente de suas cartas chegarem ou não até ele, Sartre será informado em detalhes, todos os dias, sobre a vida dela. Apesar de os cinemas e teatros estarem fechados, as bibliotecas não estão. A partir de 6 de julho, Beauvoir se senta diariamente das duas às cinco da tarde nos salões de leitura da

Biblioteca Nacional e estuda os escritos de Georg Wilhelm Friedrich Hegel. Justamente Hegel. O que sua *Fenomenologia do espírito* poderia ter em comum com a "fenomenologia" de Husserl ou de Heidegger?

À exceção do nome, supostamente quase nada. Em vez da coragem à autenticidade nascida na situação, o que vale no pensamento de Hegel é muito mais a coragem de, no conceito, abstrair totalmente a própria situação. Em vez da concentração na própria consciência, o foco está num espírito do mundo [*Weltgeist*] anônimo. O foco não está numa liberdade incondicional nascida da experiência do nada, mas numa lógica de absoluta coerência nascida do conceito do nada. Com Hegel, a liberdade significava o entendimento da necessidade de dinâmicas, destituídas das ações de atores históricos concretos: "Hegel acalmava-me um pouco. Da mesma maneira que aos vinte anos, com o coração sangrando por causa de meu primo Jacques, eu lera Homero 'para pôr toda a humanidade entre mim e minha dor particular', tentava fundir no 'curso do mundo' o momento que estava atravessando".[39]

Nesse primeiro verão da ocupação, Simone lê o épico *A fenomenologia do espírito* de Hegel como poema da salvadora autointerdição em nome de uma lógica superior: "Continuei a ler Hegel, que começava a compreender melhor [...] o conjunto do sistema dava-me vertigem. Sim, era tentador abolir-se em benefício do universal, considerar a própria vida dentro da perspectiva do fim da história, com o desapego que implica também o ponto de vista da morte; como parecia então irrisório, este momento ínfimo da marcha do mundo, um indivíduo, eu! Por que me preocupar com o que me acontecia, com o que me cercava, exatamente aqui, agora?".[40]

A clareza com que Beauvoir percebe a sedução de um pensamento que, em suas palavras, compreende cada indivíduo "como uma formiga num formigueiro",[41] é proporcional à profundidade de sua resistência interna a ele. Enquanto um "eu" realmente se percebesse, seu próprio lugar e papel neste mundo não lhe seria indiferente. Se esse tipo de postura não estava vivamente em oposição à razão pura, ao menos à espontaneidade dos próprios sentimentos e sensações.

Em 11 de julho, finalmente, chegam notícias de Sartre! De um campo de prisioneiros nas proximidades de Nancy, escrito apressadamente a lápis, apenas duas semanas antes: "Meu adorável Castor, sou prisioneiro e estou sendo muito bem tratado, posso trabalhar um pouquinho e não me entedio demasiado".[42] Emoção e também alegria, mas a esperada libertação emocional não acontece. Sartre vive, está preso, ela já sabia disso tudo. A questão decisiva era por quanto tempo ele ainda seria mantido preso. Poderiam ser anos: "Sabe, Hegel é dificílimo, mas extremamente interessante, e você precisa conhecê-lo, tem parentesco com sua filosofia do nada".[43] Eles haveriam de esclarecer juntos o grau desse parentesco. Até lá, a ordem era trabalhar em barreiras contra o vazio interior.

A decidida

A terapia do Castor — "cartas, bicicleta, Hegel, cartas [...]" — funciona cada vez melhor. Em 14 de julho, dia da Queda da Bastilha, Beauvoir relata a Sartre um acontecimento decisivo para os meses seguintes: "Uma vez, atropelei um cachorro e, outra vez, duas mulheres, mas no geral foi glorioso. No Boulevard Raspail, topei com carros blindados cheios de alemães de preto; são os soldados dos tanques, acho, com uniformes totalmente pretos, grandes gorros e caveira. Sentei-me no Dôme, li trechos esparsos de Hegel; achei uma frase que serviria muito bem como mote do meu romance [...]. Subitamente tive um breve momento de fervor intelectual, fiquei com vontade de fazer filosofia, conversar com você, voltar a trabalhar no meu romance — mas estou indecisa demais para retomar o romance, não conseguirei mexer nele antes de vê-lo novamente".[44]

O gênio de Beauvoir se manifesta de novo. O romance voltou à sua consciência. Como, aliás, suas principais figuras de referência: Olga, a irmã Wanda, logo também o convalescido "pequeno Bost". No outono, a "família" tenta retomar a antiga vida da melhor maneira possível. As cartas de Sartre, agora numa prisão alemã (Stalag XII), nas proximidades de Trier, chegam em intervalos muito irregulares. O romance de Beauvoir avança de maneira acelerada mesmo sem a presença dele. O mote encontrado em *A fenomenologia do espírito* de Hegel a guia pelo último terço do trabalho. Está no capítulo sobre "Dominação e escravidão". Na epígrafe do livro, lê-se: "Toda consciência visa à morte de outra".[45]

Entre o espírito do mundo e o da própria existência havia por fim, também na obra de Hegel, uma terceira categoria de consciência: a categoria do outro ou dos outros. Nesse problema, que é também seu problema fundamental, ela vai expor a determinação incondicional, usando as personagens Françoise e Xavière. Em dezembro de 1940, há uma versão completa da obra. Suas últimas passagens são as seguintes:

> [...] [Françoise] pôs a mão no registro do gás [...] bastava baixar a alavanca do gás para aniquilar Xavière. "Aniquilar uma consciência. Como poderei?" Mas era possível que existisse uma consciência que não fosse a sua? Nesse caso ela não existia. Repetiu: "Ou ela ou eu". E baixou a alavanca. [...] Todos acreditariam num acidente, ou num suicídio. "De qualquer forma, não há provas", pensou. [...] Seu ato pertencia apenas a ela. "Fui eu quem quis." Era sua vontade que, nesse momento, estava se realizando. Nada mais a separava de si mesma. Escolhera a si mesma.[46]

O final de um romance que, na verdade, é apenas o início. Pois, nesse inverno, Beauvoir sente que finalmente também tomou uma decisão: um basta à resignação silenciosa e rumo à superação ativa da situação.

A escória da Terra

Pelo menos eles tinham escapado das prisões. No verão de 1940, isso era o máximo que se podia esperar do mundo. Assim como Heinrich Blücher, Hannah Arendt aproveitou o caos resultante da capitulação para fugir do aprisionamento. Juntamente com cerca de duzentos de 6 mil "*prisonnières volontaires*", ela havia escapado da prisão feminina de Gurs, perto dos Pirineus, levando nada além de sua escova de dentes. De Gurs, Arendt começa a caminhar para o leste, na direção de Lourdes, onde se encontra com Walter Benjamin, por sua vez fugido de Paris. "Foi na época da derrota, não havia mais trens; ninguém sabia onde famílias, maridos, filhos, amigos tinham ficado. Benji e eu jogávamos xadrez de manhã à noite e líamos jornais parisienses, quando os havia. Fomos levando assim até o momento do acordo de cessar-fogo com a famosa cláusula de extradição."[47] Isso foi em 22 de junho de 1940.

Além do cessamento do direito ao exílio, esse acordo continha a obrigação de extraditar aos nazistas ex-cidadãos alemães, "caso solicitados".[48] Isso se referia principalmente aos refugiados judeus, verdadeiro objetivo desse ponto. Portanto, era apenas uma questão de tempo até que a Gestapo começasse a ir atrás, também na França, de pessoas em listas montadas havia tempos, promovendo deportações para o Leste.

É com muita relutância que Arendt deixa Benjamin — até então seguro, mas num estado claramente suicida — para trás em Lourdes e começa a procurar por Heinrich. Um plausível ponto de encontro é Montauban, que fica a 180 quilômetros de distância a nordeste. Visto que a cidadezinha é governada por um prefeito socialista que protege os refugiados, no início de julho Montauban se transformou numa espécie de centro dos ex-presos que circulam sem rumo pelo país. Ao chegar lá, de fato Arendt encontra inúmeros amigos parisienses e membros da "tribo", principalmente Lotte Klenbort e o casal Cohn-Bendit.[49] E alguns dias depois, mais por acaso, também seu "monsieur". Assim como Arendt, desde o final de junho ele estava fazendo longas caminhadas pelo interior do país. Oficialmente casados a partir de janeiro de 1940, eles se mudam para o ateliê abandonado de um fotógrafo.

Arendt e os seus com certeza sabem que estão relativamente bem em Montauban. Em seu livro *The Scum of the Earth* [A escória da Terra],[50] o repórter de guerra e escritor Arthur Koestler — também em fuga pelo interior e vizinho e amigo de Benjamin na Rue Dombasle — relata a situação de outros "gursianos". Esperançosas de serem encontradas ali por seus próximos ou maridos, muitas pessoas ainda permanecem, durante semanas após a fuga, nas redondezas da prisão. Enquanto algumas trabalham no campo por comida e um lugar para dormir, outras são obrigadas a se prostituir nos bares e bistrôs do interior. Em suas anotações a esse respeito, Koestler relata em 13 de julho de 1940 uma "lamentável orgia" que um ajudante de ordens organiza numa sala lateral do bistrô Sus com três "gursianas", "duas polonesas e uma judia alemã. Ele mandou que lhes servissem Pernod com rum [...] encontrei com a judia no banheiro; ela estava passando mal, chorando e perguntando: 'Será que ele me arranja uma permissão de viagem?'. Quando voltei, Lefèbre me perguntou se eu tinha me deitado com a moça, ontem ele havia se deitado por vinte francos com uma judia de Gurs e o marido dela estava sabendo. 'Sujeito simpático, se assemelhava a um médico ou coisa parecida' [...]".[51]

Cadáver vivo

Notícias de suicídios chegam num ritmo cada vez mais intenso. Dispondo de algum livre-arbítrio — Arendt também acredita nisso —, havia situações às quais uma pessoa não devia se expor. O tema havia surgido várias vezes em Lourdes, com Benjamin, que sempre alertava ser impossível saber quando já era tarde demais até para esse passo. Em Gurs também houve suicídios, inclusive um suicídio coletivo entre os presos como forma de protesto. Mas então, se recorda Arendt, ao ouvir a observação de que as pessoas estavam ali "para bater as botas", a atmosfera repentinamente ficou animada. Afinal, "a opinião geral era a de que aquele ainda capaz de enxergar toda desgraça como fracasso pessoal e individual e, portanto, capaz dar um fim à sua vida de modo pessoal e individual, devia ser socialmente anormal e desinteressado da situação geral".[52]

Na tentativa de compreender a desgraça em curso e seus objetivos, era preciso, segundo Arendt, abstrair-se de todas as notas individuais. O universo não falava às pessoas de forma individual. Nem mesmo os nazistas agiam assim. Exatamente ali estava sua verdadeira bestialidade. O que lhes importava não era a perseguição ou o extermínio desse ou daquele indivíduo, e na verdade nem apenas o extermínio dos judeus em sua totalidade. Suas ações objetivavam a visão alucinada do extermínio de toda espontaneidade do comportamento ou até da percepção, ou seja, o plano de transformar "todo ser humano numa coisa que, sob condições iguais, sempre se comportará da mesma maneira".[53]

Em suas análises posteriores sobre a lógica dos campos de concentração, Arendt fala desse propósito totalitário de objetificação abrangente — quase igual a Simone Weil — como o "preparo de cadáveres vivos".[54] Segundo ela, na análise dos campos era preciso compreender primeiro "que aquilo que chamamos comumente de alma (ou caráter) pode ser destruído sem que o ser humano físico precise necessariamente ser destruído".[55] "O primeiro passo, decisivo, ao domínio totalitário", porém, consiste na "morte da pessoa jurídica, que no caso dos apátridas acontece automaticamente, visto que o apátrida está à margem do direito vigente".[56]

No mais tardar em 1940 esse objetivo foi alcançado. Como Arendt registra em seu ensaio "We Refugee" [Nós, refugiados], publicado em 1943, os judeus alemães na França tinham criado até "um novo tipo de seres humanos — aqueles que são colocados em campos de concentração por seus inimigos e em campos de internação por seus amigos".[57] Primeiro eles foram presos "porque eram alemães, depois não eram soltos porque eram judeus".[58] Ou seja, seu crime não era um ato ou um comportamento individual qualquer, mas sua mera existência, motivo pelo qual a maioria das pessoas recolhidas em campos foi recrutada entre aqueles que "não tinham feito nada, seja em sua própria consciência ou na de seus torturadores, que tivesse alguma relação racional com sua detenção".[59] Desse modo, quando considerados como indivíduos, eles estavam abaixo de quaisquer criminosos, estupradores ou assassinos.

Quem não teve coragem, nos caóticos dias de junho, de fugir por conta própria, logo viu-se novamente preso nos campos mais bem vigiados, podendo fazer sua própria avaliação de quanto tempo faltava para que os vigilantes franceses fossem substituídos por alemães.

Trânsito

O que é mais ilegal, ir ou ficar? É mais perigoso solicitar oficialmente uma permissão de passagem ou deixar para lá? O emaranhado de regras da situação em Montauban não era resultado de muito planejamento. O caos do lado francês era grande demais — os enunciados das regras não estavam muito claros nem quem as havia decretado.

Uma vez no poder como chefe de governo da França de Vichy, a primeira ação oficial de Pétain, em 11 de julho de 1940, foi acabar com a Constituição. Em vez do lema "Liberdade, igualdade, fraternidade", o novo *État français* iria se apoiar nas palavras de ordem "trabalho, família, pátria". Para os refugiados, tratava-se de um cinismo especialmente amargo. Afinal, num período de quase dez anos, pela segunda vez os pilares da sua existência estavam sendo subtraídos: eles haviam saído de suas casas, abandonado suas profissões, suas famílias tinham sido perdidas, deixadas para trás ou aprisionadas. Apesar de toda sua natural jovialidade e das expressões de solidariedade e amizade, nesses dias e semanas, também Arendt está numa luta muito particular contra o enrijecimento interno.

Em 2 de agosto, Walter Benjamin, que continua instalado em Lourdes e enfraquecido por uma gripe, escreve uma carta a Theodor Adorno em Nova York, na qual documenta de maneira intensa a situação da vida de quase todos os judeus alemães na nova França:

"A total incerteza sobre aquilo que traz o dia seguinte, a hora seguinte, domina há semanas minha existência [...]. Espero que tenha até agora lhe passado a impressão de manter a calma também nos momentos difíceis. Não acredite que isso mudou. Mas não posso negar o caráter perigoso da situação. Temo que aqueles que conseguirem se salvar dela algum dia poderão ser contados nos dedos".[60] Apenas uma semana depois, numa carta a Arendt, em Montauban, ele detalha novamente sua condição: "Tudo o que sei no momento é que em Nova York dizem que [...] um visto deve ter sido reservado para mim em Marselha. Você bem pode imaginar que eu adoraria ter ido imediatamente para lá. Mas parece impossível conseguir o salvo-conduto sem a confirmação de Marselha. Há vários dias enviei para lá um telegrama (com CR),⁶¹ a fim de receber a dita confirmação. Mas ainda não recebi nenhuma resposta. Ou seja, minha incerteza permanece, ainda mais porque não sei se meu esforço pela imigração não faria fracassar esse esforço por uma 'visita'. Um calor opressivo favorece minha tendência de manter tanto a vida física quanto psíquica em fogo baixo. [...] A grande angústia que me acomete ao pensar no destino dos meus manuscritos dói em dobro. Pouco contato com os amigos, poucas notícias".⁶²

Assim escreve uma pessoa isolada, cuja chama vital está prestes a se extinguir. Em primeira instância, ele não se preocupa mais consigo mesmo, mas com a possível perda do trabalho de sua vida. Semanas antes, Benjamin soube que a Gestapo havia revistado seu apartamento em Berlim, confiscando todos os manuscritos ali presentes.

Também para Arendt e Blücher, todo caminho rumo à liberdade passa por Marselha, o porto livre da França desocupada, a única cidade onde ainda era possível conseguir um visto e/ou uma passagem para o Norte da África pelo mar. De Montauban, eram apenas duas ou três horas de bicicleta. Em comparação com o ano anterior, as cotas de emissão de vistos pioraram claramente, mas Arendt podia contar com a ajuda do ex-marido Günther Stern, que nesse meio-tempo estava vivendo na Califórnia. E também com os contatos e o apoio da rede da Aliá da juventude. Monsieur Heinrich poderia acompanhá-la na condição de marido, disseram. Entretanto, as coisas se tornavam mais complicadas com a mãe de Arendt, que também tinha ido de Paris a Montauban.

Milhares de refugiados em Marselha querem apenas uma coisa: sair o mais rapidamente possível da França. Ninguém sabe ao certo como. Pelo menos, não legalmente. Pois, além de um visto do país de destino, via de regra era preciso uma permissão de trânsito através da Espanha e de Portugal, mas principalmente um documento válido para a saída da França [*visa de sortie*]. E este é cada vez mais impossível de ser obtido. O mercado clandestino está cheio de todo tipo de papéis, às vezes até autênticos. Simone Weil, também parada em Marselha com os pais, recebe a dica de que quem for primeiro a Casablanca pode escolher à vontade o país de destino. Dessa maneira, ela consegue em agosto de 1940 três vistos no consulado da Tailândia — só para descobrir, mais tarde, que os documentos são válidos apenas para navios que vão de Marselha para a Tailândia. Mas esse tipo de navio não existe e nunca existiu.[63]

Anjo da história

Quando Arendt e Blücher se encontram mais uma vez com Benjamin em Marselha, em 20 de setembro de 1940, ele está finalmente de posse de todos os documentos para uma passagem de Lisboa a Nova York — bem como de uma dose de morfina, que, como havia confidenciado ao ex-vizinho Arthur Koestler alguns dias antes, era suficiente para matar um cavalo.

Arendt se recorda com precisão do encontro: "O visto espanhol ainda tinha validade de oito ou dez dias, quando eu o revi [Benjamin]. Conseguir um *visa de sortie* era algo totalmente improvável. Ele me perguntou, desesperado, o que fazer [...]. Eu lhe disse [...] que, no meu entender, a continuidade desses vistos [espanhóis] era muito questionável e que talvez fosse o caso de arriscar deixá-lo caducar. Disse ainda que, claro, era melhor seguirmos a três, que era para ele vir a Montauban, mas que ninguém poderia assumir a responsabilidade por isso. Em seguida, ele se decidiu a partir sem mais".[64]

Enquanto isso, o casal Arendt/Blücher retorna a Montauban. Na bagagem, além de dois vistos para os Estados Unidos, há um manuscrito de Benjamin, que lhes confiou o trabalho na hora da despedida. Trata-se do texto "Sobre o conceito de história",[65] que Benjamin deve ter levado ao papel em Lourdes. Nesse painel frouxamente amarrado de vinte aforismos filosóficos, ele condensa de maneira poética todo seu pensamento sobre a relação entre o tempo, a historicidade e o papel do indivíduo. O aforismo IX contém a personagem do "Anjo da história":

> Seus olhos estão escancarados, sua boca dilatada, suas asas abertas. O anjo da história deve ter esse aspecto. Seu rosto está dirigido para o passado. Onde nós vemos uma cadeia de acontecimentos, ele vê uma catástrofe única, que acumula incansavelmente ruína sobre ruína e as dispersa a nossos pés. Ele gostaria de deter-se para acordar os mortos e juntar os fragmentos. Mas uma tempestade sopra do paraíso e prende-se em suas asas com tanta força que ele não pode mais fechá-las. Essa tempestade o impele irresistivelmente para o futuro, ao qual ele vira as costas, enquanto o amontoado de ruínas cresceu até o céu. Essa tempestade é o que chamamos progresso.[66]

Em 1940, com as costas voltadas para o futuro, o anjo de Benjamin não consegue reconhecer na história do assim chamado progresso nada além de ruínas e mortos que se amontoam. Nem mesmo asas de anjo conseguem enfrentar a força da tempestade. O texto, entretanto, termina com uma visão salvadora peculiar, pela qual Benjamin se inscreve numa tradição que ele — apesar dos longos esforços de Scholem — nunca conseguiu considerar totalmente sua:

> Mas nem por isso o futuro se converteu para os judeus num tempo homogêneo e vazio. Pois nele cada segundo era a porta estreita pela qual podia penetrar o Messias.[67]

Essas linhas, repetidamente lidas e relidas em voz alta, se tornam companheiras de Arendt na espera e na reflexão diárias em

Montauban. Os aviões de Hitler fazem seus primeiros ataques a bomba sobre a Inglaterra, a situação militar se torna ainda mais complicada. Em Gurs, chegam novas levas de prisioneiros: centenas de mulheres e crianças judias de Nordbaden e Karlsruhe, deportadas pela Gestapo à França, onde ainda há capacidade para as receber.[68] Os portões da liberdade começam a se fechar. Também durante muito tempo não há notícias sobre a passagem de Benjamin pelos Pirineus, em seguida surgem boatos nos quais Arendt por muito tempo se recusa a acreditar. Em 21 de outubro de 1940 ela tem certeza. E escreve para Scholem, na Palestina, a fim de informá-lo sobre o destino do amigo em comum:

Caro Scholem

Walter Benjamin suicidou-se em 26/9 na fronteira espanhola, em Port Bou. Ele dispunha de um visto americano, mas desde o dia 23 os espanhóis só permitiam a passagem de detentores de passaportes "nacionais". Não sei se você lerá estas linhas. Nas últimas semanas e meses, estive várias vezes com Walter, por último no dia 20, em Marselha. — Esta notícia chegou até nós, bem como à irmã dele, com quase quatro semanas de atraso.

Os judeus estão morrendo na Europa e são calcinados feito cachorros.[69]

Estava mais do que na hora de se mexer. Também para Heinrich e Arendt, tudo dependeria do momento certo. No início de janeiro, ambos partiram em direção aos Pirineus — a princípio, sem a mãe de Arendt. Benjamin também havia percorrido a rota sobre as montanhas, uma subida de várias horas sobre trilhas escondidas. E os ajudantes do Emergency Rescue Committee são os mesmos em ambas as fugas. Entre eles há uma antiga colega prisioneira de Gurs, Lisa Fittko. Nesse dia, porém, a passagem é bem-sucedida. Com um visto norte-americano válido, Hannah e Heinrich chegam a Lisboa no final de janeiro. Apenas um navio os separa do "país dos livres". Mais tarde, Arendt relatará a Scholem: "Procuramos pelo seu túmulo [de Benjamin] em vão: não o achamos em lugar nenhum, seu nome também não aparecia".[70]

Fracassos

"Se a história mundial não fosse tão torpe, viver seria prazeroso",[71] uma máxima de Hannah Arendt com a qual Ayn Rand poderia ter se identificado durante toda a sua vida. Principalmente no inverno de 1940. Em 5 de novembro de 1940, os eleitores americanos conduziram Franklin Delano Roosevelt para seu terceiro mandato. Para Rand, trata-se não apenas de uma catástrofe política como também de um fracasso pessoal. Durante um longo outono, na condição de cabo eleitoral, ela tocou campainhas, distribuiu folhetos e broches ("Wendell Willkie: America's Hope"), para logo fazer discursos laudatórios em salões e salas de cinema sobre seu candidato, inclusive debatendo no meio da rua com outros nova-iorquinos: "Por que você está se metendo com os Estados Unidos? Afinal, você é estrangeira!" — "Eu *decidi* ser americana. Qual foi a sua motivação, fora ter nascido aqui?".[72] Em vão.

No fim das contas, Wendell Willkie, um milionário self-made de Indiana não teve nenhuma chance. Escolhido pelos republicanos quase no fim da disputa como candidato-surpresa, sua campanha logo sofreu com o fato, bastante divulgado, de Willkie ter sido filiado aos democratas até 1939. Um pesado golpe para sua credibilidade, principalmente entre os influentes círculos de direita da assim chamada "Old Right".

O entusiasmo de Rand também logo evaporou. Em oito anos de New Deal, a taxa de desemprego ainda estava acima de 15%. Em vez de priorizar sua agenda pró-negócios, Willkie preferia falar longamente com os eleitores sobre suas "raízes na área rural de Indiana". Ele não conseguiu emplacar nem uma declaração clara contra a entrada dos Estados Unidos na guerra, no sentido de uma política "*America First*". A sentença de Rand após o fracasso foi previsível: "De todas as pessoas que estão determinadas a destruir os Estados Unidos, Willkie era o mais culpado. Muito mais culpado do que Roosevelt, que era apenas uma criatura do seu tempo".[73]

Dessa maneira, 1940 terminou exatamente como havia iniciado para Rand: com um novo fracasso. Na esperança de mais um sucesso nos palcos, no ano anterior ela havia parado de trabalhar no romance *A nascente* a fim de escrever uma versão teatral de sua primeira obra, *We the Living*. A adaptação do romance mostrou-se torturante, como era de esperar. Mas a peça tinha sido encomendada por um famoso produtor da Broadway, ou seja, era potencialmente muito lucrativa. Intitulada *The Unconquered*, estreou em Nova York, com grande estardalhaço, em 13 de fevereiro de 1940 — para, na mesma noite, ser considerada pela crítica, de maneira unânime, como "um dos grandes fiascos da estação".[74]

Em seguida, Rand se fecha por dois dias em seu quarto. Nem mesmo Frank está autorizado a entrar. Ao pôr os pés para fora novamente, sua primeira ação é escrever uma carta anunciando uma doação aos Fighting Funds for Finland, endereçada ao general John F. O'Ryan: "Em anexo o senhor encontra minha doação para seu fundo de auxílio destinado à aquisição de armas para a Finlândia. Permita-me expressar minha admiração por seu trabalho, que serve a um grande objetivo".[75] O Exército finlandês de apenas 300 mil homens continuava mantendo sua posição no terceiro mês dessa "guerra de inverno" diante de um inimigo soviético superior. Um exemplo reluzente de força de resistência.

O "princípio Toohey"

Na manhã seguinte, Rand está sentada novamente junto à sua escrivaninha. O tempo urge. No ano anterior ela já tinha descumprido o primeiro prazo para a entrega do romance. De acordo com o contrato, agora o manuscrito deveria ser entregue em outubro. Na verdade, algo da esfera do impossível, pois nem um terço estava pronto. O beco sem saída se estreitava a cada dia. Mas o que valia para os finlandeses também vale para Rand: capitular não é opção.

Principalmente porque os métodos e objetivos do inimigo revelam-se de maneira cada vez mais clara diante dos olhos. A conflagração militar mundial, que Hitler e Stálin estavam espalhando por todos os cantos do globo, tinha sido precedida por uma forma totalmente nova de condução de guerra — inclusive nos Estados Unidos. Essas infiltrações mentais em nome de conceitos-chave mal interpretados deviam ser trazidas à tona, com absoluta clareza, e personificadas em personagens literárias da maneira mais comovente possível.

Uma experiência reveladora, decisiva nesse sentido, aconteceu em 1937, quando Rand assiste a um evento do politólogo e ensaísta britânico Harold Laski na New School (de orientação esquerdista), em Nova York.[76] Laski, um intelectual com fama de astro nos Estados Unidos, que se gabava publicamente de aconselhar Roosevelt, havia anos realizava palestras concorridas sobre questões sociais da atualidade — e um tema frequente, que correspondia ao espírito da época, era a relação tensa entre democracia e capitalismo.

Rand mal pôde acreditar na sua sorte. Lá estava ele: o anti-Roark por excelência! De grande capacidade retórica, com a evidente arrogância de suas apresentações sempre abafada por uma leve ironia, ele usava das palavras e das teses certas para que a cena cultural de Nova York aplaudisse aquilo que ela havia internalizado como correto nesses longos anos de silenciosa propaganda subliminar. Ela precisava apenas observar Laski, ouvi-lo e copiar suas palavras.

Um nome adequado para Laski também foi rapidamente encontrado. Como de hábito no universo dos romances de Rand, um aptônimo: Ellsworth M. Toohey (*"else worth"*, outro valor). Toda a segunda parte do romance (de um conjunto de quatro) será dedicada a ele, como grande e diabólico antagonista de Roark. No decorrer da primavera de 1940, Rand consegue desenhá-lo definitivamente como personagem. Na condição de crítico de arte mais influente do jornal mais influente da país, Toohey iria propagar, a partir de Nova York, seu terrível propósito de nivelar todas as coisas.

22 de fevereiro de 1940

O objetivo de Toohey é a destruição dos fortes, dos individualizados, dos originais, dos saudáveis, dos alegres — e isso com a arma das "outras pessoas", do humanitarismo.[77]

22 de abril de 1940

Toohey se transformou numa figura da sociedade extremamente poderosa. É o diretor inoficial da vida intelectual e cultural do país. Com suas inúmeras "organizações", ele "coletivizou" as artes — e não permite nenhum tipo de celebridade, exceto dos medíocres à sua escolha.[78]

Toohey destrói toda forma de independência e toda grande conquista da pessoa [...]. A fim de desacreditar toda grande conquista, ele estabelece padrões de avaliação que são facilmente compreensíveis para qualquer idiota.[79]

De acordo com a visão de Rand, a autêntica condição cultural do avanço totalitário era o ofuscamento — realizado de maneira dirigida e abrangente — da capacidade de avaliação de cada indivíduo. E sua consequência era mais visível na capacidade de avaliação estética; mais especificamente, na avaliação de obras de arte.

Em seu papel como mestre do nivelamento, o crítico de arte Toohey encarna, para Rand, a banalidade do suposto "bem" (do "humanitário", do "social"...), que na realidade quer atacar aquilo que caracteriza o indivíduo como tal e o deixa agir: o sentido do autenticamente belo, o sentido de como a existência humana deveria — e também poderia — ser. Ou seja, na dicção de Rand, aquele tipo de *"sense of life"* que o herói Roark persegue obstinadamente em sua vida como arquiteto e com uma intransigência quase sobre-humana. O que Toohey quer derrotar com todas as armas do jornalismo é a coragem e a capacidade de avaliar de maneira independente e de criar coisas novas, personificadas no romance por Roark. Em outras palavras: pensar, criar, agir sem o arcabouço dos outros.

No verão de 1940, Rand destaca, numa nova sinopse geral do romance, os aspectos sociais e políticos, estrito senso, do "princípio Toohey" e os conclui lapidarmente com o ameaçador triunfo global do totalitarismo europeu:

> No fundo, ele [Toohey] é estéril; não demonstra grandes paixões por nada e não tem interesses próprios — exceto por outras pessoas. Por essa razão não tenta alcançar a superioridade, mas quer destruir o conceito de superioridade. Ele próprio não consegue ascender. Consegue apenas puxar os outros para baixo. Não consegue procurar pelo maior. Consegue aplainar. A igualdade se torna sua maior paixão.[80]

A grande contradição, a batalha dos dois grandes princípios em cada consciência humana, aparece claramente diante de seus olhos — o individual versus o coletivo, um versus muitos, o "eu" e o "eles/elas" [*they*] [...]. Ele sabe que a fonte de todo mal e de todo sofrimento, de toda frustração e de todas as mentiras é o senso do coletivo [*collective sense*]; a infiltração de outras pessoas nos temas básicos de um ser humano. E, como ele aspira a uma destruição de verdadeira grandeza, torna-se inimigo dos indivíduos e o grande mestre do coletivismo.[81]

O programa de sua vida [Toohey] é simples: destruir as pessoas ao associá-las a outras; ou seja, a pregação da disponibilidade do autossacrifício, da autonegação, da autodesclassificação, a pregação da escravidão espiritual de cada um em nome de todos os outros, para assim combater o grande criador e libertador — o ego das pessoas. Toohey é conhecido como o "grande humanitário". [...] Escravidão universal — libertada inclusive da dignidade de um mestre. Escravizar escravos. Um grande círculo e igualdade completa. Eis Ellsworth M. Toohey.[82]

Falsa igualdade

Em 1940, Rand enxerga o mundo à beira do totalitarismo. Nessa situação, também desenvolve uma teoria do mal radical, cujo principal objetivo político é a escravização total e a desindividualização do ser humano pela mão humana. Inicialmente ela imagina que isso é colocado em ação por uma alta cultura de massas, que tudo nivela em nome da igualdade — e insignificância — uniforme, festejada por cínicos reconhecidos à la Toohey. No lugar da satisfação desinteressada, o mundo de Toohey apresenta o satisfeito desinteresse; no lugar da coragem de se servir da própria razão, entra a coragem gratuita de sempre julgar todos e como todos; no lugar da capacidade de diferenciação cultural de outrora, entra o desejo de indiferença total.

Numa das passagens centrais do romance, num diálogo com Peter Keating, arquiteto por ele "festejado", mas na realidade absolutamente banal, Ellsworth M. Toohey expressa esse credo da seguinte maneira: "Não acredito no individualismo [...]. Não acredito que homem algum seja qualquer coisa que todos os outros não possam ser. Acredito que todos somos iguais e intercambiáveis".[83]

Aos ouvidos de Rand, esse é o princípio condutor totalitário por excelência. Prestando bastante atenção, seria possível reconhecê-lo em todos os lugares e, inclusive nos Estados Unidos, representando a luz sob a qual qualquer manifestação pública era avaliada como razoável, moralmente sustentável e/ou apropriada.

Para ela, essa visão de igualdade total como intercambialidade total e, portanto, insignificância individual, se desenvolveu no âmbito da arte e alcançou seu ponto final inumano na perda generalizada do estado de consciência mais elementar, aquele da individualidade de cada eu humano.

Manhattan Transfer

Esse processo estava a todo vapor, tanto cultural quanto militarmente — também e sobretudo na vida pública dos Estados Unidos. Reconhecíveis para todos, Rand usaria pessoas da vida real como inspiração às personagens de seu romance, que se passa nos anos 1930 em Nova York. A atuação profissional de Roark (do ponto de vista psíquico, um gêmeo da autora) como arquiteto estava claramente colada na carreira de Frank Lloyd Wright — que Rand venerava profundamente e com quem tentou várias vezes (em vão) entrar em contato. O modelo de Toohey como intelectual de esquerda nova-iorquino era Harold Laski. Por fim, os traços essenciais do titã da mídia Gail Wynand, para cujas publicações Toohey trabalha, vieram do mais influente e controverso dono de veículos de comunicação dos Estados Unidos, William Randolph Hearst.

De acordo com o conceito básico de Rand, já retrabalhado, a obra seria mais do que apenas uma alegoria atemporal sobre a batalha entre o indivíduo e o coletivo na nossa vida psíquica, mas sim um romance *à clef* sobre a ameaçadora autorrendição dos Estados Unidos ante o totalitarismo em trajetória mundial vitoriosa. Um cenário de horror iminente que, ao menos na visão de Rand, tinha um responsável: o presidente Roosevelt e seus poderes realmente quase ditatoriais.

Diante desse cenário, a decisão que Rand tomou no outono de 1940, apesar das dificuldades financeiras e deadlines muito apertados, de deixar tudo de lado e se engajar, com a incondicionalidade que lhe era característica, como cabo eleitoral voluntária dos republicanos, aconteceu por motivos totalmente egoístas — ela já tinha sentido no próprio corpo os efeitos do "princípio Toohey". Na medida de sua própria força, queria impedir o pior resultado político possível em seu novo país. Além disso, não há dúvida de que Rand, como artista, se sentia pessoalmente oprimida e difamada pelas dinâmicas descritas, principalmente aquelas dos Tooheys da vida cultural de Nova York.

Naquele momento, novembro de 1940, ela se via batida em todas as frentes, tanto política quanto profissionalmente: a peça de teatro foi cancelada depois de apenas cinco apresentações, o contrato do romance foi encerrado em definitivo pela editora, a relação com sua agente Jean Wick estava profundamente abalada.[84] Além disso, Hitler e Stálin avançavam de maneira implacável e a maioria do eleitorado parecia limitada demais para acertar a soma de um mais um. Até seu amplo apartamento na Park Avenue em Manhattan foi desocupado. Frank e ela estavam morando num apartamento de dois quartos abaixo do nível da rua perto da Lexington Avenue.

O patriotismo constitucional de Rand

Entretanto, havia também sinais encorajadores. Durante suas inúmeras apresentações em público e principalmente por meio de conversas com a chamada "base", ela tinha se familiarizado com uma perspicácia mundana e uma racionalidade política que transformou sua postura anterior claramente elitista em relação a esses "demasiados". O eleitorado dispunha de senso de liberdade; o que faltava era apenas achar a forma correta de se dirigir a ele, de mobilizá-lo politicamente de maneira efetiva. Desse modo, independente da gravidade da situação, ela não era desesperançada. Principalmente se fosse possível virar a chave. Ou seja, contrapor — da melhor maneira leninista — aos formadores de opinião na cultura e na mídia, supostamente de tendência totalitarista, uma elite defensora da liberdade. E assim fazer reflorescer "do alto", com apoio dos meios de comunicação de massa, aquele autêntico desejo americano por "*life, liberty and hapiness*", que tornava os Estados Unidos tão únicos.

Na virada de 1940-1941, Rand vislumbra, de modo cada vez mais concreto, uma contrarrevolução política, baseada no documento mais direto e profundamente político que prometia defender de forma incondicional a liberdade de decisão de todo e qualquer indivíduo: a Declaração de Independência e a Constituição dos Estados Unidos. Em vez criar uma mobilização a partir de determinada etnia ou apenas de uma nação, esse movimento nasceria respaldado por um documento, refletindo um puro patriotismo constitucional.

Pois também essa foi uma descoberta essencial feita nos meses de campanha nas ruas, redações e agremiações políticas de Nova York. Rand não estava tão sozinha e isolada em suas convicções políticas e preferências intelectuais como os anos junto à sua escrivaninha de nogueira tinham feito parecer. No decorrer desse outono, ela entra em contato com autores como o escritor e ensaísta Albert Jay Nock, que em 1935 lançou o best-seller *Nosso inimigo, o Estado*. Ou como Harry L. Mencken, jornalista de ascendência alemã e tradutor de Nietzsche, que com suas colunas tão brilhantes do ponto de vista da língua quanto controversas pelo seu conteúdo, era um dos críticos mais eficazes de Roosevelt. Ela também foi atrás da escritora e crítica literária Isabel Paterson, colunista do *Herald Tribune* que defendia posições com as quais Rand podia se identificar em grande medida.[85]

Visto que Roosevelt havia conseguido, no decorrer dos anos 1930, reivindicar para sua forma de política o adjetivo "liberal",[86] eles se chamaram de "libertários", numa diferenciação conscientemente agressiva ao procedimento de Roosevelt. Claro que não seria algo simples atrair individualistas tão radicais para participar de uma organização ou de um partido político, mesmo que suas linhas programáticas se limitassem a ser "uma organização contra as organizações". Rand tem exatamente esse grupo em vista quando, em janeiro de 1941, começa a redigir o documento fundador. Seguindo a melhor prática revolucionária russa, ela escolhe a forma de uma "carta aberta" aos eleitores americanos.

I want you!

A fim de apresentar a dramática situação, Rand inicia sua carta — possivelmente de maneira não muito adequada do ponto de vista psicológico — com um ataque contra esses mesmos eleitores:

> Você, que lê estas linhas, representa a maior ameaça aos Estados Unidos. Independente do resultado da guerra na Europa, o totalitarismo já conquistou completamente a cabeça de muitos americanos e dominou toda a vida intelectual do país. Você foi cúmplice [...]. Não se iluda quanto às ameaças. Você vê o que está acontecendo na Europa [...]. De qual

outra comprovação você precisa? Não desdenhe dizendo "Aqui isso não vai acontecer" [*It can't happen here*] [...]. Será que poderia acontecer na França? Há um ano essa pergunta teria provocado risos. Agora, *aconteceu também na França* — a França, a mãe da liberdade e da democracia. A França, a nação intelectualmente mais autônoma da Terra.[87]

Enquanto isso, Rand ainda é estritamente contrária à entrada dos Estados Unidos na guerra. O que importa é a batalha ideológica no front caseiro. Justo nessa área é preciso mostrar uma resistência decisiva, pois: "Os totalitários não querem seu apoio ativo. Eles não precisam dele. [...] Tudo o que querem é sua indiferença!".[88] Principalmente porque o totalitarismo, até análises em contrário, não é um fenômeno novo na história do mundo, mas muitíssimo antigo, ou seja — e aqui Rand recai novamente em sua antiga dicção elitista nietzschiana —, trata-se de "controlar a ambição dos sem-valor e dos criminosos de controlar a sociedade. Esse elemento nunca falta, em país nenhum. Mas uma sociedade saudável não lhes dá chance".[89] Profundamente imbricado com essa ambição está o segundo elemento, comum a todos os movimentos totalitários — como é claramente observável nos exemplos da Alemanha nazista e da União Soviética de Stálin:

> [...] *que é a superioridade do Estado sobre o indivíduo*. O coletivo detém todos os direitos, e o indivíduo, nenhum [...]. Esse é o ponto decisivo [...]. O desespero presente foi possibilitado por pessoas que perderam todo respeito por um ser humano único, individual, e que aceitam a ideia de que classes, raças e nações significam alguma coisa, mas não as pessoas individuais; que a maioria é sagrada, mas uma minoria não passa de uma sujeira; que o rebanho conta, mas que o ser humano não é nada. Qual sua posição a respeito disso? Aqui não há meio-termo.[90]

A fim de abrir o caminho para a decisão de cada um, Rand define o núcleo de uma sociedade aberta — que deve ser defendido incondicionalmente — como o "princípio de direitos individuais, liberdade individual, valores individuais. *Esse* é o cerne da questão que está em jogo no mundo. *Essa* é a única oposição ao totalitarismo e nossa única defesa contra ele".[91]

Eis a batalha a ser conduzida, aproveitando-se dos mesmos meios ocultos e abertos que o lado oposto já usa há tempos em proveito próprio: propaganda, textos ensaísticos, bem como as grandes artes populares, a literatura e o cinema (que, segundo Rand, têm seus efeitos profundos totalmente desprezados).

Em sua opinião, os romances e os filmes criam e influenciam a subjetividade. Obras verdadeiramente profundas e populares definem a consciência de uma pessoa de maneira mais abrangente e firme do que fenômenos superficiais como o jornalismo e a publicidade. Também e exatamente nesse nível era preciso conduzir a batalha de maneira consciente; em especial no contexto americano, era preciso reconhecê-la e aceitá-la. Por fim, a conclusão da carta traduz aquilo de que Rand tinha certeza absoluta: "O mundo é um lugar maravilhoso e valioso, pelo qual é preciso lutar. Mas não sem liberdade".[92]

Sem um contrato de publicação de livro, sem outras rendas nem ideias muito concretas daquilo que o ano de 1941 poderia lhe proporcionar, Rand envia sua carta primeiro ao escritor e dramaturgo Channing Pollock, vislumbrando que ele seria um dos possíveis membros do primeiro círculo libertário que ela espera criar. Rand tinha se decidido completamente pelos Estados Unidos. E ela não era uma mulher que mudava as suas convicções. Enfrentaria a próxima tempestade com tudo o que era e com tudo o que estava em condições de fazer. E não de costas, mas de frente para o futuro.

VII.
Liberdade

1941-1942

*Beauvoir se emancipa, Arendt se isola, Weil escreve
seu testamento, e Rand, sua certidão de nascimento*

Como que libertada

Um ano após a ocupação de Paris, Simone de Beauvoir encontra um novo sentido para a vida. A rigidez se transformou em decisão, a depressão virou otimismo atuante, e o medo da morte, uma despreocupação, "mas de maneira diferente de outrora. Os acontecimentos tinham me mudado [...]. Admitia, afinal, que minha vida não era uma história que eu contava a mim mesma, e sim um compromisso entre mim e o mundo; desde logo as contrariedades, as adversidades tinham deixado de se apresentar a mim como uma injustiça; não havia como revoltar-se contra elas, era preciso encontrar um meio de contorná-las ou suportá-las; eu sabia que teria que atravessar horas sombrias, que talvez mesmo nelas me abismasse para sempre [...]. Aproveitei a primavera, o verão; acabava meu romance".[1]

O retorno de Sartre da prisão de guerra é um fator determinante nessa mudança de humor. Entretanto, em relação à nova postura suavemente otimista de Beauvoir, a presença dele a princípio a irritou: "O que me desorientou foi a rigidez de seu moralismo. Valia-me do mercado clandestino? Sim, comprava um pouco de chá de vez em quando; era demais, disse-me. Eu errara em assinar o papel afirmando que não era da maçonaria nem judia. [...] se viera para Paris não fora para gozar as doçuras da liberdade, e sim para agir. Como?, perguntei-lhe atordoada".[2]

Por meio de engajamento político, *Résistance*! Já no final de março de 1941, apenas poucas semanas depois de sua volta, ele organiza uma primeira reunião no Hotel Mistral. O encontro se dá no quarto de Beauvoir. Presentes, antigos alunos de Sartre, amigos de Bost, bem como alunos de Merleau-Ponty, que estava lecionando na universidade e se tornara comunista. Todos se dizem incondicionalmente decididos. Entretanto, ninguém sabe exatamente para quê.

Os jovens agitados do grupo pedem por atentados individuais. Mas com que bombas? E com qual know-how? Além disso, Sartre enxerga que a necessidade de ação está, em primeiro lugar, na reflexão. "Se as democracias ganhassem", ele apresentava sua agenda, "a esquerda teria necessidade de uma nova doutrina." A ela deveria ser fornecido um sólido fundamento, formado a partir de discussões e planejamento. O núcleo do programa "cabia em duas palavras — cuja conciliação põe grandes problemas — que serviram para batizar nosso movimento: Socialismo e Liberdade". Se a Alemanha, entretanto, ganhasse a guerra, "nossa tarefa seria fazê-la perder a paz".[3] Algo que parecia bem mais provável no início do verão de 1941.

No Egito ou na Noruega, na Grécia ou na Iugoslávia, a Wehrmacht capitalizava vitórias acachapantes. Inebriada pela própria força, em 22 de junho de 1941 a Alemanha ataca a União Soviética — quebrando o acordo, sem declaração de guerra e para a absoluta surpresa de Stálin. Semelhante à batalha dos Bálcãs, a Operação Barbarossa está planejada para ser uma "guerra-relâmpago". O comando do Exército conta de quatro a seis semanas para a conquista. A "luta dos germanos contra os eslavos",[4] declarada por Hitler como a verdadeira guerra principal, deve ser conduzida de forma especialmente inflexível. O objetivo declarado não é apenas a vitória, mas a extinção, no sentido de uma "destruição impiedosa do inimigo, total". Os próximos passos também já estão fixados: "Afeganistão, Índia, Irã, os turcos, Síria, Iraque, o Norte da África, Gibraltar, Malta e as ilhas atlânticas".[5]

O desencadeamento da guerra absolutamente sem fronteiras coincide com o início do genocídio dos judeus da Europa. Também em 22 de junho de 1941, em áreas da antiga Polônia, cerca de 3 mil soldados alemães de um comando especial começam a assassinar judeus. Primeiro apenas os homens, logo também as mulheres e as crianças. (Até abril de 1942, o número total de pessoas judias mortas assim será de cerca de 560 mil.[6] Ou seja, em média, mais de 10 mil execuções por semana.) A partir de então, não haveria mais volta.

As consequências dessa escalação são imediatamente perceptíveis também em Paris. "Doravante, era proibido aos judeus possuir, dirigir ou gerir qualquer empresa", Beauvoir escreve sobre o início do verão de 1941. "Vichy ordenara-lhes que se fizessem recensear [...]. Milhares de judeus estrangeiros foram internados num campo, em Pithiviers, e começaram a deportá-los para a Alemanha."[7] A pressão sobre as inúmeras células de resistência ativas em Paris também aumenta. O que dificulta a Sartre encontrar a desejada conexão com elas. Além do mais, sua reputação não é das melhores nesses círculos. De um lado, isso se deve ao seu celebrado estilo de vida como burguês libertário de salão; de outro, à história que ele fez circular sobre os motivos de sua soltura. Ele foi liberado da prisão por problemas de saúde fingidos (distúrbios de equilíbrio), bem como por seu olho estrábico. Ou — mais plausível para afiados ouvidos da *Résistance* — para, vigiado pela Gestapo, entrar em contato com pessoas em Paris, algo que ele realmente fez. O homem era um diletante bem-intencionado ou um espião disfarçado. Possivelmente as duas coisas. De todo modo, não se tratava de um companheiro digno de confiança incondicional. Nas palavras de Samuel Beckett, cujo grupo de resistência Gloria também foi procurado por Sartre à época: "Sempre havia aqueles que ninguém levava a sério, nem os *résistants* nem a Gestapo. Muita gente era de opinião que Sartre fazia parte desse grupo".[8]

Assim como só é possível se comprovar a qualidade do garçom na hora em que os clientes fazem seus pedidos, Sartre depende da benevolência dos outros no papel de ativista da Resistência. E ela não lhe será concedida.

Inclusive Beauvoir levanta dúvidas a respeito de seu novo projeto. Para ela, Sartre era imprescindível não como herói erótico ou político, mas apenas como interlocutor e alguém profundamente confidente que a inspirava: "Impossível viver perto dele horas tristes [...] sua curiosidade, sua paixão animavam-lhe cada parcela [...] quantas coisas ainda para olhar, compreender, amar!".[9] Finalmente ele estava de volta, a única pessoa com a qual ela podia falar sobre tudo e com quem também tinha vontade de discutir: a última moda das refugiadas em Paris (turbantes), as bizarras miniesculturas do sr. Giacometti (uma conquista de Sorokin, ocorrida num café) ou o conceito da simpatia na fenomenologia de Max Scheler. Como era possível, questionava Scheler, querer pensar e sentir tal como o outro? E mesmo que esse outro fosse profundamente amado e admirado? Que compulsão era essa?

Finalmente emancipada

Mais uma boa pergunta. Para Beauvoir, entretanto, não era a principal. Durante todo o ano anterior, em que ela terminou o romance, foram principalmente as tensões entre Hegel e Heidegger que a mobilizaram. De forma mais específica, o problema "de como o universal pode ter um sentido, se o indivíduo não tem".

O sistema de Hegel defendia uma universalidade anônima do espírito do mundo [*Weltgeist*], que ameaçava incapacitar o indivíduo ainda mais do que a pressão social por conformidade de um "alguém" sem rosto. Heidegger, por sua vez, representava a determinação radical da existência individualizada, que a princípio e principalmente se preocupa com a conquista de sua (e de nenhuma outra) autenticidade. O ponto de ruptura filosófico decisivo para Beauvoir pode ser datado com precisão: 9 de janeiro de 1941 — dois meses após o regresso de Sartre a Paris. O registro em seu diário de guerra é o seguinte:

> Uma das ideias de Hegel que me impressionou tanto: a exigência do *reconhecimento* mútuo das consciências — pode servir como base para uma visão social do mundo —, o único absoluto é a consciência humana, que exige a *liberdade* de cada consciência para que o reconhecimento seja válido e livre; reconhecimento no amor, na expressão artística etc. Ao mesmo tempo, a ideia existencial de que a realidade humana não *é* outra coisa do que aquilo que *ela se faz*, aquilo rumo a que ela transcende.[10]

Longe de tentar uma mera síntese entre Hegel e Heidegger, Beauvoir se apropria de determinados temas de seus pensamentos e cria, baseando-se em anos de leituras e discussões (com Sartre), um novo tipo de filosofia da liberdade fundamentada no reconhecimento existencial mútuo. Em vez de moldar a relação do "eu" e do "outro" como uma batalha, cujo resultado sempre é o de vencedores (senhores) e perdedores (servos), Beauvoir a declara uma situação que só pode ser ganha por todos em conjunto e em igualdade de condições. Ninguém é uma ilha. Ninguém pode ser livre apenas por si. A verdadeira condição de minha liberdade está na liberdade da consciência do outro — prosseguindo o raciocínio, no livre reconhecimento de todas as outras consciências. Politicamente, sob o signo da emancipação existencial mútua, o resultado é a exigência de uma luta libertária para todos e em favor da liberdade de cada um. Liberdade *e* socialismo.

O elemento essencial de Heidegger que permanece nessa nova filosofia de Beauvoir é a afirmação de que "a realidade humana não *é* outra coisa do que aquilo que *ela se faz*". Ou seja, a recusa explícita de qualquer forma de mão oculta, estratagema ou legitimidade que conduz o mundo dos seres humanos — seja de orientação hegeliana, marxista ou religiosa: nenhuma dialética sem rosto às costas do ser, nada de leis deterministas de desenvolvimento sobre base puramente econômica, nada de antevisão, nada de juízo final, nada de destino. O verdadeiro criador e a real medida permanecem sendo apenas o ser humano lançado à liberdade de sua existência — como um entre vários. O fogo da liberdade individual e o fogo da liberdade política eram, na verdade, a mesma coisa. E ele ardia em cada um de nós — para cada um.

Para Beauvoir, o que mais claramente confirma o feito alcançado de maneira autônoma é seu sentimento de estar cometendo uma espécie de traição àquele que ainda é a única pessoa indispensável na sua vida:

> Afastei-me bastante do ponto de vista hegeliano que me foi tão útil em agosto. Recuperei novamente a consciência da minha individualidade do ser metafísico, oposta ao infinito histórico no qual Hegel dilui tudo de maneira otimista. Angústia. Finalmente compreendi que sentia certa nostalgia no ano passado: da solidão, de uma solidão tão profunda como em face da morte. Ano passado, ainda estava com Sartre — agora vivo num mundo em que Sartre está ausente, silenciado. Do ponto de vista psíquico, muitas vezes senti um orgulho idiota de ser tão estável e superar tudo tão bem. Hoje, entretanto, esses mecanismos de proteção superficiais não me ajudam mais. Estou tonta. Acho que temos apenas um motivo suficiente para aceitar a morte, que é a esperança de preservar o próprio *ser*. Não se trata de "motivos para viver" — não se trata da vida. É mais. Tornar-se formiga entre

as formigas ou consciência livre frente às consciências. Solidariedade *metafísica*, uma descoberta nova para mim, que era solipsista. Não posso ser consciência, espírito, entre as formigas. Compreendo por que nosso anti-humanismo era míope [...] não há outra realidade senão a humana — todos os valores fundamentam-se nela. E o "aquilo rumo a que ela transcende" sempre nos emocionou e determinou nosso caminho. Desde o dia 21 de novembro só fiz fugir — porque esse recomeço solitário me pareceu uma traição. Agora ele se consumou por si. Mas tenho a impressão de que o cometo tanto por ele quanto por mim. E mais que nunca sinto (de maneira incoerente) que me mataria caso não pudesse voltar a vê-lo.[11]

Depois de mais de dez anos de ascensão filosófica, em janeiro de 1941 Beauvoir pressente que finalmente saiu da caverna de sua consciência: o solipsismo se torna solidariedade metafísica; o narcisismo hedonístico, a confissão sem medo de ter sido parida e, portanto, de ser mortal como os outros. Não havia como apresentar motivos mais profundos ou comprovações definitivas. Em seu lugar, porém, entra algo muito mais fundamental: a clara consciência da possibilidade de abraçar essa liberdade recém-descoberta por meio da ação. Não como formiga ou senhora, mas como indivíduo autenticamente livre.

Carga positiva

Quase não existe casal que, após um período longo de separação, não precise superar uma fase de readaptação. Principalmente quando as experiências vivenciadas nesse período são muito marcantes. No caso de Beauvoir e Sartre, além da estranheza sentida mutuamente na primavera de 1941, acrescentam-se, como vimos, outras profundas divergências filosóficas.

Na volta a Paris, Sartre está trabalhando em sua obra magna *O ser e o nada* — mais especificamente, no capítulo sobre "A temporalidade".[12] O livro, de mais de mil páginas, lançado em julho de 1943, contém apenas cinco páginas que tratam de questões sobre ética, bem no fim do volume. No capítulo "Perspectivas morais", Sartre afirma que diante do pano de fundo de sua filosofia, moralmente "dá no mesmo embriagar-se solitariamente ou conduzir os povos. Se uma dessas atividades leva vantagem sobre a outra, não o será devido ao seu objetivo real, mas por causa do grau de consciência que possui de seu objetivo ideal".[13]

Em seu niilismo vazio de conteúdo, essa posição está em infeliz contradição com a defendida por Beauvoir. Era exatamente isso que faltava a Stálin e a Hitler do ponto de vista moral, o que os tornava humanamente insustentáveis: um grau insuficiente de consciência diante de seus ideais? Uma falta de autotransparência, de autenticidade?

Como pessoa e também como mulher ao lado de Sartre, durante toda a vida Beauvoir foi muito preocupada em defender sua relação intelectual com Sartre, principalmente devido à genialidade e originalidade filosófica dele. Entretanto, isso não corresponde à dinâmica interna daquela corrente, que, sob o auspício absolutamente egocêntrico de Sartre, haveria de conquistar o mundo ocidental a partir de 1943 — e com força total a partir de 1945 — sob o conceito de "existencialismo". Pois quanto à questão destacada também por Sartre a partir de 1945 como um problema-chave — em que medida esse "existencialismo provavelmente seja um humanismo"[14] e onde está seu núcleo ético —, o avanço decisivo é feito por Beauvoir.[15] Sem que Sartre tenha destacado isso de maneira suficiente.

Para Beauvoir, porém, não se trata de motivo para grande amargura. Nem depois da guerra nem durante. Já no verão de 1941 o convívio a dois está restabelecido. A reconquista de rotinas apreciadas por ambos colabora em muito para a harmonia. Em primeiro lugar, as férias docentes de seis semanas, passadas a dois. Depois de atravessar ilegalmente a fronteira numa área não vigiada, ambos pedalam pelo Sul "livre" e desfrutam da companhia um do outro como nos primeiros anos. O castor Beauvoir explora a paisagem e as atrações da Côte d'Azur, enquanto seu "pequeno mais querido" — desde sempre visivelmente menos afeito à atividade física — aproveita as horas livres para escrever debaixo de guarda-sóis.

O fato de o camarada Sartre, por decisão do grupo, estar numa missão secreta logo se torna secundário. Principalmente porque ele colhe um insucesso atrás do outro também fora de Paris. André Gide o recomenda polidamente a André Malraux. A recepção na bela casa deste último é tão simpática quanto nutritiva ("frango grelhado à americana"),[16] mas inócua. Nem mesmo Colette Audry se revela a ele como aliada comunista. O sonho de Sartre de uma vida como líder da Resistência acaba nesse verão com a mesma previsibilidade de pneus gastos de bicicletas em pistas de pedriscos. Em suas memórias, Beauvoir resume o fiasco no tom de uma mãe aliviada: "Custava a Sartre renunciar a esse projeto [...] abandonou-o, contudo, embora contra a vontade. [...] Trabalhávamos muito".[17]

Realmente, de volta a Paris, a situação da família se mostra acalmada no melhor sentido, inclusive em relação à sexualidade. Sartre passa a se concentrar de maneira quase monástica em Wanda, enquanto Beauvoir se mantém estritamente na sua divisão de pernoites estabelecida no outono anterior (duas vezes por semana, Sorokin; duas vezes, Olga; duas vezes, Bost).[18] Flertes — por exemplo, entre Sorokin e Sartre — quase não têm importância. Um não sabia necessariamente do outro, mas todos os membros da família "tinham, eles entre si e com cada um de nós, relações diversas, cuja singularidade fazíamos questão de respeitar [...] era em geral o 'duo' que prevalecia.

Quando eu conversava no Flore com Olga ou Lise [Natalie Sorokin], quando Sartre saía com Wanda, quando Lise e Wanda se entretinham, nenhum de nós teria tido a ideia de sentar-se à mesa do outro par. As pessoas achavam esses hábitos absurdos; a nós, eles se afiguravam naturais".[19]

Nas coisas relativas à moradia, à alimentação e ao vestuário nesse inverno de 1941-1942, incomumente frio e com muita neve, "um mínimo de decência já exigia um esforço considerável",[20] mas o grupo familiar, em conjunto, conseguiu transformar a restrição compulsória em novos espaços de criação. Começa a época sobre a qual Sartre, apenas alguns anos mais tarde, avaliará de maneira talvez paradoxal: "Nunca fomos tão livres quanto sob a ocupação alemã".

Para Beauvoir, como filósofa e autora, essa nova liberdade havia começado já em janeiro de 1941. A mudança sentida na relação com o mundo se tornaria também o centro de seu novo romance. Se na sua primeira obra ela se interessou pelos aspectos *psicológicos* da luta entre o "eu" e os "outros", nessa o foco seriam os aspectos sociais e políticos: "Quero que meu próximo romance ilustre essa relação com o outro em sua complexidade existencial. Um belo tema. *Suprimir* a consciência do outro é um pouco pueril. O problema se estende para o social [...]".[21]

Esse desafio acabou sendo do tipo especial: "(Mas como é ingrata a expressão do social e como evitar que soe edificante e moralizador?) Deveríamos ser capazes de manipular o tema social (greve, revoltas, ação de um líder) a fim de ressaltar a relação com o outro: liberdade, facticidade".[22]

Encenar uma greve — uma revolta — de modo a enfatizar a verdadeira ligação com o outro, sem parecer edificante ou falsamente moralista. Essa, a tarefa mais difícil a ser cumprida. Nessa mesma época, Simone Weil queria vivenciar justo isso em seu corpo.

Gratidão pela colheita

Os moradores de Saint-Marcel podiam se afastar dela por medo ou até repulsa, mas Simone Weil nunca antes havia se sentido tão gratificada quanto nas primeiras semanas do outono de 1941: "Paisagem admirável, ar bom, recolhimento, paz, solidão, verduras e frutas frescas, água da fonte, fogo na lareira — quanto comprazimento",[23] escreve ela numa carta de sua "Casa dos quatro ventos" —, em realidade uma deteriorada cabana de madeira à beira da floresta, com ratos correndo à noite sobre o piso podre.

Uma amante dos camponeses? Uma judia em fuga? Ou apenas alguém com um distúrbio mental que foi benevolamente acolhida na propriedade dos Thibon? No vilarejo, ninguém sabia exatamente o que estava por trás daquela mulher de sobretudo de lã rústica azul-marinho. Esmaecida, era vista todos os dias num banco de pedra próximo ao poço, recitando versos, alheia a tudo. Faltava apenas pregar para os animais.

Por intermédio de amigos católicos em Marselha, Weil foi contratada como ajudante de colheita na propriedade do camponês e escritor Gustave Thibon, em Ardèche. Como é possível ler em suas cartas desse verão, seu desejo ardente era "entre um povo, que sofrerá com a fome, transformar em batata o cansaço de meu corpo e de minha alma".[24] Batatas, em francês "pommes de terre", "maçãs da terra" — a fruta francesa do paraíso.

Desse modo, ela quase foi perfeita: "Sem levar em conta por um instante o terror e o sofrimento que assola no momento grande parte do mundo", ela glorifica sua vida em outra carta desse outono, "minha situação me parece ser muito adequada. O governo do meu país não poderia ter feito um favor melhor do que me proibir profissões intelectuais e transformar o pensamento, para mim, em uma atividade tão gratuita — como deveria ser, de todo modo. Desde a juventude eu sonhava com a união de são Francisco com a pobreza, mas achava que não precisava me esforçar nesse sentido porque algum dia ela me seria imposta, e melhor assim [...]".[25]

Segundo a lei, como judia Weil não pode mais lecionar nas escolas de seu país. Repetidas vezes ela se informa no ministério pelos motivos mais profundos dessa orientação — ela dizia que, afinal, não tinha recebido uma educação judaica, nunca visitara uma sinagoga, nunca participara de nenhum ritual judaico e não se sentira judia nenhum dia de sua vida. Desse modo, a partir de qual fundamentação era considerada judia?

Em suas consultas junto ao ministério, que destilam sarcasmo, Weil não está querendo ser poupada, mas escancarar, por meio da *reductio ad absurdum*, os critérios empregados. Independentemente disso, ela saberia como se suspender. Weil não precisava de ajuda nesse sentido. Muito menos do governo de seu país ocupado. Ela seria reconhecida por seus frutos!

Tensa expectativa

O plano original de Weil — participar da colheita das uvas em Ardèche até a completa exaustão física — é interrompido no final de outubro de maneira inesperada (provavelmente sob influência de Thibon, para sua segurança), e ela precisa retornar a Marselha, onde há mais de um ano seus pais estão à espera de uma passagem salvadora para os Estados Unidos.

Nessa fase, o pensamento de Weil se concentra, quase obsessivamente, no batismo e na seguinte questão: se ela seria digna de receber esse primeiro e mais sagrado sacramento — e nesse caso sob quais circunstâncias. Simone Weil tem consciência da profundidade de sua fé, quase tocada por Deus. Mas qual a consequência desse passo para uma filósofa como ela? O quanto deveria se entregar à submissão voluntária para conseguir ficar diante de Deus? Ou será que a *vontade* explícita à submissão seria suficiente? Será que a salvação da alma era possível fora da Igreja católica? E, por outro lado, um pedido de aceitação em seu colo não seria um vergonhoso movimento não solidário com todos aqueles irremediavelmente perdidos, que continuavam fora da igreja? Tratava-se de algo justo?

Ela se tortura, espera pela solução, por um sinal. Em relação a esta última e mais importante questão da fé, o padre dominicano Joseph-Marie Perrin — que, nesse meio-tempo, se tornou um confidente muito íntimo — aconselha Weil a não procurar nada, não desejar nada além do desejo de Deus.

Muito agitada em seu interior, embora socialmente condenada à inatividade, os meses de espera no inverno se tornam os intelectualmente mais produtivos de sua vida. Além de inúmeras palestras[26] sobre a filosofia grega e seus cultos místicos que Weil profere na cripta da ordem dominicana de Marselha e que publica como artigos na revista *Cahiers du Sud*, à época de grande prestígio intelectual nos círculos não comunistas, sua energia espiritual flui principalmente em seus cadernos de reflexões.[27]

Baseando-se em suas vivências religiosas de avivamento e no diálogo direto com as grandes fontes de sabedoria da antiga Era Axial (platonismo, hinduísmo, budismo), Weil procura — em sentenças e registros organizados de maneira supostamente livre — clarificar as questões que lhe são decisivas: valor e origem do eu, sua relação com o outro, com Deus, com a sociedade e com a situação histórica; essência e início do amor e do bem; a tensão humana básica entre finitude e infinitude, imanência e transcendência.

Sem mim

Ao compararmos seus *Cahiers* com os diários e escritos de Beauvoir da mesma época, temos a sinistra impressão de um contato telepático entre dois espíritos que, a partir das extremidades de um fio infinitamente longo, estão em tensa ressonância. Pois, nos *Cahiers*, Weil também inicia suas investigações filosóficas a partir da situação humana de um conhecimento angustiado pela própria mortalidade e finitude. Entretanto, sua orientação é bem distinta daquela dos chamados, já em 1941-1942, "existencialistas".[28]

> *Dasein* — uma verdade no "existencialismo", mas eles introduziram uma tentação.[29]

Com o uso do termo *"Dasein"* [ser-aí], em alemão, Weil aponta claramente para a obra de Heidegger *Ser e tempo*. Sim, no estado emocional da angústia — como o acontecimento que torna presente seu futuro não-mais-ser [*Nicht-mehr--Sein*] —, verdades essenciais evidenciam-se ao *Dasein*. Mas em vez de suportar o vazio desse abismo e tomá-lo como ocasião purificadora para uma des-criação [*dé-création*] total do eu, no existencialismo ele se torna — segundo a crítica de Weil — a base de um autêntico autofortalecimento sob o signo do "ego" que quer livremente, do "eu quero".

Segundo Weil, desde o primeiro passo rumo à conscientização filosófica, o "existencialismo" ramifica-se na direção errada da manutenção e da revolta do eu. E, portanto, abre caminho para um egoísmo puramente imanente da autoapreensão, cujo obstinado isolamento supera tudo o que o conformismo mais apático de um "alguém" limitado pela tradição fosse capaz de produzir. Exemplos de suas entradas nos *Cahiers*:

> O egoísta sacrifica tudo, não para a própria pessoa, mas para o conforto da vida; não se trata da mesma coisa.[30]
>
> O ser humano gostaria de ser egoísta e não consegue ser. Eis a característica mais flagrante de sua miséria e a fonte de sua grandeza.[31]

Seria muito agradável conseguir ser egoísta. Significaria paz. Mas isso é literalmente impossível.[32]

Esse é o exato núcleo do processo reflexivo que Beauvoir também está trilhando em 1941-1942. Mas onde Beauvoir condiciona a liberdade do eu à existência de outros no sentido de uma "solidariedade metafísica", Weil avalia também esse movimento como apenas outra fuga. O objetivo verdadeiramente libertador é não a entrega solidária ao outro, mas o autoabandono misericordioso no sentido de uma transcendência divina. Pois:

Não possuímos nada no mundo — pois o acaso pode nos tirar tudo — do que a capacidade de dizer "eu". É isso que devemos dar a Deus; quer dizer, devemos destruir.[33]

Ou seja, para o existencialismo de Weil, um *Dasein* só estaria ou poderia estar em condições de fazer o bem depois desse último e primeiro ato de autodestruição redentora:

Tudo o que *eu* faço é mal, sem exceção, inclusive o bem, porque *eu* sou um tipo de mal.[34]
Permitir que a necessidade aja dentro da própria pessoa. (Abdicação do próprio querer.)[35]

Desse modo, a única ação boa consiste — aqui, seguindo as tradições de místicos do Oriente e do Ocidente, Weil atropela os limites da própria linguagem — numa eminente forma de não ação, na qual inclusive a decisão de amar a Deus é incluída. Em relação ao batismo católico, à época um problema categórico para Weil, uma decisão própria não se coloca. Afinal, quem sou eu para fazer uma escolha a favor ou contra Deus — decidindo-me, absolutamente consciente, por ou contra Ele?

Eis o pensamento mais arrogante de todos, a profanação mais intensa. "Não sou eu quem deve amar a Deus. Deus deve se amar através de mim".[36]

Sem nós

Exatamente aquilo que serve ao existencialismo de Beauvoir como base de uma terapia orientada puramente pela vida concreta contra o niilismo é, para Weil, a fonte em si da doença. E esse diagnóstico é ainda mais válido para a ideia de que o "nós" poderia abrir o caminho para uma existência ética ao único eu. "Não podemos ser *eu*; muito menos podemos ser *nós*."[37]

Para Weil, o passo do eu ao nós marca a verdadeira travessia ao reino do mal. Principalmente quando esse "nós" é direcionado e mobilizado politicamente no sentido da "sociedade". A orientação da própria ação junto à "sociedade" — para seu eventual bem-estar, benefício e manutenção — significa, para uma vida, a forma mais nefasta imaginável de se livrar moralmente da própria inutilidade: "Na sociedade, o indivíduo é o infinitamente pequeno".[38]

Mas, segundo Weil, o ser humano não é pequeno o suficiente. Pois em comparação à infinitude transcendente que a existência atribui a Deus, no caso da infinitude do social trata-se apenas de uma substituição de segunda linha, derivada, excessivamente terrena e, portanto, quase diabólica. Com Platão, Weil chama essa esfera do social e sua pressão social de "o grande animal": "Farisaico é o ser humano que é virtuoso por obediência ao grande animal".[39]

Beauvoir poderia concordar irrestritamente até aí. Mas a crítica de Weil "ao grande nós" que ela faz nos *Cahiers* avança bastante a partir desse lugar em comum e se dirige basicamente contra a esfera do social como objetivo e destinatário da ação moral — independentemente da forma. Nem mesmo

Ayn Rand conseguiria formular isso de maneira mais contundente: "O ser humano é um animal social, e o social é o mal".

Visto, porém, que o ser humano *é* um animal social (ou, com Aristóteles, é um *zoon politikon*), para ele não há saída terrena desse mal, como Weil registra na imediata continuação — e, com sua descrição dessa situação paradoxal, ela se mostra uma inspirada leitora de Kafka:

> Não podemos fazer nada contra isso. [...] Então a vida só pode ser uma dor dilacerante. Este mundo é inabitável. Por isso é preciso fugir para outros. Mas o portão está fechado. Precisamos bater longamente até que ele se abra. Para entrar de verdade, para não ficarmos na soleira, temos de deixar o ser social de lado.[40]

Então há um objetivo, mas não um caminho. Pelo menos, não um caminho que o indivíduo ligado puramente ao terreno pudesse encontrar e percorrer com a própria força. Caso o portão se abra para outro mundo durante a vida, não foi devido às batidas. Ele se abre apenas como um ato de graça.

A verdadeira sedução do "grande animal" está, para Weil, na esperança totalmente quimérica de alcançar, por meio da transcendência terrena, aquilo que na verdade apenas a transcendência divina do Único pode lograr.

Sem ópio

Para sua autocompreensão como cristã, profundamente impregnada pelo espírito de Platão, nada que surge exclusivamente da esfera terrena ou dela faz parte, nada que se alimenta apenas da imanência finita da existência humana, é verdadeiramente "real", "bom" ou mesmo justificável. Principalmente quanto a valores ou ideais condutores. Por isso, qualquer humanismo que erga seu fundamento em base apenas terrena perderia de vista a origem de todo bem, assim como a essência da existência finita, que na verdade aspira profundamente à transcendência.

> É preciso dissolver o conceito do humanismo como tal e ao mesmo tempo aquilo que se contrapõe ao humanismo, à medida que reconhecemos que o humanismo é a fé cristã.[41]

Segundo Weil, a forma de paralogismo humanístico socialmente mais influenciador bem como historicamente mais nefasto é o marxismo político vulgar com sua promessa de progresso puramente vertical:

> O grande animal é o único objeto da idolatria, o único substituto de Deus, a única imitação de um objeto que está infinitamente longe de mim e que é eu.[42]
>
> O grande erro dos marxistas e do século XIX no geral foi acreditar que bastava caminhar para a frente para se elevar no ar.[43]

Consequentemente, Simone Weil diz:

> O ópio do povo não é a religião, mas a revolução.[44]

Segundo Weil, o anseio revolucionário do comunismo-socialismo está carregado com uma distorção psicológica que, em seu resultado totalitário, o torna praticamente indistinguível do nacional-socialismo de motivação racista:

> O socialismo quer colocar o bem nos vencidos; o racismo, nos vencedores. Mas aqueles que nasceram embaixo, mas são vencedores por natureza e vocação, se servem

da ala revolucionária do socialismo; assim, ele acaba na mesma ética.[45]

Por isso, também vale:

O totalitarismo é um substituto do cristianismo.[46]

No inverno de 1941-1942, Simone Weil considera que a filosofia da liberdade baseada na "solidariedade metafísica", exaltada por Simone de Beauvoir num mundo sem Deus (liberdade *e* socialismo), abre um caminho direto ao inferno duradouro do grande animal. Ela abre o caminho à eterna idolatria de um esforço de autenticidade mutuamente ofuscante, que na verdade não poderia estar mais distante daquilo que significa para o ser humano buscar a si mesmo, encontrar a si mesmo — ou, melhor dizendo: perder-se a si mesmo verdadeiramente.

Ética da aceitação

O pequeno exibicionista do ego foi suprimido; a grande besta do nós, colocada fora de combate, mas como vão as coisas para o lado do Tu do Outro? O que acontece com o mandamento cristão central do amor ao próximo numa concepção que não parte nem de sujeitos que agem por autodeterminação nem de algo como uma responsabilidade social geral? Como a relação com o outro é incentivada e determinada? A resposta direta de Weil é: pela aceitação atenta e imperturbável de sua vulnerabilidade, de seu sofrimento específico.

Aceitar a infelicidade do outro e sofrer com ela. Aceitar não significa outra coisa senão reconhecer que algo existe.[47]
Observar a infelicidade do outro, sem desviar o olhar; não apenas o olhar dos olhos, mas sem desviar o olhar da atenção,

com a ajuda da insurreição ou do sadismo ou de qualquer outro consolo interior. Isso é bom.[48]

Amar a Deus por meio da miséria dos outros é ainda mais difícil do que amá-lo por meio do próprio sofrimento.[49]

O mergulho quase meditativo no sofrimento dos outros serve unicamente para se conscientizar dele. Sofrer é. Ser-aí [*Dasein*] *é* sofrimento. Reconhecer, no sentido descrito, que o outro sofre e, a partir disso, perguntar por quais motivos e baseando-se em quais normas vigentes seria possível apoiá-lo não é, segundo Weil, a prova de uma consciência (eticamente) aguçada, mas a prova reflexiva de ainda não se haver interiorizado — em nenhuma medida — em que consiste uma existência autenticamente ética. Diante do cenário exposto, não há como resolver problemas do tipo: Por que ser ético? Por que ajudar os outros? Sou o protetor do meu irmão? E assim por diante.

As questões supostamente filosóficas sobre o motivo do "dever" no "ser" evidenciam-se como pseudoproblema de uma visão de mundo que acredita que o espírito da subjetividade moderna há de estabelecer algo como uma divisão entre "ser" e "dever". Essa separação, porém, não passa de um "efeito do eu", que deve ser superado na contemplação do sofrimento. Para Weil, dor e sofrimento são, em outras palavras, consequência da ação. Não há aqui um problema a ser resolvido de forma argumentativa, buscando-se uma razão justificada de maneira mais profunda. Na verdade, ele não existe.

O que existe são atenção precária e impulsos abafados — através de distrações permanentes e considerações egoístas — de preocupação com o outro. O que existe é, segundo Weil, a vontade muito humana de instrumentalização da vulnerabilidade alheia para objetivos próprios — também por motivos supostamente "bons", "sociais" ou "humanitários".

Indiferença superior

Do mesmo modo que o olhar direto sobre o sofrimento alheio não pergunta por normas ou imperativos éticos, também não necessita nem suporta encorajamento ou incentivo explícitos. A tendência a aceitar de forma ativa o outro como sofredor pode ser diferente para cada indivíduo, mas essas diferenças individuais estão num estado de "indiferença superior",[50] como Weil chama, e devem ser aceitas como tais, assim como a realidade do próprio sofrimento.

Não é necessário amplificar a inclinação a ajudar — independentemente se é forte ou fraca, pois ela é natural e não é boa nem má —, mas é preciso afastar aquilo que impede sua concretização.[51]

No caso da vida de Simone Weil, essa tendência era muito extrema; aos olhos das pessoas ao seu redor, até patológica. O modo como seu eu se portava em relação ao sofrimento das pessoas, enfraquecido e poroso, era quase inédito. Ah, se ela pudesse atravessar o último portão — num estado contemplativo e de grande atenção, o ego enfraquecido ao extremo — e simplesmente eliminar a fronteira entre o que lhe era próprio e o que era dos outros! Esse seria o maior bem. Weil se sentiria completamente luz. Seria incondicionalmente livre, por fim — ou seja, mesmo sem escolha.

A atenção máxima se assemelha à oração. Ela pressupõe fé e amor. Ela se liga a uma outra liberdade que não a escolha, que está no nível da vontade. Ela se liga à liberdade da graça. Ser tão atento até não haver alternativas. Daí se conhece o próprio *dharma*.[52]

O verdadeiro objetivo não é ver Deus em todas as coisas, mas que Deus veja por nosso intermédio as coisas que vemos.[53]

Tenho de me retrair para liberar-Lhe a visão.[54]

Amar todos os fatos não é outra coisa senão neles ler Deus.[55]

A ética de Weil de uma "indiferença superior", desprovida de objetivos, aproxima-se, de um lado, de uma posição semelhante àquelas que Baruch de Espinosa[56] ou, durante a vida de Weil, também Ludwig Wittgenstein[57] defenderam no contexto ocidental.[58] No âmbito cultural oriental, ela está presente no budismo e no hinduísmo — correspondências que Weil sempre aponta explicitamente e investiga em seus *Cahiers*. O que limita e atrapalha o *ser ativo da maneira correta* é, segundo ela, insistir no eu ou até no nós como suposta fonte de todos os valores e objetivos.

Engajamento existencial significa arrogar-se o direito de infringir a bondade do ser — esse o veredicto impiedosamente coerente de Simone Weil no inverno de 1941-1942. Ela o opõe a um "caminho superior" ascético de redenção, livre de qualquer forma de vontade terrena. "Certamente não é coisa para todos", como Weil escreve de forma lacônica nos seus *Cahiers*, "mas amar a Deus também não é coisa para todos."[59] Mas como tudo que tem valor e peso neste mundo — o belo, o bom, o justo —, também a origem desse amor está num outro mundo.

Apenas o amor sobrenatural cria a realidade. Por isso, somos cocriadores. Temos participação na criação do mundo à medida que nos des-criamos a nós mesmos.[60]

Travessia

Os *Cahiers* de Weil da virada de 1941-1942 se assemelham a esboços do mundo de platôs e vales ermos, que uma vida humana tem de atravessar em seu caminho pela escuridão até a luz. Os mesmos pontos de orientação — ou quase os mesmos — são continuamente abordados de diversas maneiras e desdobrados em novas imagens,[61] também porque Weil trabalha nesses esboços durante o próprio caminho.

Para ela, filosofar não é um ensinamento de transmissão fria ou até ciência de primeiros princípios, mas o percorrer intrépido desse caminho. Em outras palavras, não se trata de uma atividade de conclusões objetivas, mas de transformações existenciais. Portanto, também não é delegável ou pronunciável intelectualmente, mas deve ser transmitida aos outros seres humanos por meio de acenos e indicações. Ou seja, como uma forma de condução para aqueles que também se encontram prontos em seu caminho. Por experiência, nunca são todos os seres humanos ou mesmo muitos, mas sempre poucos e isolados. Em tempos sombrios, o que importa são esses únicos e raros — também nesse sentido, Weil se mostra discípula de Platão. Eles carregam a luz ao mundo. E, quanto mais escuro seu lugar, mais claras são suas chamas.

Essas poucas pessoas não são — ou não poderiam ser — descritas ou julgadas com precisão a partir de registros puramente terrenos. E, se tentássemos, então o faríamos apenas com termos de profunda estranheza e deslocamento. É o que acontece também com Weil nessa fase — seja como ajudante de colheita em Ardèche ou nos meses de primavera em Marselha. Perguntada por amigos sobre planos futuros, ela sempre dá a mesma resposta desconcertante, dizendo que quer "servir, ir para onde o perigo é maior, onde minha vida está menos protegida".[62] Ela endereça cartas e mais cartas aos militares e funcionários da França Livre, expondo-lhes planos detalhados para missões nesse sentido. A pressão emocional a que está submetida é enorme. À primeira vista, não há nenhum sinal de serenidade advinda de Deus e entrega livre de todo querer. Principalmente quando se sente obrigada a acompanhar os pais na viagem a Nova York. O temor de não conseguir mais regressar à pátria sofredora, uma vez nos Estados Unidos, é seu fardo mais pesado.

As malas já estão prontas desde o final de janeiro de 1942. Todo dia pode ser o dia. Tempo absolutamente vazio. Apenas espera. Todos os outros planos estão suspensos. É nessa suspensão promovida exteriormente mais uma vez que Weil avança na libertadora "des-criação". Em absoluta presença de espírito, ela preenche página por página de seus *Cahiers*: "Momentos de pausa, da observação, da pura intuição, do vazio mental, da aceitação do vazio interior. Por meio desses momentos, [o ser humano] se torna capaz de coisas sobrenaturais. Quem por um momento suporta o vazio recebe o pão sobrenatural ou cai".[63]

"Tive a impressão", diz Gustave Thibon ao se recordar do último encontro, na primavera de 1942, "de estar diante de um ser quase transparente, em vias de retornar à luz primordial. [...] ela comentou o Evangelho. As palavras caíam de seus lábios como as frutas de uma árvore. Essas palavras não traduziam a realidade, elas a transferiam, nuas e totalmente, para dentro de mim. Senti-me erguido sobre o espaço e o tempo [...]."[64]

Sabendo ter redigido seu testamento intelectual — como documento de sua última vontade —, em abril de 1942 ela entrega os *Cahiers* para Perrin e Thibon guardá-los. Em 14 de maio de 1942, os Weil deixam Marselha, primeiro rumo a Casablanca. Do convés, Simone grita para os amigos que acenam do cais: "Caso sejamos torpedeados, como seria belo nosso batismo!".[65]

This means you!

Hannah Arendt escapou do batismo de fogo realizado por torpedos de submarinos alemães. Entretanto, mesmo depois de um ano, ela ainda não está à vontade em Nova York.

Principalmente não nos círculos sociais que lhe deveriam ser mais afins — os dos intelectuais e acadêmicos judeus locais. Em 25 de abril de 1942, ela escreve a Scholem, que se encontra em Jerusalém: "Você não consegue imaginar como essa *social life* nos parece estranha e surpreendente (por razões de segurança, deixei monsieur em casa por ser gói e coisas assim). As pessoas falam sobre tudo o que se refere a nós, judeus, e sobre tudo o que aconteceu conosco com um desespero tão distanciado que só é possível quando, no fundo, não houve envolvimento na situação. E isso, tomo a liberdade de dizer, é um erro grave".[66]

Segundo Arendt, nesse meio-tempo quase todos os povos da Terra estavam afetados pelos nazistas; a existência de cada ser humano estava diretamente ameaçada por eles. O fato de a situação não ser bem compreendida nem pelos sionistas nem pelos Aliados era, do seu ponto de vista, o verdadeiro perigo. Tanto para o futuro dos judeus quanto para todos os outros povos e nações do mundo.

"Mas fora isso", Arendt prossegue, "estamos bastante bem. Monsieur trabalha como uma espécie de leitor crítico de todo tipo de livro e pesquisa. Escrevo minhas coisas sobre o antissemitismo e as publico pouco a pouco em jornais judaicos [...]. E também escrevo para a [revista] *Aufbau* com bastante regularidade, onde me estabeleci serenamente como a colunista mais secundária dos Estados Unidos."[67]

Era quase verdade. Junto com a mãe de Arendt, o casal mora em dois cômodos e meio, mobiliados, entre o Central Park e o rio Hudson. A situação não é nada confortável, principalmente porque a relação entre monsieur e a sogra está cada vez mais tensa. Com a aspereza de um motorista de táxi, Blücher ainda tropeça na língua que não lhe é familiar. Seus conhecimentos não vão além das conversas do dia a dia, algo que — como bem observa a mãe de Arendt, reiteradas vezes — não aumenta necessariamente suas chances de conseguir um trabalho pago. Ele continua a redigir em alemão suas contribuições (remuneradas apenas em parte) para objetivos militares e de propaganda americanos.

Arendt, por outro lado, se lançara com total energia ao idioma poucos dias após sua chegada — no verão de 1941, passou inclusive algumas semanas com uma família no interior a fim de praticar a língua — e poucas semanas depois já redigia os primeiros textos em inglês. Seu tom era contundente até no novo idioma; a agudeza do raciocínio, inerente. Ela participa das discussões e, em novembro de 1941, ganha uma coluna na revista semanal de língua alemã *Aufbau*, na época o principal órgão dos refugiados judeus.

A coluna intitulada "This Means You"[68] era programática e deixava reconhecer que Arendt não advogava no sentido da organização *pacífica*. Ela dedicou as primeiras colunas quase exclusivamente à demanda, manifestada com verve, por um exército judeu recrutado em todo o mundo que deveria lutar lado a lado com os Aliados pela libertação do jugo dos nazistas:

> Um exército judeu não é uma utopia, se judeus de todos os países o exigirem e estiveram dispostos a se engajar voluntariamente. Entretanto, é utópica a ideia de que poderíamos aproveitar de alguma maneira a derrota de Hitler, caso essa derrota também não se deva a nós.[69]
>
> Um povo que não tem permissão para se defender dos inimigos não é um povo, mas um cadáver vivo [...]. Não queremos promessas de que também nossos sofrimentos serão "vingados", mas queremos lutar; não queremos comiseração, mas justiça [...]. A liberdade, porém, não é um prêmio por sofrimentos suportados, e a justiça não se recebe como migalhas da mesa dos ricos.[70]

Segundo a firme convicção de Arendt, apenas por meio de uma luta armada sob a própria bandeira, apenas por meio de uma disposição visível ao mundo inteiro daqueles que eram atacados como judeus em se defender militarmente *como* judeus, seria possível ao seu povo escapar do papel — historicamente arraigado na Europa — de vítima. Além disso, um exército judaico de todos os países também impediria a ameaça da cisão dos judeus como um povo de dois mundos, trazida com o estabelecimento da Palestina: um povo no lugar de origem Palestina (Sião) e um em eterno exílio e diáspora [*Galut*]. Entretanto, para Arendt, a questão decisiva, do ponto de vista psicológico e político, era a de que tal exército traria uma normalização que ela reputava imprescindível tanto na autopercepção dos judeus quanto na percepção que outros tinham dos judeus como apenas *um* povo oprimido entre tantos outros povos e etnias oprimidos do mundo. Por fim, ainda de acordo com Arendt, no decorrer das conquistas de motivação racista promovidas por Hitler, quase "todas as nações europeias [...] tinham se transformado em povos párias, todos obrigados a recomeçar a luta pela liberdade e pela igualdade. Pela primeira vez, nosso destino não é um destino especial, pela primeira vez nossa batalha é idêntica à batalha pela liberdade na Europa. Como judeus, queremos lutar pela liberdade do povo judeu, pois: 'Se não eu por mim, quem por mim?'. Como europeus, queremos lutar pela liberdade da Europa, pois: 'Se apenas eu por mim, quem sou eu?' (Hillel)".[71]

Novo horror

No que se refere ao destino dos judeus, os argumentos de Arendt partem de uma perspectiva essencialmente europeia. E apesar de suas exigências serem tão coerentes, no mais tardar em maio de 1942, ela precisa reconhecer que sua campanha jornalística fracassou nos círculos sionistas. Algo ainda mais doloroso, porque a situação política mundial está decisivamente mudada. Em outubro de 1941, o avanço alemão sobre Moscou foi interrompido e o início do inverno russo o acirrou, levando a uma guerra de exaustão com significativas perdas para ambos os lados. Em vez de colapsar em apenas poucas semanas, o Exército Vermelho de Stálin mostra cada vez mais firmeza. O destino de Leningrado é exemplar da nova constelação. Desde setembro de 1941, cercada pelos nazistas e bloqueada, a cidade é defendida a todo custo pelas tropas de Stálin. Já no primeiro inverno, centenas de milhares de habitantes da futura "cidade dos heróis" acabam vítimas de inanição — causada pelos nazistas em afronta às leis internacionais e estrategicamente aceita por Stálin.

Como consequência do ataque de bombardeiros japoneses sobre a esquadra americana no Pacífico em Pearl Harbour em 7 de dezembro de 1941, também os Estados Unidos declaram sua entrada oficial na guerra. Aliados com os britânicos, eles concentram suas tropas primeiro no front ocidental da Europa. Seu lema é: "*Germany first*". Desse modo, na primavera de 1942, desenha-se para a Europa um cenário com dois fronts, que necessariamente consumiria o poder de fogo da Wehrmacht.

Em abril de 1942, as tropas de Hitler na União Soviética fizeram mais uma tentativa, novamente em vão, de invadir a cidade. De acordo com uma visão clara dos recursos de batalha e armamentos, a derrota dos alemães — bem como da disposição ao sacrifício das tropas aliadas — seria uma questão de tempo.

Quando os líderes do movimento sionista se reúnem em 9 de maio de 1942 no Hotel Biltmore, em Nova York, num congresso extraordinário, as discussões estão sob uma curiosa dupla tensão. As informações não eram absolutamente seguras, mas tudo indicava que, no início de 1942, os nazistas haviam começado com a deportação em massa de judeus presos e daqueles mantidos compulsoriamente em guetos nas regiões ocupadas do Leste (a começar por Lemberg e Lublin) para campos de extermínio construídos especialmente para esse fim.[72] Aparentemente o genocídio dos judeus da Europa entrava assim numa nova fase, até então inimaginável. O fato emprestou uma nova urgência ao pedido sionista por flexibilização ou até liberação das barreiras de entrada no protetorado britânico "Palestina". Ao mesmo tempo, desenhava-se no horizonte o cenário de uma vitória dos Aliados, dando uma nova perspectiva à Palestina politicamente soberana como pátria do povo judeu. Arendt participa dessa conferência na qualidade de observadora. E se mostra horrorizada com as medidas tomadas.

Falsa unidade

Há meses Arendt está preocupada com o fato de que o movimento sionista poderia continuar a endurecer no âmbito interno devido à situação terrível dos judeus e, principalmente, se reduzir ao nacionalismo. A fim de se opor a essas forças, que também ameaçavam sequestrar ideologicamente sua campanha na imprensa por um exército judeu, ela cria em março de 1942 um grupo de discussão chamado "grupo de jovens judeus".

A partir de sua posição com incentivadora intelectual, as discussões orbitam a questão de "qual tipo de corporação política o judaísmo palestino"[73] deveria dispor. Nessa hora, Arendt se coloca como teórica política, não como judia. O que se explica pelo fato de ela interpretar a problemática dos judeus na Palestina como adensamento exemplar de uma constelação que, na realidade, afeta cada povo e cada grupo étnico que, na condição de minoria num Estado existente, anseiam por representação adequada e por autodeterminação, por garantia de sua identidade e língua, por particularidades religiosas e culturais, por sua tradição.

De acordo com as análises de Arendt, a ideia fixa — nascida do espírito do século XIX e tornada obrigatória em toda a Europa — de um Estado nacional como necessária *unidade entre povo, território e Estado* era a verdadeira origem das duas guerras mundiais, bem como do moderno antissemitismo (como conceito, também filho do século XIX). Nas próprias palavras de Arendt:

> Naquela época, ainda se expressava no antissemitismo um conflito típico, inevitável num Estado nacional, segundo o qual a identidade fundamental de povo, território e Estado é necessariamente perturbada pela presença de outra nacionalidade, independentemente de como esta pretenda preservar sua identidade.[74]

De acordo com as determinações tomadas no Hotel Biltmore, sob condução do social-democrata (e posterior premiê de Israel) David Ben-Gurion, também o povo judeu criaria sua pátria na Palestina seguindo exatamente o modelo de um Estado nacional etnicamente homogêneo. Pois, além da exigência da permissão de imigração de 2 milhões de judeus europeus, o Congresso decidiu que a Palestina deveria ser considerada uma "comunidade judaica" [Jewish Commonwealth]. A população de fato majoritária do lugar, os árabes, deveriam receber meros direitos de minorias (entre eles não estava o direito a voto).

Arendt espumou de raiva; mais ainda, de desespero. No seu entender, as resoluções de Biltmore faziam triunfar, em nome do sionismo, a solução da "questão judaica", que, segundo sua firme convicção, tinha levado a um antissemitismo político na Europa e, consequentemente, a uma "questão judaica" no sentido moderno: ou seja, a ideia fixa de um Estado nacional, que idealmente forma uma unidade compacta de povo, território e Estado — e no qual os judeus enquanto povo devem necessariamente ser percebidos como outros profundamente perturbadores.

Para Arendt, a resolução de Biltmore significa um erro crasso, quase uma traição aos objetivos emancipatórios originais do movimento sionista. Além disso, ela a considera, do ponto de vista da *realpolitik*, uma loucura autodestrutiva a médio prazo. Em seus inúmeros textos furiosos das semanas e meses seguintes, ela chama de absurda a ideia de uma comunidade democrática judaica conceder a uma população majoritária (os árabes) apenas direitos de minoria. Também considera ilusória a ideia de um Estado nacional soberano que, para sua constituição e prosperidade, precisaria do apoio militar contínuo e duradouro de outro protetorado. Olhando para o mapa, esse era um destino que parecia incontornável para uma Palestina puramente judaica:

> O nacionalismo é ruim o suficiente quando se apoia em mais nada além da força bruta da nação. Mas um nacionalismo que necessária e confessadamente depende da força de uma nação estrangeira é, com certeza, pior. [...] Mesmo uma maioria judaica na Palestina [...] não mudaria essencialmente nada numa situação em que os judeus procuram uma força exterior para se proteger dos vizinhos ou para chegar a um efetivo entendimento com eles.[75]

Por fim, o caminho escolhido tornaria impossível qualquer vida em conjunto com os palestinos árabes que fosse pacífica, e continuaria a alimentar o antissemitismo pan-árabe, já em forte ascensão nos Estados vizinhos.

Biltmore marca o rompimento definitivo de Arendt com o sionismo institucionalizado. Mas ela não duvida nem por um segundo que houve algo como um "povo judeu" que se manteve como unidade política eficaz no tempo e no espaço durante milhares de anos e que, na condição de povo, merecia a livre autodeterminação. E nunca se afasta, como judia, do compromisso de toda a vida para com o objetivo de Theodor Herzl de construir um lar para o povo judeu. Mas não na forma de um Estado nacional clássico de antigo caráter europeu.

Aspirações cosmopolitas

Sua nova casa, os Estados Unidos da América, comprovava que havia outras possibilidades de se constituir soberanamente como comunidade política. O país havia nascido como uma *federação*, ou seja, havia "elementos diferentes, nacionais ou de outro cunho político, claramente reconhecíveis, que juntos formaram o Estado. Nessas federações, conflitos nacionais só podem ser resolvidos porque o insolúvel problema das maiorias e minorias parou de existir. [...] Nessa união, nenhum elemento individual tem prevalência sobre outro e todos os estados juntos regem o país".[76]

Arendt considera exatamente essa solução federativa — como parte de uma futura federação de Estados europeus ou como a Commonwealth britânica — a solução ideal para a futura Palestina. Ela está firmemente convencida de que "a Palestina, como pátria nacional dos judeus, só pode ser salva (como no caso de outros pequenos países e outras pequenas nações) se integrada numa federação".[77]

Em meio à selva de pedra de Nova York, ela se torna uma solitária defensora dessa forma de patriotismo judaico de aspiração cosmopolita. Um motivo para tanto é que, na primavera de 1942, quem analisasse com olhos treinados a mesa de jogo do sionismo, classificaria sua visão como "filosófica" e bem-intencionada. O crescente isolamento de Arendt nos círculos sionistas americanos e europeus em Nova York tinha motivos sociais e interpessoais concretos. O tom determinava a música. E como "a menor colunista dos Estados Unidos", Arendt sempre deu o tom mais implacável e intransigente. Mesmo num tempo em que o povo judeu mirava o abismo de seu extermínio na Europa, ela não economizava o sarcasmo, a ironia desagregadora e argumentações que quase equiparavam o racismo nacional-socialista a um nacionalismo judeu.[78] A olhos vistos, na condição de "*public intelectual*", Arendt acirra os ânimos. Ela acredita que deve isso a si e aos outros. Em nome da verdade, da justiça — e da liberdade de expressão tão livre quanto pública.

Aquilo que ela exigia politicamente dos judeus no momento mais terrível de sua história era, para usar uma expressão de Beauvoir, a postura de uma "solidariedade metafísica" com todos os povos escravizados do mundo — agindo num interesse de liberdade absolutamente próprio. A pretensão era grande demais, mesmo no âmbito puramente filosófico. No da *realpolitik*, porém, tratava-se de uma exigência descabida. Pelo menos sob as relações de pressão da época.

Pequenos círculos

Aquilo que Arendt — bem como Beauvoir, Weil e Rand — aspirava à época como filósofa numa missão de *realpolitik* teria sido difícil em qualquer tempo: eficácia política com simultânea fidelidade aos princípios, profundidade filosófica e realização concreta. Por volta de 1941-1942, tratava-se de um empreendimento totalmente desesperançado. Em Paris ou em Nova York. Fosse em nome do verdadeiro socialismo, do cristianismo, do sionismo ou dos Estados Unidos; fosse em nome da solidariedade existencialista, de Jesus Cristo, de um cosmopolitismo kantiano ou de um libertarismo radical. Justamente porque queriam pensar em política em primeiro lugar, elas tinham sido empurradas para longe. Para quem trabalha com filosofia, não se trata de uma experiência realmente nova, basta olhar para o passado da corporação; a necessária perda de liberdade também não era novidade. Em que ponto se tinha uma visão mais clara dos acontecimentos: do seu centro ou à distância, a partir de seus limites mais longínquos e abismos?

O pensar que merece este nome também traz a solidão social. Algo que se explica simplesmente pelo fato de que, no fundo, trata-se de uma atividade cujo foco só é alcançado sem os outros. Seu máximo são um ou dois confidentes. Essa também é a convicção que Arendt carregará por toda a vida.

Em novembro de 1942, a coluna de Arendt na revista *Aufbau* é descontinuada. Por essa época, também o "grupo de jovens judeus" é história. Por isso, não devemos compreender apenas como queixa o relato de Arendt ao amigo Scholem, meses depois, sobre a permanência de seu *"culture shock"* (nesse meio-tempo, parece que ela conseguiu se despedir da dicção alemã): "Somos muito solitários neste país; isso se dá principalmente porque todas as pessoas têm muitos afazeres e, depois de determinado tempo, a maioria simplesmente não sente mais a necessidade de ócio. Isso gera certa ausência constante (*absent-mindedness*, quero dizer), que dificulta muito o contato entre as pessoas".[79]

Manter a atenção em tempos da distância mental. Preservar a necessidade do ócio e da desaceleração. Ser ativo, mas não *too busy*. O quase clássico marco existencial de uma europeia antiquíssima no Novo Mundo. Apenas não cair no abismo típico do país, segundo Arendt, entre a "liberdade política" e a "servidão social".[80] Mas sim reconfigurar a recém-conquistada liberdade de acordo com a própria vontade: encontrar-se mais uma vez "entre", no melhor sentido — e, principalmente, continuar a busca.

Logo no início do verão há uma chance nesse sentido, por ocasião de sua primeira atuação acadêmica como *adjunt lecturer* no Brooklyn College de Nova York. Título do curso: "História recente da Europa". Concretiza-se assim um novo e já conhecido modo de vida: jornalista e professora. Mais um programa personalíssimo de pesquisa, profundamente interligado: exposição dos elementos que conduziram ao obscurantismo atual — as fúnebres celebrações europeias do totalitarismo, seu desejo de opressão com motivação racial, sua ideia obsessiva de um corpo único e homogêneo de povo e Estado, sua lógica do campo de concentração ou trabalho como lugar de desumanização crescente... antissemitismo, imperialismo, dominação total. Tudo isso apontava para sua origem no século XIX. Era preciso seguir essa pista.

Arendt já possuía o que realmente necessitava para tanto: a liberdade interior de pensar de maneira autônoma, a pessoa mais querida como interlocutora dialógica e a extrema liberdade de um país que garante a persistência não apenas na letra fria da lei. Para tentar usar uma daquelas expressões idiomáticas como as que o bom monsieur Heinrich ainda anotava diariamente em seu caderno de estudos, no final de 1942 Hannah Arendt não era apenas uma "*nifty chick*" [garota refinada] banhada com as águas atlânticas, mas principalmente também uma "*very much her own woman*".

A maldição de Nietzsche

Em retrospecto, é quase uma pena que Ayn Rand não tivesse conhecimento dos projetos políticos que Arendt e Beauvoir estavam criando quase na mesma época. Isso poderia tê-la ajudado no difícil processo de denominação de seu próprio grupo. Algo na linha de "Egoístas metafísicos", "Grupo de jovens libertários" ou, por que não escancarar de vez, "Liberdade sem socialismo".

Esses nomes eram todos melhores do que as sugestões discutidas no outono de 1941, como "Vizinhos americanos" (Rand: "as pessoas vão pensar que temos alguma relação com a América do Sul")[81] ou o palpite dado pela própria fundadora, "Aristocratas intelectuais". Pois não era exatamente o caso. O último nome proposto acentuava o principal problema de toda agenda libertária: a tensão difícil de ser mediada entre o elitismo escancarado e o populismo ambicionado; a maldição de Nietzsche: como convencer democraticamente a maioria de que a grande massa da população tende naturalmente à idiotia? Que a coragem iluminista, de se servir da própria razão, sempre foi um ideal de poucos e continuaria sendo?

Foi exatamente nesse sentido que Albert Jay Nock se manifestou num dos primeiros encontros do grupo: em vez se chegar ao esgotamento, em nome de todos, em favor de um individualismo político, ele sugeriu prosseguir cultivando em pequenos grupos o ideal da autossuficiência liberal. No que dizia respeito às massas, ele dizia haver apenas uma receita que assegurava a autonomia: distanciamento social e independência cotidiana, também econômica. Não tornar nada comunitário. Não era possível alcançar mais nem nutrir alguma esperança razoável nesse sentido, independentemente de quando e em qual país. Nem mesmo nos Estados Unidos. Querer satisfazer politicamente todo o mundo a partir de uma visão própria, à qual não há alternativa, da boa vida — será que isso não era o impulso totalitário em si?[82]

Também a crítica literária Isabel Paterson — que havia mais de uma década mantinha uma coluna no *Herald Tribune*, de Nova York — descartou simpaticamente a ideia, apesar de cultivar, ao longo dos anos, uma amizade muito profunda com Rand. Para Rand, a intensidade dessa relação só se equiparava àquela de seus anos de juventude em São Petersburgo com Olga Nabokov (irmã de Vladimir Nabokov). E o princípio básico da vida de Paterson, de nunca fazer parte de qualquer organização ou grupo, se manteve intacto.

Especialista americano em explosivos

Antes do início do projeto, os "aristocratas intelectuais" tinham se reduzido a meia dúzia de bem-intencionadas pessoas de classe média do Meio-Oeste americano, bem como a alguns nova-iorquinos da extrema direita decepcionados com os republicanos. Em vez de começar com uma elite funcional individualista, que poderia ser empregada para instruir outros sempre que necessário, o próprio grupo precisava começar — segundo a impressão de Rand — tomando aulas intensivas de reforço. Entretanto, como os senhores não se dignavam a preencher os cheques com as quantias suficientes, o movimento não dispunha do capital inicial necessário.

O mesmo ocorria no front privado. À exceção do trabalho pago por hora como leitora de roteiros para a Paramount Pictures, havia quase um ano que Rand, na condição de ativista libertária de tempo integral, não tinha uma renda de verdade. Além disso, era preciso contabilizar mais oito recusas de editoras em relação ao seu projeto de romance. Para completar a desgraça, também Frank havia perdido seu emprego de meio período, arduamente batalhado, como vendedor numa tabacaria. Ocupações remuneradas estavam em falta. Com a tenacidade da tosse dos fumantes, a recessão se mantinha firme mesmo no oitavo ano após o New Deal de Roosevelt, de modo que até uma isolacionista convicta como Ayn Rand deve ter comemorado em silêncio a entrada dos Estados Unidos na guerra em dezembro de 1941.[83]

Pelo menos isso a desobrigava de ter de explicar o fracasso de suas ambições políticas. No ardor do patriotismo de guerra, as vozes *"America first"* iriam sossegar por um tempo. Assim como iniciativas libertárias no contexto de uma economia de guerra que começava a tomar impulso.[84] O projeto conjunto "Aristocratas intelectuais" tinha se tornado história antes mesmo de começar. Entretanto, isso não valia para o projeto "Howard Roark".

Ao contrário. De repente — mas, na realidade, com o dedo de Isabel Paterson — a editora Bobbs-Merrill, sediada em Indianapolis, sinalizou um interesse concreto no livro, principalmente na pessoa de um editor de texto recém-contratado, Archie Ogden. Ameaçando demitir-se imediatamente, ele fez campanha pelo manuscrito. E, por fim, acabou vencendo.

Em 10 de dezembro de 1941 o contrato é assinado. Embora o adiantamento seja irrisório (mil dólares) e o prazo de entrega absolutamente irreal (1º de janeiro de 1943), pelo menos passa a existir novamente um objetivo concreto. E um caminho direto à única liberdade que Ayn Rand — assim como Simone Weil, Simone de Beauvoir e Hannah Arendt — considerava realmente imprescindível: a da escrita como criação.

A assinatura do contrato, ocorrida exatos três anos após Pearl Harbour e apenas um dia antes do ingresso oficial dos Estados Unidos na guerra, marca o início do ano mais feliz e produtivo de sua vida.

Distanciamento social

No que diz respeito ao romance, "estive e estou numa orgia de escrita", Rand avisa a seu editor de texto predileto, em 19 de fevereiro de 1942. "Trabalho, literalmente, dia e noite. Meu recorde até o momento foi um turno que comecei às quatro horas da tarde e encerrei apenas no dia seguinte, à uma hora (com apenas uma interrupção para me alimentar). Não consigo repetir isso com frequência, mas nessas horas escrevi as melhores páginas até agora. Acontece de eu não trocar de roupa por dois ou três dias, simplesmente me deito no sofá para dormir um par de horas e depois prossigo."[85] Ela quase não sai do seu apartamento, interrompe todo e qualquer contato social, à exceção do encontro dominical com Isabel Paterson, e reduz o cuidado corporal ao mínimo, assim como o sono. O que importa é o estoque alto das reservas energéticas: cigarros, chocolate, bombons.

Assim como o ideal sonhado havia dez anos, no decorrer de 1942 Rand está no caminho direto de se transformar em máquina de escrever humana — sua produção semanal são 25 páginas prontas para impressão. Essa era a existência que ela queria: autônoma, autorresponsável, criadora de si — e, no sentido mais desejável, criadora de valor. Nenhuma consideração quanto aos possíveis leitores, a sociedade, os *críticos*. A única coisa que contava nesse processo era a solidariedade metafísica com a obra em si. A existência focada em ser autora como personificação exemplar de um egotismo produtivo sobre-humano. Quem precisa de um mundo exterior quando consegue criar seu próprio mundo a partir do interior? (E quando o marido se ocupa das tarefas cotidianas.)

O ano não tinha sido totalmente perdido nem mesmo para a ativista política. Convicções longamente alentadas pareciam agora mais bem definidas, novas ideias eram agregadas de maneira diferenciada. Principalmente no que se refere à questão básica, formulada por Rand em seu diário filosófico de 1934 — "A ética é um conceito social necessário e fundamental?" —, que agora aparecia reformulada — "Há sistemas éticos que são direcionados prioritariamente a um indivíduo?".[86]

Se nos anos 1930 a tensão entre "individualismo" e "coletivismo" ainda era determinante do ponto de vista terminológico, Ayn Rand passou a introduzir o conceito do "altruísmo" como verdadeiro inimigo da liberdade. De acordo com ela, altruísta é aquele que, como sujeito ético, se define essencialmente em relação aos outros. Ou seja, uma pessoa que direciona seu pensamento, sua ação e sua criação segundo a existência e os interesses de outros: seja com o objetivo, ávido de poder, da submissão ou da manipulação, seja com o objetivo abnegado de incentivá-los ou até de "salvá-los". No fim das contas, tudo dependia de quem era visto como o verdadeiro destinatário da ação ética: o próprio eu ou os outros. Rand anota em sua caderneta de pensamentos de 1942: "Quando as pessoas acreditam que os outros sejam sua virtude cardinal, restam apenas duas alternativas: fazer o que os outros acreditam (à maneira dos escravos) ou impor aos outros a própria crença para seu bem".[87] Em outras palavras, na condição de destinatário da suposta ação ética, o outro só poderia ser salvo pela submissão. Na forma da própria submissão ou por meio da sua opressão. Não havia outra saída.

Uma ética a serviço do outro — Sartre não conseguiria formular isso de maneira mais assertiva na época — era necessariamente uma ética do ajustamento afirmativo, na qual ambos os polos da díade abrem mão de sua autonomia. Por essa razão, a única escapatória dessa situação era rejeitar, no ato de autodeterminação ética, qualquer intromissão do outro na busca da própria vontade. Não liberdade *para*, *através* ou mesmo *com* o outro, mas liberdade *do* outro: "Autorreferência [*selfishness*] — não para esmagar os outros, mas *independente* dos outros".[88] Justamente porque um egotista randiano necessariamente reconhece as existências de outros, justamente porque também eles existem num sentido eminente — e com a mesma presença e valor que nós mesmos —, é imperioso ofuscar sua existência e possíveis necessidades na medida em que interfiram na determinação da nossa própria vontade.

Assim, a única coisa que realmente possibilita e garante a liberdade mútua é uma postura consistente de "independência metafísica", não de "solidariedade metafísica". A única forma realmente não violenta de entrar em contato com o outro e reconhecê-lo francamente como um ser humano igualmente livre passa pelo contrato — à semelhança de um bom negócio. *My word is my bond. Take it or leave it. And live with the consequences.* Mas a maneira socialmente mais suave de alcançar os objetivos de trocas era a pecuniária: por meio do dinheiro. E a única maneira econômica que possibilitava uma troca realmente não violenta nesse sentido entre os indivíduos era o capitalismo na forma do *laissez-faire* absoluto. Nesse sentido, por fim, o único sistema de governo legítimo era a democracia direta com um mínimo de interferência estatal.

Para Rand, esse pacote da livre vida em comum era mais garantido e, de acordo com sua experiência, o menor dos males entre as pessoas; ele era quase transcendentalmente imperativo. Não apenas funcionava bem, era o próprio bem entre as pessoas! Ou seja, era o bem. Pois não havia outra fonte de valor além do ser humano (e, mesmo que houvesse, o indivíduo haveria de se decidir livremente por ela).

Entretanto, qualquer desvio proposital desse ideal significava ingressar, a olhos vistos, no caminho da escravidão autoinfligida: eticamente como o altruísmo, economicamente como o socialismo, religiosamente como o fundamentalismo, politicamente como o totalitarismo. Claro que havia pessoas que ansiavam exatamente por isso. Tratava-se daquelas que não apresentavam condições de acender ou manter aceso o fogo criativo da liberdade em si mesmas. E que, em vez de se entregar à áspera aventura de sua própria *"pursuit of happiness"*, preferiam ver todos os outros enjaulados em nome de todos os outros. O "princípio Toohey" em todas suas modalidades civilizatórias.

Mesmo que tudo isso não tivesse chegado a uma justificativa final, num sentido estritamente lógico, mesmo que cada transição conceitual não estivesse bem azeitada, esses fundamentos serviram para Rand, em 1942, como uma matriz interpretativa que lhe permite trabalhar no seu romance em três níveis simultaneamente: como apresentação de uma luta supratemporal de ideais de desenvolvimento da psique, radicalmente opostos em cada indivíduo; como interpretação da tensão do *zeitgeist* dos Estados Unidos no limiar da Segunda Guerra Mundial; como um ensinamento em forma de romance que promete, em tempos sombrios, apontar para uma saída do inferno dos outros — com Howard Roark, inflado religiosamente, na condição de santo.

Em dezembro de 1942, após dozes meses de êxtase criativo ininterrupto, Rand alcança, por meio da apologia de Roark para os dozes jurados, o verdadeiro ponto final e ápice de seu trabalho. Como um Sócrates da América autêntica, ele aparece diante do júri em nome do povo, para ali — diante de todo o mundo e para todo o mundo — encarnar exemplarmente os valores que fundamentavam a Declaração de Independência e a Constituição dos Estados Unidos, por todos respeitadas.

A defesa de Roark

O crime do qual Roark é acusado não é seduzir a juventude nem blasfemar contra os deuses. A princípio, parece ser algo banal, mas, ao olharmos com mais atenção, é ainda mais perigoso no contexto do tecido social. Ele pessoalmente dinamitou um projeto exemplar de habitação popular, de sua autoria, poucos dias após a construção. E só porque um comitê governamental que acompanhava o projeto (sob a chefia de Toohey) solicitou pequenas alterações no desenho original e, na sequência, as implementou sem sua explícita concordância — e, tecnicamente, violou o contrato. O júri precisa decidir não a respeito da ação ou das circunstâncias, pois ninguém contesta a autoria de Roark, mas apenas da validade e, portanto, da justificação do motivo de sua ação.

Nas palavras da procuradoria, essa motivação situava-se claramente "além do reino das emoções normais. Para quase todos nós, parecerá algo monstruoso e inconcebível [...]. Assim como a dinamite, que arruinou o prédio inteiro, a motivação do ato destruiu todo o senso de humanidade que havia na alma desse homem. Estamos lidando aqui [...] com o explosivo mais terrível do mundo: o egoísta".[89]

Agora era a hora de Roark se explicar. Ele dispensou o advogado. Fala por si. Absolutamente cego para tudo que poderia apontar para seu potencial relativismo, à primeira vista ele também passa ao júri a impressão de ser uma pessoa totalmente inocente em face do sentimento de culpa ("*a man innocent of fear*").[90] Uma formulação curiosa, consequência lógica da convicção de Rand sobre a total condutibilidade da própria vida sentimental pela razão. Ou seja, existem sentimentos e afetos estúpidos, que podem trazer culpa a uma vida humana: em primeiro lugar, o medo. Também o remorso. Abulia. Todo tipo de caminho rumo ao vazio interior e, desse modo, portas de entrada para o outro. É claro que todos são estranhos a Roark. Ele é cem por cento ação e plenitude, conduzido por sua imaginação e criatividade inatas, inflamadas pelo fogo de seu gênio.

Não é de estranhar, portanto, que sua defesa comece com Prometeu como o primeiro entre todos os criadores humanos: "Milhares de anos atrás, um homem descobriu como fazer fogo. Ele provavelmente foi queimado na estaca que ensinara seus irmãos a acender".[91]

Desse modo, o parâmetro está colocado, assim como o tema básico: o indivíduo inovador como a verdadeira mola propulsora de todo progresso civilizatório — em conflito com a horda invejosa dos "demasiados". A luz da razão criadora contra a escura falta de imaginação da autorrenúncia. O eu corajoso, disposto ao progresso, contra o anseio de estagnação, impulsionado pelo medo, dos sujeitos indefinidos.

Mas o que incentiva o verdadeiro criador, qual a base dos verdadeiros motivos de sua ação? Segundo Roark, não se trata da vontade de ser útil a seus contemporâneos ou mesmo de cooperar com eles. Mas unicamente da busca pela solução de um problema, empreendida da melhor maneira possível. Ou seja, o desejo pela verdade da obra em si.

Na medida em que o problema é novo, sua solução não pode passar por regras e procedimentos estabelecidos por outros. Criatividade significa necessariamente o desejo pelo desvio autoconsciente — também e justamente no âmbito do social. Portanto, os verdadeiros criadores, como agentes de todo o progresso humano, são pessoas solitárias e devem ser assim. Exatamente por esse motivo são penalizados pela massa, excluídos, muitas vezes simplesmente linchados. Ou, mais raramente, são por ela festejados, erguidos ao pódio, até endeusados. Ambas as situações são prejudiciais para o indivíduo criativo, ambas resultam igualmente perigosas. Não contra outros, não para eles — mas *independentemente* deles. No melhor dos casos, eles apreciam o trabalho.

Do modo como Roark apresenta ao júri a situação, a fonte da verdadeira criatividade e a fonte da razão pragmática são idênticas. No fim, há apenas uma forma de pensar e concluir. E ela é a mesma para todos os seres humanos. Mais ainda, como habilidade capaz de ser conduzida conscientemente, trata-se da característica diferenciadora do ser humano. Sem ela, ele não seria capaz de sobreviver de modo algum. Com ela, ele potencialmente pode tudo.

Pensar, porém, principalmente no sentido eminente da criação, é algo que cada um faz apenas para si:

Um cérebro coletivo é algo que não existe. Não existe pensamento coletivo. [...] Homem nenhum pode usar os próprios pulmões para respirar por um outro. Homem nenhum pode usar seu cérebro para pensar por outro homem. Todas as funções do corpo e do espírito são particulares. Não podem ser compartilhadas ou transferidas.[92]

Para Roark a conclusão é: direitos autorais devem ser protegidos e garantidos de maneira incondicional. Eles são uma parte essencial da integridade da pessoa — como unidade criadora de corpo e mente. Quem ataca violentamente esses direitos está ameaçando as bases de uma civilização da liberdade e do progresso. Portanto, uma sociedade boa e justa protege essa integridade incondicionalmente dos ataques violentos de terceiros.

Ela a protege principalmente do ataque daqueles que não conseguem e não querem criar por conta própria. Daqueles que, como seres humanos, preferem se esconder atrás da proteção ilusória dos "alguéns" e de sua "boa sociedade". Daqueles que atrapalham e combatem o criador por motivos baixos e rasos, em geral em nome — perversamente manipulado pela imprensa — dos outros. Ou seja, daqueles que atuam como *"second-handers"* e sua ideologia de dependência, intercambiamento individual e, portanto, autonegação incentivada do indivíduo em nome de todos os outros. Ou seja, o altruísta: "O altruísmo é a doutrina que exige que o homem viva para os outros e coloque os outros acima de si mesmo".[93]

Segundo Roark, o que torna essa ideologia tão destrutiva é não apenas sua profunda impostura psicológica, mas — ainda mais fundamental — sua inacessibilidade fática. O altruísmo exige, literalmente, o impossível:

> Ninguém pode viver para o outro. Não é possível compartilhar o espírito, da mesma forma que não é possível compartilhar o corpo. Mas a pessoa que vive de segunda mão usou o altruísmo como arma de exploração e inverteu a base dos princípios morais da humanidade. Aos homens foram ensinados todos os preceitos que destroem o criador. Aos homens a dependência foi ensinada como virtude. O homem que tenta viver para os outros é um dependente.[94]

Desse modo, a verdadeira escolha diante da qual cada ser humano dotado de razão e que se encontra em relação aos outros seres humanos não é "escravidão" ou "dominação", mas "dependência" ou "independência". E esse declarado desejo de independência (e quem está culturalmente mais próximo dele que os americanos?) não é questão dos talentos de cada um ou de suas predisposições intelectuais. Nenhum ser humano é burro demais para ser ele mesmo. O que importa primeiro é a coragem declarada de querer se servir da própria razão de maneira autônoma; é a vontade de dizer, conscientemente, "*eu* quero", "*eu* consigo e irei". Esse ato não carrega nada de elitista em si, mas é a opção existencial mais igualitária, asseguradora da honra e básica para a democracia que se pode imaginar:

> Os graus da capacidade variam, mas o princípio básico permanece o mesmo: o grau de independência, de iniciativa e de amor pessoal pelo trabalho determinam o seu talento como um trabalhador e o seu valor como homem. A independência é a única medida da virtude e do valor humano: o que um homem é e faz de si mesmo, não o que ele fez ou deixou de fazer pelos outros. Não há substituto possível para a dignidade pessoal. Não há critério de dignidade pessoal senão a independência. Em todos os relacionamentos corretos, não há sacrifício de uma parte à outra.[95]

Por esse motivo, apenas uma sociedade que se baseia nessa coragem e a protege incondicional e constitucionalmente pode crescer e prosperar como nação. Como a "terra da liberdade". Distante de um diluído nacionalismo do grande coletivo, Roark, na condição de patriota americano, fala à consciência dos jurados:

> Ora, observem os resultados de uma sociedade construída sobre o princípio do individualismo. Este nosso país. O mais nobre da história humana. O país das maiores realizações, da maior prosperidade, da maior liberdade. Este país não foi baseado no serviço altruísta, no sacrifício, na renúncia, em nenhum outro preceito do altruísmo. Foi baseado no direito do homem de buscar a felicidade. A sua própria felicidade. A de ninguém mais. Uma motivação particular, pessoal, egoísta. Vejam os resultados. Examinem as suas consciências.[96]

Ou seja, não ceder nem um passo em direção ao altruísmo. Nenhum passo em direção às suas imposições. Nenhum passo em direção ao enfraquecimento dos próprios direitos, que devem ser assegurados em nome da independência e da integridade de todo ser humano razoável, homem ou mulher, de maneira incondicional e sem acordo algum: seus direitos de propriedade, tanto intelectuais quanto físicos!

Desse modo, a detonação arbitrária do conjunto habitacional pensado por ele e apenas por ele, Cortland, não foi apenas um direito de Roark, mas também sua tarefa profundamente americana. Ela foi um ato de resistência protetora de valores em tempos obscuros. Com certeza Roark agiu apenas para si, por motivos puramente egoístas — nesse sentido, a promotoria tinha razão. Mas ele o fez representando todos os seres humanos de seu país — ou melhor, deste mundo — dotados de razão e, assim, ansiosos por liberdade:

Agora sabem por que dinamitei Cortland [...]. Vim aqui dizer que não reconheço o direito de ninguém a um minuto que seja da minha vida. E nem à menor parcela de minha energia. A nenhuma realização minha. Não importa quem reivindique esse direito, a grande quantidade de pessoas que o façam, ou a grande necessidade que tenham disso. [...] Quis vir aqui para dizer que a integridade do trabalho criativo de um homem é de maior importância do que qualquer empreendimento caridoso. Os que entre vocês não o compreendem são os homens que estão destruindo o mundo. Quis vir aqui e declarar os meus termos. Não aceito existir em quaisquer outros. Não reconheço obrigação nenhuma para com os homens exceto uma: respeitar sua liberdade e não ter parte numa sociedade escrava. Para meu país, desejo dar os dez anos que vou passar na cadeia se o meu país de fato não existir mais. Passarei esses anos em memória e em gratidão pelo que o meu país foi. Será o meu ato de lealdade, minha recusa a viver ou trabalhar naquilo que tomou o seu lugar.[97]

O veredicto

A sentença está nas mãos dos jurados. De cada um deles. E, claro, nessa dada constelação não deixa de ser interessante imaginar Hannah Arendt, Simone Weil e Simone de Beauvoir de 1942 como membros desse júri. Qual teria sido seu voto em relação aos motivos de Roark? Como teriam avaliado sua defesa? Como teriam analisado seus argumentos? Como a apresentação dele as teria impactado?

Era o ato consciente do "eu quero" que emprestava ao ser humano, como ser finito, valor e dignidade? Ou será que sua fonte não estava fora dele mesmo — talvez até fora deste mundo? Um ego de carne e osso poderia tomar decisões de maneira livre, independentemente dos outros — ou, ao contrário, apenas por meio deles e com eles?

E o que dizer da espontaneidade e obstinação das emoções? Elas deviam ser necessariamente subordinadas à razão — e, se sim, com quais consequências para a possível individualidade do próprio devir? Roark era realmente o pária criador, como se apresentava, ou apenas o protótipo de um *parvenu* narcisisticamente ofuscado? Será que ele, como ser humano, estava além de cada culto à genialidade clássica ou será que ele queria ser elogiado pelos outros exatamente sobre esse pedestal?

E o que falar da identidade do pensamento estritamente lógico e da produção criativa, defendida por ele? Havia mesmo apenas uma lógica da pesquisa, apenas uma forma lógica da compreensão e do julgamento? O que falar dos inícios dos processos criativos? De que maneira uma ideia podia ser reclamada como propriedade particular se não era algo que um indivíduo criativo pudesse produzir e evocar propositalmente?

Será que o mundo, segundo a argumentação de Roark, estava realmente afundando numa orgia de altruísmo e do autossacrifício? Ou era pela vontade de poder incondicional de indivíduos maníacos? Eram realmente os ombros de poucos que, feito Atlas, sustentavam toda a carga do progresso civilizatório? Ou as costas sempre curvadas daqueles sistematicamente explorados por poucos?

E ainda: o que dizer da linguagem com a qual e pela qual Roark se dirigiu ao júri? Será que essa língua, no início, foi obra de um gênio primordial egoísta de um passado muito remoto? E com certeza obra de um único ser humano? Será que a linguagem podia ser entendida como meio de compreensão e de pensamento, na medida em que ela modelava algo que tinha sido criado de maneira independente da existência de outros seres humanos?

As discussões entre Beauvoir, Arendt e Weil teriam durado certamente vários dias, quiçá anos (ou séculos). Sem que acabassem convergindo para um veredicto unânime. Mas era possível esperar outra coisa em meio a filósofas e filósofos autônomos? Apenas otários e ideólogos têm no consenso um objetivo da reflexão.

Mas na ficção produzida por Ayn Rand, o júri composto primordialmente de representantes fidedignos do *common sense* americano — empregados graduados, engenheiros, motoristas de caminhão, eletricistas, pedreiros — precisou de apenas alguns minutos para chegar ao seu veredicto.

— Senhor primeiro jurado, chegaram a um veredicto?
— Chegamos.
— Qual é o seu veredicto?
— Inocente.[98]

Quando Rand escreve essas linhas, ela conta doze meses de isolamento social e de fluxo criativo contínuo. Em 31 de dezembro de 1942, entrega o manuscrito pessoalmente a Archibald Ogden. A sua parte no contrato tinha sido cumprida. Ela não estava em dívida com ninguém. Principalmente não consigo mesma. A partir de então, a obra estava nas mãos dos outros. E, independentemente da avaliação externa, nesse momento ela sabia muito bem o que tinha feito e criado. A sensação era divina.

VIII.
Fogo

1943

*Rand e Beauvoir estão no céu, Arendt encara
o abismo e Weil atravessa o último limiar*

Na greve

"Não sou altruísta. O que havia para ser dito, eu disse. Se não agrada aos leitores, por que eu deveria continuar me esforçando a lhes explicar?"[1] Apenas seis semanas após o lançamento, o destino de seu segundo romance parecia estar selado. Nada de publicidade. Nada de vendas. Nem mesmo críticas demolidoras. Nesse caso, também não adiantava de nada que Isabel Paterson ficasse ao telefone rememorando os próprios fracassos. Até então, oito romances. Nenhum fez sucesso. Poucas semanas após *A nascente* estar nas livrarias, Paterson estava lançando seu mais ambicioso livro de não ficção, *The God of the Machine* — um elogio histórico-cultural à livre-iniciativa e à criatividade do indivíduo. Também sem maior ressonância. O que a amiga estava esperando? Vender 100 mil exemplares?[2] De um romance filosófico? Nos Estados Unidos de Roosevelt?

Ela havia trabalhado ininterruptamente por dezesseis meses. E ficou revisando provas tipográficas todos os dias, até abril. No final, precisou lançar mão de estimulantes.[3] Rand estava tão exausta que não conseguia se acalmar. Uma cultura que se mantinha surda inclusive para um livro como esse merecia seu fracasso: "Pat, e se eu simplesmente entrasse em greve? E não somente eu, mas todas as mentes criativas do mundo?".[4] Se a "máquina" fosse apenas tirada da tomada? Ou seja, uma revolta coordenada dos criadores, até que o último coletivista teimoso acabasse confirmando, publicamente, quais ombros carregavam de verdade a carga do todo. Isso daria, Rand ainda acrescentou depois de uma pequena pausa na conversa, inclusive um bom romance. Só que ninguém o escreveria. Pelo menos, não ela. Ela disse que no dia seguinte já começaria a procurar por um trabalho preferencialmente sem sentido. Assim como Frank, ela entraria num exílio interior, escrevendo no máximo à noite. Mas não mais para esse presente, talvez apenas para o futuro. Rand estava farta.

Em vez de também jogar a toalha em vida, ao longo da conversa Paterson conseguiu convencer a amiga, claramente enfraquecida, da necessidade de um outro tipo de descanso. Ela convida o casal a passar duas semanas em sua casa de campo em Connecticut. Dormir. Passear. Comer.

Nada de ficção

Enquanto Rand literalmente não faz nada em julho de 1943 (pela primeira vez desde sua chegada aos Estados Unidos), *A nascente* começa uma trajetória mágica no país. Contando apenas com propaganda boca a boca, a primeira edição (8 mil exemplares) quase esgotou. Tempo de voltar à carga imediatamente. Nutrir de novo a delicada chama. Recuperada, em meados de agosto Rand comunica seu novo projeto ao editor.

16 de agosto de 1943

Prezado sr. Ogden,

No momento estou trabalhando num pequeno livro de não ficção [...]. Seu título provisório é *A base moral do individualismo* [...]. O livro apresentará, de maneira simples e concreta, as teses de *A nascente* — quer dizer, a integridade inerente ao ser humano e sua força de autopreservação, a apresentação do altruísmo como falácia e mal básico da moral, a definição de uma lei moral correspondente que não se apoia nem no autossacrifício em nome dos outros nem no domínio sobre os outros, mas em independência intelectual [...]. E traçará um plano do sistema social, político e econômico que pode ser deduzido a partir dessa natureza moral — ou seja, do sistema capitalista: seu significado, seus princípios e sua composição como único sistema *moral* de uma sociedade.

Até o momento, o capitalismo não dispõe de um fundamento realmente moral [...] erguemos toda uma civilização sobre esse fundamento [...] ele foi ensinado como sendo o único sistema praticável, realista, mas não como um sistema ético.[5]

Nenhuma pessoa, principalmente aquela que anseia por liberdade, vive apenas de pão. Mas principalmente e em primeiro lugar, de ideias. Para que ela viva bem, suas ideias devem ser verdadeiras e bem fundamentadas. A tarefa estava clara: estabelecer o capitalismo como única expressão verdadeira de uma convivência moral, como única forma verdadeira de aspirar por liberdade e autodeterminação. Sua promessa de lucros não era prioritariamente de natureza material, mas espiritual. Seu objetivo não era a riqueza, mas a autorrealização. Seu ideal não era a exploração, mas a independência. Longe de ser apenas "o mal menor", ele era a expressão do bem em si! "Temos de compreender e aceitar o individualismo como lei *moral* e, em sua aplicação, o capitalismo, como sua expressão adequada. Sem isso, o capitalismo não pode ser salvo. E, se ele não puder ser salvo, estaremos no fim — todos nós. Os Estados Unidos, o mundo — todo homem, toda mulher, toda criança. Pois não restará nada senão a caverna e o porrete. Veja a velocidade das destruições hoje em dia. A culpa é de uma ideia — uma heresia fatal. Outra ideia pode contê-la — uma verdadeira."[6]

Deal!

O livro nunca foi escrito. Um mês depois, as forças livres do mercado — principalmente aquelas do espírito de Rand — queriam outra coisa. Surpreendentemente, Ogden sai da editora em setembro. Ao mesmo tempo, *A nascente* aparece pela primeira vez na lista dos mais vendidos das costas leste e oeste do país. Em outubro, a quarta impressão está sendo produzida. O departamento de marketing anuncia para a época de Natal uma campanha publicitária nova, de âmbito nacional. Rand acredita na sua sorte. Afinal, era exatamente assim que ela havia imaginado as coisas! Foi essa sua profecia. Do tédio de junho não havia nem mais sinal. Ela está radiante com a energia recém-liberada. Isabel Paterson é a primeira a saber:

6 de outubro de 1943

Darling, obrigada por tudo o que você me disse. Principalmente pelo fato de ter me chamado de irmã [...]. Sei que devo agora escrever *A revolta de Atlas*.[7] Percebo como deixo tudo de lado se só penso sobre o enredo — algo que eu não deveria estar fazendo no momento. Indício de que estou rendida [...]. É assim que, via de regra, começa no meu caso. Deus está do meu lado — mais você e Frank.[8]

Até Hollywood começou a prestar atenção em *A nascente*. Em meados de novembro, Rand recebe uma ligação do estúdio Warner Brothers, que ela encaminha imediatamente ao seu novo agente, Alan Collins. Collins quer pedir 25 mil dólares pelos direitos cinematográficos e aceitar 20 mil. Desse modo, sua cliente entraria numa liga em que jogam também Dashiell Hammett e John Steinbeck. Melhor ainda: ela teria segurança financeira por muitos anos. Rand sabe que *A nascente* está apenas começando sua trajetória. Ela conhece o negócio, as margens, e orienta Collins a pedir 50 mil dólares. Sem negociações. Nem um centavo a menos. Ou nada feito.[9]

É Frank quem atende a ligação decisiva. Rand deve escrever o roteiro, pelo menos uma primeira versão. Para tanto, precisa se mudar de volta para Hollywood, com todos os custos pagos — quinhentos dólares por mês. E, sim, 50 mil dólares pelos direitos!

Para comemorar, os dois vão jantar no restaurante de sempre nas imediações (dessa vez escolhendo os pratos caros) e depois passam a noite inteira acordados — sonhando, imaginando. A profecia da mãe dela se concretizou: "Mesmo Hollywood haveria de reconhecer algum dia que 'branco' é 'branco'".[10] — Há anos que ela não tem mais sinal de vida da família. A ocupação de Leningrado está entrando no seu terceiro inverno.

No dia da assinatura do contrato, o marido leva Rand a uma loja de peles na Quinta Avenida: "Você vai escolher um casaco, tanto faz qual, desde que seja de visom!". Rand escolhe um modelo de 2,4 mil dólares, sai da loja vestida com ele e caminha em direção ao escritório de Paterson.[11]

Só os lúmpens são modestos! Principalmente porque ela — que nesse meio-tempo se considera uma autêntica nova-iorquina — declara que devido "à nojenta insolação californiana" não seria possível prever quando poderia trajar o casaco novamente. A mudança para Hollywood está prevista para dezembro. A expectativa de Frank é imensa. O casal percorre a primeira etapa, até Chicago, de trem. Na primeira classe, com filé de verdade no vagão-restaurante.[12] Ou seja, eles estão bem próximos do ideal — pelo menos, nesse momento.

Logo após a chegada em Hollywood, Rand começa a trabalhar no seu roteiro. Sua primeira anotação é de 13 de dezembro de 1943. "Tema principal: a integridade humana".[13]

Novo trem

"Terminei minha mudança ontem e comi batatas salteadas na manteiga, depois entrei no trem. Meu querido pequeno, reserve um lugar para garantir, pois esses corredores são terríveis."[14] Recém-instalado no Hotel Louisiane, Sartre ainda tem de trabalhar num roteiro regiamente pago, motivo pelo qual, no início de julho, Beauvoir começa, sozinha, a viagem de férias de verão, a ser passada no Norte. Pois independentemente do que ela pudesse esperar no outono em Paris, uma volta à vida antiga estava descartada. Desde 17 de junho de 1943, por meio de uma ordem ministerial, Beauvoir está suspensa das instituições oficiais de ensino francesas. Embora a acusação da mãe de Sorokin — sedução sexual de tutelada — tenha sido descartada por falta de provas, a investigação foi suficiente para impugnar sua permissão para lecionar. Assim, nesse verão de 1943, Beauvoir assume o que ela sempre quis ser, desde os primeiros anos de juventude: escritora e filósofa sem vínculos empregatícios.

No final de agosto, seu romance seria por fim publicado pela Gallimard. Do ponto de vista puramente intelectual, a obra já era antiga, pouco se referia às constelações interpessoais do momento. Não havia nenhuma dúvida que justo esses aspectos seriam enfatizados na recepção do livro. Também devido à fama de Sartre.

Como para ilustrar o que significa ser autor na vida pública, durante a viagem desenrola-se no compartimento de Beauvoir uma discussão mais ou menos semelhante àquela na qual o país inteiro está mergulhado: "Me diverti muito [...].

A senhora fez um paralelo entre *O estrangeiro* e *A náusea*, favorável a Camus, porque considera *A náusea* entediante, apesar dos belos parágrafos, e daí o narrador anunciou que, entretanto, em *As moscas* havia coisas boas e que era curioso não ter feito sucesso [...]".[15]

Era verdade: a peça mais recente de Sartre fracassou em junho. Beauvoir também não soube dizer o porquê. Afinal, dar um tratamento novo a temas políticos a partir de assuntos antigos estava em voga; na realidade, era a única chance de driblar a censura. Ou será que Sartre tinha sido penalizado exatamente pela própria apresentação? E, ainda por cima, no Théâtre de la Cité, o antigo Teatro Sarah Bernhardt? Havia bastante gente que o invejava. E também aqueles que suspeitavam abertamente que Sartre era colaboracionista.

Transgressão criativa

De todo modo, Camus elogiou bastante a peça. Logo depois do ensaio geral, a trupe saiu para beber e um ficou discutindo com o outro — e fazendo piadas — até tarde da noite: o estrangeiro, a náusea e a convidada. O novo trio do novo existencialismo! Por que não?

Apesar de toda a simpatia espontânea, as diferenças filosóficas entre Sartre e Camus permaneceram evidentes. Mas qual o significado dessa tensão para o pensamento de Beauvoir? E, principalmente, como a "solidariedade metafísica" deveria ser definida numa concepção existencialista de liberdade?

Como exatamente se dava a ligação com o outro? Que tipo de responsabilidade era inerente a essa existência? Em que medida ela era uma ameaça, em que medida era condição de minha liberdade?

Eletrizada pelos novos impulsos, sua pena produziu em poucas semanas o ensaio prometido a Jean Grenier, editor da

Gallimard. Com cem páginas de extensão, seu título também seguia a moda do recurso ao antigo: "Pirro e Cineias".[16] Ela ficou muito satisfeita com o resultado. O pensamento central parecia consistente: a liberdade do próprio projeto demandava querer e incentivar incondicionalmente a liberdade do outro. Pois: "A liberdade de outrem só pode fazer algo por mim se minhas próprias metas puderem, por sua vez, servir-lhe como ponto de partida; é utilizando a ferramenta que fabriquei que outrem prolonga sua existência".[17]

A publicação iminente de um livro era um exemplo maravilhoso nesse sentido. Afinal, não se escrevia um livro para outros. Nem para um eu já existente. Mas para renovar o próprio eu no processo da escrita e ultrapassar criativamente antigos limites. Em outras palavras: para transcender.

> Portanto, não é *para* outrem que cada um se transcende; escrevem-se livros; inventam-se máquinas que não eram demandadas em parte alguma; também não é *para* si, pois "si" só existe através do próprio objeto que o lança no mundo; o fato da transcendência precede todo fim, toda justificação.[18]

Quanto ao impulso humano básico para a expressão criativa, é preciso evitar duas interpretações errôneas: a criatividade não visa satisfazer ou preencher necessidades já existentes de outros (independentemente de quais sejam), como também não se limita a expressar um eu ou um self cuja essência está determinada ou compreendida com exatidão antes do ato de criação. A existência de um ser humano — como alguém que se recria permanentemente — sempre está adiante de sua essência. E por ela nunca será ultrapassada.

A importância de outras pessoas para esse processo da autodinamização constante consiste, em primeiro lugar, em testemunhar o movimento e determinar um lugar significativo para seus resultados em um mundo dividido com todas as pessoas. E, dessa maneira, garantir à existência individual o ponto de partida para um eventual reinício:

> Eis, portanto, minha situação diante de outrem: os homens são livres, e sou lançado no mundo entre essas liberdades estrangeiras. Preciso delas, pois uma vez que superei minhas próprias metas, meus atos recairiam sobre si mesmos inertes, inúteis, se não fossem levados por novos projetos rumo a um novo futuro.[19]

A existência humana aparecia diante dos olhos de Beauvoir como um tipo de movimento de libertação que não desejava se encerrar, que à vista do outro sempre se recomeça e se reinventa. Sem a recepção independente de suas obras pelos outros, essa dinâmica logo se esgotaria. Sem o hálito vivificante dos outros, o fogo da liberdade logo se extinguiria.

Pouco antes da publicação de seu primeiro romance, Beauvoir define no ensaio "Pirro e Cineias" a relação com o outro garantidora da liberdade comparando-a com uma escada humana, como as crianças fazem para pular um muro ou um obstáculo que não seria superado apenas com um salto. Para ela, um apoia o projeto do outro pelo simples peso de sua existência livre. Entretanto, cada qual permanece responsável pelas próprias ações no seu próprio caminho. Numa metáfora um pouco mais estática, que ao mesmo tempo também pode ser considerada descrição (fortemente estilizada) daquela dinâmica que determinava havia anos a vida da "família" de Beauvoir e Sartre, ela formulou: "Nossas liberdades se suportam umas às outras como as pedras de uma abóboda, mas de uma abóboda que nenhum pilar sustentaria".[20]

Futuro aberto

No final de agosto, Sartre e Beauvoir estão novamente a caminho de La Pouëze, na casa de madame Morel. Eles querem permanecer por lá até o final do verão, escrevendo. Beauvoir pretende se dedicar ao início de um terceiro romance, cujo título *O sangue dos outros* já a acompanha há algum tempo. Sartre, a uma peça de teatro para companhia reduzida, que deve se chamar *Os outros*. Mais como uma espécie de exercício, principalmente para ajudar Wanda — que também quer ser atriz, como Olga — a conseguir seu primeiro papel. (Mais tarde, a peça será conhecida por *Huis Clos* ou *Entre quatro paredes*.)

Na baldeação em Angers, o trem atrasa. Enquanto Beauvoir aguarda num café, Sartre vem da estação ao seu encontro, "acenando com um jornal". Finalmente: "A primeira crítica de *A convidada* acabava de aparecer em *Comoedia*. [...] Nunca nenhum artigo me deu tão grande prazer [...] aquela crônica, redigida por um crítico de verdade, impressa num jornal de verdade, assegurava-me, preto no branco, que eu compusera um livro de verdade, que era verdadeiramente, de repente, uma escritora. Não escondi minha alegria".[21]

Também do lado de Sartre, só as melhores notícias. Seus roteiros são aceitos, os pagamentos assegurados: "Não tenha medo [...] ano que vem será confortável para nós".[22] Principalmente porque durante outra curta estadia na capital ele conseguiu arranjar para Beauvoir um trabalho bem pago como redatora na Radiodiffusion Nationale (uma emissora oficial, que por esse motivo também era chamada informalmente de Radio Vichy).

Em outubro, ao voltarem para Paris, o romance de Beauvoir é tema de conversa para além do mundinho de Montparnasse. Como esperado, o *ménage à trois* que conduz a narrativa é o que mais atiça a curiosidade dos leitores: "Não comprometi meu prazer com perguntas indiscretas; não procurei indagar de mim mesma qual o valor absoluto de meu romance, nem se resistiria ao tempo. [...] Por ora, bastava-me ter dado vitoriosamente o primeiro passo: *A convidada* existia para outras pessoas e eu entrara na vida pública".[23]

O livro aparece inclusive na seleção final para o Prix Goncourt. Não se tratava apenas de um primeiro passo. Era sucesso. E prestando bastante atenção às notícias da BBC, a chegada dos Aliados na Sicília tornava a libertação da França cada vez mais próxima: "O que importava era que, um dia, o futuro se abriria de novo para mim: agora não duvidávamos mais e pensávamos até que não esperaríamos muito tempo".[24]

Mensagem na garrafa

Em Nova York, no outono de 1943, também Hannah Arendt espera com crescente impaciência o fim do espetáculo infernal. Entretanto, ela não tem êxitos pessoais comparáveis para exibir. Ao contrário. Além de suas disputas com os círculos sionistas da cidade, o contato com a intelligentsia alemã no exílio se mostrava cada vez mais desagradável. Isso valia, em primeiro lugar, para Theodor Wiesengrund Adorno, Max Horkheimer e seu Instituto de Pesquisas Sociais. As antipatias remontam até a Frankfurt dos anos 1930, quando Günther Stern, recém-casado com Arendt, tentara (em vão) obter uma vaga para a livre-docência junto ao grupo de Adorno. O que os unia no Novo Mundo era unicamente a preocupação pelo espólio de Walter Benjamin. Como solicitado, logo após sua chegada, Arendt entregou os últimos escritos de Benjamin para serem arquivados no instituto, mas desde então ficou sem notícias sobre seu paradeiro e, principalmente, sobre sua possível utilização. Dois anos já tinham se passado. Também Scholem, em Jerusalém, como amigo mais antigo e íntimo de Benjamin, se mostrava cada vez mais irritado: por que não acontecia nada com o material? Por que não era publicado? Nenhuma pergunta era respondida?

"Vou lhe enviar também as teses de Benjamin — embora eu só tenha esse único exemplar", escreve Arendt em 4 de novembro para Scholem, num estilo direto que teria impressionado Ayn Rand: "Tratar com Wiesengrund é pior do que inútil. Não sei o que fizeram ou o que pretendem fazer com o espólio. Conversei com Horkheimer, que esteve aqui no verão: sem nenhum resultado. Afirma que a caixa está num cofre (certamente é mentira) e que ainda não teve acesso a ela [...]. Estou absolutamente sozinha aqui, sem apoio, e não tenho como resolver esse estado de coisas [...]. Além disso, há o fato de o próprio instituto estar numa situação moribunda. Eles ainda têm dinheiro, mas estão cada vez mais convencidos de que deve ser usado para lhes assegurar um final de vida tranquilo. A revista não é mais publicada, sua fama aqui não é exatamente primorosa — isso quando se sabe que ela existe. Wiesengrund e Horkheimer vivem na Califórnia, em grande estilo. O instituto é puramente administrativo. O que é administrado, fora as verbas, ninguém sabe. Por meio de agentes e intrigas, eles aliviaram o American Jewish Committee em 10 mil dólares para fazer um trabalho sobre o antissemitismo".[25]

Portanto, essa era a situação de Arendt: sem rede de contatos, sem emprego e sem bolsa, ela tem de assistir, justamente, à maneira como Adorno e Horkheimer recebem uma bolsa regiamente paga para desenvolver um tema no qual ela se concentra há anos. E isso embora "todos eles tenham reclamado para mim que nunca se interessaram por judeus e seus inimigos e que agora precisam lidar com essas coisas 'secundárias' e malucas. Wiesengrund e consortes estão escrevendo a 'Mensagem na garrafa para o futuro' e imagino que peguem algumas inspirações de dentro do cofre".[26]

A tal "mensagem na garrafa" de Adorno e Horkheimer será publicada apenas um ano mais tarde com o título *Dialética do esclarecimento* (e se tornará uma das obras filosóficas mais contundentes do século XX). Mas a história do antissemitismo e, principalmente, de seus efeitos na Europa também começa a mobilizar cada vez mais a opinião pública nos Estados Unidos.

Na beira do precipício

Um ano antes, em novembro de 1942, o Congresso Mundial Judaico já havia encaminhado a jornalistas os primeiros relatos sobre assassinatos em massa de judeus. Apesar das informações monstruosas, seu conteúdo não se aproximava minimamente da realidade. Como se sabe hoje, apenas de agosto de 1942 — quando as tropas da Wehrmacht chegam a Stalingrado — até outubro de 1942, mais de 1,4 milhão de judeus foram mortos pela SS. Entre eles, mais de 1 milhão nos campos sob a Ação Reinhardt em Belzec, Sobibor e Treblinka. Catorze mil pessoas por dia. O terror refluiu no final de outubro por motivos logísticos. Faltavam remessas de pessoas a serem assassinadas.[27]

Mas mesmo em meio aos rumores generalizados da época, o procedimento dos nazistas gerou incredulidade. Inclusive entre especialistas e jornalistas. Principalmente porque, visto de fora, a ação não parecia fazer o menor sentido. Nem do ponto de vista militar nem de qualquer outro. A não ser que os nazistas queriam, no ápice da guerra, simplesmente comprovar que eram capazes de agir dessa maneira e que estavam dispostos a tanto.

Arendt e Blücher também precisaram de meses até se convencer intimamente do conteúdo de verdade dos relatos. A partir da primavera de 1943, Arendt sempre dizia em suas palestras que estava convencida de que "desde o início da guerra, e mesmo antes, havia se formado uma conspiração de silêncio relativa ao sofrimento e às perdas do povo judeu".[28]

Entretanto, ela não se deixou convencer a participar de eventos públicos que reverberavam na opinião pública, como por exemplo o concerto *We Shall Never Die*, organizado por Ben Hecht e Kurt Weill no Madison Square Garden, em março de 1943.

Para o momento, não havia nada mais sensato a fazer em Nova York do que continuar trabalhando na própria mensagem na garrafa. Numa carta a Scholem de novembro de 1943, ela escreve: "Tenho trabalhado muito. No dia em que vier a escrever meu livro sobre o antissemitismo,[29] ele haverá de conter muitas curiosidades. Nesse meio-tempo, continuo trabalhando em partes dele e as publico em algumas revistas locais".[30]

Elementos e origens

Nesse sentido, o fato de também o judaísta Scholem ter seguido por caminhos próprios no livro que então acabara de lançar, *As grandes correntes da mística judaica*,[31] tanto na questão das fontes como na da metodologia, era bastante conveniente. Como Arendt escreveu em seus apontamentos sobre a obra (anexados à carta de novembro de 1943 a Scholem), sua pesquisa rompia de modo visionário com um esquema interpretativo que tinha determinado e pressionado de maneira excessiva a historiografia judaica moderna na Europa:

> Historiadores judeus do último século costumavam [...] ignorar todos os fatos da história judaica que não eram compatíveis com sua tese básica da história da diáspora, segundo a qual os judeus não dispunham de uma história política própria, mas foram continuamente vítimas inocentes de um entorno hostil e por vezes violento [...]. Mas o pensamento místico judaico, que, como se sabe, no movimento sabatiano resultou em ação política, era um obstáculo tão sério para essa interpretação que só pôde ser superado por meio de uma apressada difamação ou total desatenção. A nova

apresentação de Scholem e seu reconhecimento da mística judaica não apenas fecha essa lacuna como modifica verdadeiramente a visão geral da história judaica.[32]

Segundo Scholem, principalmente o movimento sabatiano, citado no excerto — um movimento de cura místico do início do século XVIII, baseado na ideia de Sabbatai Zevi como suposto Messias —, marcava o verdadeiro início do drama judaico na Europa, visto que com sua supressão como movimento político distinto perdeu-se também toda esperança por uma busca por identidade além da assimilação ou do papel de vítima. O fracasso do movimento sabatiano significou, portanto, o início de uma profunda crise de identidade e de uma era de agonia política, que, insuflada pelo antissemitismo moderno e pelo nacionalismo do século XIX, alcançou seu ponto mais baixo no início dos anos 1940. Afinal, em face da campanha nacional-socialista de extermínio dos judeus, a questão era bem mais abrangente do que o desespero em relação à determinação interna de um povo. Tratava-se do horror estupefato diante de sua erradicação absoluta pelo assassinato de caráter industrial. Tratava-se da ameaça de perda de qualquer esperança por um futuro que ainda merecesse esse nome.

Bem no sentido do anjo da história de Benjamin, Arendt e Scholem a princípio dão as costas para qualquer futuro para, com um olhar próprio, iluminar retroativamente e compreender como foi possível chegar às pilhas de escombros e cadáveres do presente. Assim como Benjamin, eles estão convencidos de que o chamado passado, na verdade, está tão pouco estabelecido quanto o futuro. E que nessa fase sombria do choque era preciso primeiro apreender a constelação que havia levado especificamente a esse presente. Pois, para usar uma das *Teses sobre o conceito da história*, de Benjamin: "Articular historicamente o passado [...] significa apropriar-se de uma reminiscência, tal como ela relampeja no momento de um perigo".[33] Quer dizer, juntar os elementos e os inícios, nos quais o horror atual tinha se cristalizado abruptamente.[34] Essa era uma descrição precisa do projeto atual de pesquisa de Arendt sobre a história do antissemitismo. E, como ela compreende, também do projeto de Scholem como judaísta visionário.

Ela encerra suas notas em novembro de 1943 com a seguinte citação da então mais recente obra de Scholem: "Falar sobre a jornada mística que — na grande catástrofe que se abateu sobre o povo judaico nesta geração, mais profundamente que nunca em toda sua longa história do exílio — ainda pode estar reservada pelo destino (e eu acredito que uma jornada dessas ainda esteja por vir) é coisa de profetas, e não de professores".[35]

Arendt, porém, acrescenta imediatamente sua objeção a essa citação, dizendo que de modo algum "a tarefa de profetas é decidir sobre nosso último desejo político".[36] Assim como também não é a dos professores.

Nenhum destino

Sua própria missão estava claramente delineada na constelação dada: ela não escreveria nem como profeta nem como professora. Nem trair os ideais do esclarecimento kantiano em nome de uma dialética obscura, nem se salvar no murmúrio místico. Nem acreditar ingenuamente no "progresso", nem abandonar de vez a esperança de um futuro melhor. Nem contar a história de maneira ingênua, nem explicá-la de maneira meramente causal. Mas, em nome de um pensamento contemporâneo — de um filosofar no sentido cósmico[37] —, provocar sempre aqueles distúrbios estremecedores que revelam abismos escondidos ou apenas disfarçados. Estar no meio — caminhar no meio. Durante toda a vida ela foi conduzida por um alerta, com o qual também encerra suas anotações sobre o livro de Scholem em

1943: "Mas [...] nós não deveríamos esquecer é do fato de que ao ser humano é imposto decidir sobre seu destino político".[38]

Não havia momento melhor para essa tarefa de recordar, conduzida por novos caminhos, do que o início cada vez mais previsível de uma nova era política mundial. As faíscas de esperança espocavam até na vida privada. Seu bom marido ainda não sabia falar inglês corretamente, mas nesse momento estava lecionando numa universidade americana de elite. Sua missão: dar aulas a oficiais do exército americano, falantes de alemão, sobre a organização e a estrutura dos exércitos alemão e francês.[39] Tratava-se também de um tipo de saber. No momento, inclusive o prioritário. Na carta a Scholem de novembro de 1943, a notícia aparece assim: "Monsieur é *visiting lecturer* em Princeton e, pela primeira vez há anos, não me preocupo minimamente com questões financeiras".[40] Quase a liberdade.

Frutas loucas

"*Darlings* — os dias quentes voltaram, a cada vez interrompidos por pancadas de chuva. Não mais por muito tempo. Dizem que setembro é muitas vezes quente e ensolarado."[41] Há quatro meses Simone Weil está internada no hospital de Middlesex. Desde então, seu estado só fez piorar. Ela quase não consegue segurar os talheres. Apenas para as cartas ela encontra alguma energia. Mas em vez de relatar sobre seu estado para Mime e Biri, do outro lado do Atlântico, em 4 de agosto de 1943 Weil prefere fabular sobre a vida nas ruas de Londres no verão, sobre parques e *pints*, sobre moças e moços, sobre primeiros beijos e encontros decepcionantes; as alegrias absolutamente comuns de jovens muito comuns. Assim como se ela fizesse parte desse mundo. Ou tivesse feito parte, algum dia.

Ela pressente que é a última carta para os pais. Motivo pelo qual tem uma profunda necessidade de corrigir uma observação transmitida havia meses: a sobremesa doce que os ingleses chamam de *"fruit fools"* [frutas loucas] na verdade não é feita de frutas, mas quase exclusivamente de gelatina e ingredientes artificiais. Ou seja, a relação é bem diferente daquela com Shakespeare, em cujos dramas justamente os loucos [*fools*] e apenas os loucos falam a verdade — enquanto isso, todos os outros personagens só revelam falsidades misturadas. Para Weil, revela-se aí uma profunda compreensão:

> Neste mundo, apenas os seres que se sentem subjugados num grau máximo, de maneira muito mais profunda do que aqueles que apelam à mendicância, que não apenas não têm nenhuma importância social, mas que foram roubados, aos olhos dos outros, da primeira dignidade humana, da razão — apenas esses podem, realmente, falar a verdade. Todos os outros mentem.[42]

Mas, visto que esses "loucos" [*les fous*] não eram professores titulados nem ocupavam cargos de prestígio, ninguém prestava atenção em suas verdades — e eles nunca eram ouvidos nem compreendidos. "Querida M[ime], você sente o parentesco, a analogia essencial entre esses loucos e eu — apesar da universidade de elite, apesar de meu diploma e dos hinos de louvor à minha 'inteligência'? [...] No meu caso, esses elogios só serviram a um *propósito*, ao evitamento da questão: ela está falando a verdade ou não?"[43]

Insolúvel

Quando Weil está escrevendo essas linhas, ela já havia pedido para ser transferida para um sanatório. Contrariando o conselho de seus médicos, ela rejeita qualquer tipo de tratamento.[44] Não quer mais lutar. Ela quer — independentemente do quanto isso pareça insensato aos olhos dos outros — não querer mais. Afinal, há outras formas de cura, da busca por libertação. Justamente pelo caminho do espírito. Justamente por aquele da filosofia. Afinal, como Weil inicia seu caderno de ideias [*Cahier*] londrino, seu método consiste em

> [...] compreender claramente os problemas insolúveis em sua insolubilidade, depois observá-los, mais nada, fixa, incansavelmente, por anos, sem nenhuma esperança, no aguardo.
> Segundo esse critério, há poucos filósofos. Dizer poucos ainda é exagero.
> A passagem ao transcendente acontece quando as capacidades humanas — razão, vontade, amor humano — chegam a um limite e o ser humano fica parado nesse limiar, para além do qual não consegue dar nenhum passo, e isso sem se afastar do limiar, sem saber o que deseja, tenso na espera.
> Trata-se de um estado de extrema humilhação. Impossível para aquele que não é capaz de aceitar a humilhação.[45]

Após anos no caminho, Weil reconheceu sua existência — sua simples vida — como um problema dessa monta. Para ela, é tempo de se manter no limiar. Nada de resistência mais. Nada de outro front. Nada de outros inimigos. Apenas consciência atenta, esvaziada de si mesma. O caminho da mística. O caminho da salvação. Superar o impulso do desejo mais primitivo, animalesco: aquele pelo alimento.

Demissão

O médico responsável vai se lembrar dela como "a paciente mais difícil que já tive".[46] Desde o dia em que foi internada, ela recusa categoricamente qualquer tipo de tratamento especial.

Nem mesmo a observação de que sua tuberculose ainda era contagiosa e, portanto, colocava outros em risco, fez com que ela se convencesse da necessidade de um quarto individual. Ambos os pulmões estão afetados. Apesar disso, as chances de cura são consideráveis. Ela precisaria apenas de repouso absoluto. E, principalmente, comer bastante.

Mas Weil não quer ingerir nada além de porções minúsculas de mingau de aveia. Por solidariedade, como diz, com o povo faminto em sua pátria. Principalmente com as crianças. Reiteradamente ela orienta as enfermeiras para enviar direto para a França o leite que lhe era oferecido. Weil passa as primeiras semanas no hospital escrevendo e estudando a *Bhagavad Gita*, no original em sânscrito.

Em junho ela está tão fraca que o capelão militar francês é chamado. Weil não quer conversar com ele, muito menos ser batizada. Sentado no lugar destinado às visitas, o bom homem não tem condições de acompanhar as cadeias associativas gentilmente desfiladas sobre o presente da graça e do caminho da alma à luz. Também no último encontro com o antigo camarada Maurice Schumann, a pessoa de confiança de Weil no staff de De Gaulle, ela faz apenas alusões proféticas, longe de qualquer expectativa de diálogo.

As últimas amarras são cortadas também intelectualmente. Em 26 de julho de 1943, ela reúne todas as forças para redigir uma longa carta ao comando-geral da França Livre, apresentando os motivos de sua profunda decepção. Nela, Weil diz que em vez de ter sido enviada a uma missão da França, como havia sido seu desejo expresso, passara quatro longos meses na Inglaterra, desde sua chegada, fazendo tarefas absolutamente sem sentido ou impossíveis de ser realizadas por ela. Afirma ainda que, em vez lutar em meio à guerra e morrer por seu povo, quiseram explorar sua suposta inteligência. "Não há falta de inteligências úteis no mercado. A minha, porém, isso lhes posso assegurar — não é realmente nada de especial […]. Se não posso empregá-la nem para meus próprios objetivos, como ela serviria aos outros?" Por essa razão, ela diz estar interrompendo ali o serviço, de maneira irrevogável, além de registrar, para toda a eternidade, que "nunca tive nenhum tipo de relação — direta ou indireta, nem mesmo muito indireta, com a Resistência francesa […]".

"P.S.: Os senhores não sofreram uma grande perda com isso […]. Estou no final, presa, muito além de qualquer possibilidade de cura, e isso independe dos bacilos de Koch. Esses apenas aproveitaram a falta de resistência e, claro, aumentaram um pouco os danos."[47]

A carta aos pais é a última escrita à mão. Nas margens da quarta folha, Weil coloca sua saudação de despedida: "Mil beijos, *darlings*. Tenham esperança, mas sejam comedidos. Sejam felizes. Abraço-os várias vezes".

Em 17 de agosto de 1943, Weil é transferida para um sanatório em Ashford, no ducado de Kent.

Aterragem

Apesar da febre alta, na hora da internação Weil está de bom humor e totalmente consciente. Os olhos são claros e vívidos. O olhar através da janela mira as árvores e os campos ("Ah, que belo quarto para morrer").[48] Ela até se diz disposta a comer. De preferência, purê de batatas, preparado à francesa. E pergunta se isso seria possível.

A dra. Broderick, como médica de plantão no dia, quer saber quem é sua nova paciente e o que faz na vida. Simone Weil responde sorrindo com uma única frase: "Sou filósofa e me interesso pela humanidade".[49]

Trilhas

Em Hollywood, AYN RAND roteiriza *A nascente*, que será filmado em 1949 com Gary Cooper no papel principal [título em português: *Vontade indômita*]. O quarto e último romance de Rand, *A revolta de Atlas*, é publicado em 1957, depois de o manuscrito ter sido burilado por dez anos; ao lado de *A nascente*, é considerada sua segunda principal obra.

Largamente ignorada pela esfera acadêmica, nos anos 1960 ela começa a ampliar sua filosofia — também na forma de ensaios e livros de não ficção — para abarcar um sistema geral de ontologia, epistemologia, filosofia da linguagem, ética, filosofia política e estética. Rand chama seu sistema de "objetivismo"; originalmente, seria "existencialismo".

Em 1982, ano da morte de Rand, é publicado seu último livro, intitulado *Philosophy: Who Needs It*. Ela é um ícone cultural dos Estados Unidos há décadas, e sua influência sobre a vida política e social não pode ser superestimada nas esferas do conservadorismo adepto do livre mercado e do libertarismo.

Desde sua volta a Nova York, em 1951, Rand atrai um grupo de adeptos fiéis. Um de seus discípulos mais influentes é Alan Greenspan, presidente, de 1987 a 2006, do Federal Reserve (FED), o banco central americano. Greenspan foi escolhido por Ronald Reagan e, em 1974, é nomeado presidente do Conselho de Assessores Econômicos da presidência. Rand esteve presente na sua posse.

Em retrospecto, o ano de 1943 — em que, além de *A nascente*, foram publicados *The God of the Machine*, de Isabel Paterson, bem como *The Discovery of Freedom*, de Rose Wilder Lanes — marca o nascimento do movimento libertário, que desde 1971 existe nos Estados Unidos também como Partido Libertário e até hoje apresenta candidatos próprios à corrida presidencial.

A influência de Rand recebe novo estímulo com a crise financeira de 2008, principalmente pelo movimento do Tea Party, que incorpora ideias essenciais dos romances de Rand em sua agenda e ações de protesto.

Até 2020, os livros de Rand somam mais de 25 milhões de exemplares vendidos apenas no universo da língua inglesa. *A nascente* entra nessa conta com mais de 8 milhões. *A revolta de Atlas* é considerado, após a Bíblia, o livro mais vendido nos Estados Unidos desde os anos 1960.

SIMONE DE BEAUVOIR e Jean-Paul Sartre compõem, com Raymond Aron e Maurice Merleau-Ponty, a redação que funda em 1945 a revista *Les Temps modernes*. No mesmo ano, o casal inicia uma "ofensiva existencialista" na forma de séries de artigos e palestras. Na sequência, o existencialismo se transforma, a partir de Paris, na corrente filosófica mais influente do mundo ocidental, tanto na política quanto no estilo de vida.

Em 1949, Beauvoir publica *O segundo sexo*, que até hoje é considerado o documento fundador do feminismo moderno e o impulso essencial do movimento feminista após 1968. Nele, Beauvoir descreve — distante do essencialismo e do biologismo — a condição feminina como uma "situação" baseada em condições fisiológicas específicas, socialmente construída. Desse modo, ela lança a pedra fundamental para a potente diferenciação futura entre sexo e gênero. O livro se transforma num sucesso mundial, finalmente elevando Sartre e Beauvoir a ícones globais da filosofia.

Em 1945, o *roman à clef* de Beauvoir, *Os mandarins*, sobre a cena intelectual de esquerda do pós-guerra em Paris, recebe o prêmio Goncourt, a mais prestigiosa distinção literária francesa. Os personagens principais dessa obra fracamente codificada são, além de Sartre, Albert Camus e Arthur Koestler.

Nos anos 1960 e 1970, Beauvoir e Sartre passam a se considerar cada vez mais como ativistas políticos, principalmente nas questões do anticolonialismo, dos movimentos revolucionários socialistas e da igualdade jurídica e social da mulher.

Ativa até o fim como escritora e redatora da *Les Temps modernes*, Beauvoir morre em 14 de abril de 1986. É enterrada no cemitério de Montparnasse, no mesmo túmulo que Jean-Paul Sartre, seu companheiro intelectual de toda a vida.

HANNAH ARENDT, que depois da guerra trabalhou para diversas instituições de pesquisa e cultura judaicas, lança nos Estados Unidos, em 1951, *Origens do totalitarismo*. No mesmo ano, recebe a cidadania americana. Em 1955, o livro é lançado em alemão (muito modificado e revisado), com o título *Elemente und Ursprünge totaler Herrschaft: Antisemitismus, imperialismus, totale Herrschaft* [Elementos e origens do totalitarismo: antissemitismo, imperialismo, totalitarismo]. Considerada um dos documentos fundadores da pesquisa sobre o totalitarismo, a obra justifica a fama mundial de Arendt.

Na virada dos anos 1949-1950, Arendt retorna pela primeira vez à Alemanha, encontrando-se com Karl Jaspers e Martin Heidegger. Ela manterá uma amizade com ambos até o fim da vida.

Arendt permanece ativa escrevendo para jornais e revistas, e a partir do final dos anos 1950 passa a lecionar também em diversas universidades americanas, entre elas Princeton e Chicago, além da New School, de Nova York.

Em 1961, é enviada pela revista *The New Yorker* a Jerusalém para acompanhar o processo de Adolf Eichmann. Em 1963, seu livro *Eichmann em Jerusalém. Um relato sobre a banalidade do mal* é lançado em inglês, sendo recebido de maneira extremamente controversa. A descrição que Arendt faz de Eichmann como um homem cujo erro central foi sua "incapacidade de pensar" é vista como minimizadora. Também a problematização que Arendt faz dos conselhos judaicos durante as deportações é alvo de escândalo e contribui para deteriorar a relação de Arendt com os círculos sionistas e com a vida intelectual judaica — também e principalmente sua amizade com Gershom Scholem.

Entre as outras obras fundamentais de Arendt estão *A condição humana* (1960) e sua principal obra filosófica, *A vida do espírito*, dividida em três volumes: *O pensar*, *O querer* e *O julgar*. Em meio ao trabalho do terceiro volume, *O julgar*, Arendt sofre um infarto do coração e morre em seu apartamento nova-iorquino em Riverside Drive, em 4 de dezembro de 1975. Ela é enterrada no cemitério do Bard College, ao lado de Heinrich Blücher.

O pensamento de Arendt, largamente ignorado por décadas pela filosofia acadêmica, também na Alemanha, a partir dos anos 1950 passa a ter grande influência mundial, que vai muito além das esferas da teoria política e da pesquisa histórica e até hoje ganha importância.

SIMONE WEIL morre em 24 de agosto de 1943 no sanatório de Ashford, Inglaterra. Como causa de sua morte, o relatório médico aponta "parada cardíaca [...] causada por inanição e tuberculose". E complementa: "Devido à confusão mental, a falecida se recusava a comer".[1]

Apenas sete pessoas acompanham o enterro de Weil, entre elas Maurice Schumann, que faz orações junto ao túmulo. Embora um religioso tenha sido chamado, ele perde o trem e não chega.

A partir de 1947 são publicados na França os primeiros trechos dos cadernos de reflexões de Weil (*Cahiers*); em 1949, *O enraizamento*. No início dos anos 1950, Albert Camus se dedica à obra de Weil e edita, na Gallimard, inúmeros de seus textos mais importantes.[2] Em 1951, Camus escreve uma carta à mãe de Weil: "Simone Weil, compreendo agora, é o único grande espírito de nosso tempo [...]. No que me diz respeito, ficaria satisfeito se as pessoas dissessem que fiz o possível, com os meios que estavam à minha disposição, modestos, para divulgar sua obra e torná-la conhecida; uma obra cujo efeito completo ainda haveremos de medir".[3]

Em 1958, o túmulo de Weil em Ashford recebe uma pedra tumular com a inscrição: "Seus escritos a colocam entre as filósofas modernas mais importantes".

Nesse intervalo, a editora Gallimard publicou suas obras completas. Por muito tempo, seus temas foram os campos da teologia católica, a pedagogia e a teoria política. A filosofia acadêmica até hoje ignora em larga medida o pensamento de Weil.

Sua obra deve ser descoberta.

Agradecimentos

Sou grato a Christiane Braun, ao dr. Christoph Selzer e ao dr. Johannes Czaja, editores de texto, que acompanharam este livro com o maior apuro técnico e com a mais agradável condescendência humana.

Sou grato a Tom Kraushaar e a Michael Gaeb por encorajamentos decisivos, confiança e "quarantinis" energizantes, bem como a Thomas Meyer, pela boa vontade e conselhos que evitaram erros.

Sou grato às biógrafas decisivas das quatro heroínas deste livro: Anne C. Heller (*Ayn Rand and the World She Made*), Simone Pétrement (*La vie de Simone Weil*), Kate Kirkpatrick (*Becoming Beauvoir: A Life*) e Elisabeth Young-Bruehl (*Hannah Arendt — Leben, Werk und Zeit*). Suas obras foram companheiras constantes durante a escrita.

Sem a garantia de uma bolsa generosa da Brost-Stiftung este livro não teria sido possível num tempo difícil — agradeço especialmente a Sonja Villarreal, ao dr. Boris Berger, bem como ao prof. Bodo Hombach.

Agradeço à dra. Vera Schmit-Eilenberger pelos seus conselhos sempre curativos.

Mas principalmente, mais uma vez, a Pia, Venla e Kaisa — os fogos da minha vida.

Berlim, 23 de maio de 2020

Lista de obras

Hannah Arendt

Detlev Schöttker; Erdmut Wizisla (Orgs.), *Arendt und Benjamin — Texte, Briefe, Dokumente* (= Arendt/Benjamin). Frankfurt: Suhrkamp, 2017.

Hannah Arendt, *Der Liebesbegriff bei Augustin — Versuch einer philosophischen Interpretation* (= Aug). Hamburgo: Piper, 2018/1929.

_____, *Wir Flüchtlinge* (= Flüchtlinge). Leipzig: Reclam, 2016/1943.

_____, *Elemente und Ursprünge totaler Herrschaft — Antisemitismus, Imperialismus, totale Herrschaft* (= EuU). Munique: Piper, 1986/1951. [Ed. bras.: *As origens do totalitarismo*. Trad. de Roberto Raposo. São Paulo: Companhia das Letras, 2013.]

_____, *Rahel Varnhagen — Lebensgeschichte einer deutschen Jüdin aus der Romantik* (= Var). Munique: Piper, 1981/1959. [Ed. bras.: *Rahel Varnhagen, a vida de uma judia alemã na época do Romantismo*. Trad. de Antônio Trânsito e Gernot Kludasch. Rio de Janeiro, Relume-Dumará, 1994.]

_____, *Vita activa oder Vom tätigen Leben* (= Vita). Munique: Grin, 2007/1960.

_____, *Eichmann in Jerusalem: Ein Bericht von der Banalität des Bösen* (= Eichmann). Munique: Piper, 2018/1964. [Ed. bras.: *Eichmann em Jerusalém*. Trad. de José Rubens Siqueira. São Paulo: Companhia das Letras, 1999.]

_____, *Menschen in finsteren Zeiten* (= Finst. Zeiten). Munique: Piper, 2013/1968. [Ed. bras.: *Homens em tempos sombrios*. Trad. de Denise Bottmann. São Paulo: Companhia das Letras, 1987.]

_____; Martin Heidegger, *Briefe 1925-1975* (= Arendt/Heidegger). Frankfurt: Klostermann, 1998.

_____, *Die Freiheit, frei zu sein* (= Freiheit). Munique: dtv, 2018.

_____, *Kritische Gesamtausgabe* (= KG), org. de B. Hahn. Göttingen: Wallstein, 2018, contínuo.

_____, *Sechs Essays — Die verborgene Tradition* (= KG3), vol. 3. Göttingen: Wallstein, 2019.

Ingeborg Nordmann (Org.), *Hannah Arendt: Wahrheit gibt es nur zu zweien — Briefe an Freunde* (= Briefe Freunde). Munique: Piper, 2015.

Jerome Kohn (Org.), *Hannah Arendt, Über das Böse: Eine Vorlesung zu Fragen der Ethik* (= Böse). Munique: Piper, 2019/2006.

Kerstin Putz (Org.), *Hannah Arendt und Günther Anders, Schreib doch mal hard facts über dich — Briefe 1939 bis 1975* (= Arendt/Anders). Munique: Piper, 2018.

Lotte Köhler; Hans Saner (Orgs.), *Hannah Arendt/Karl Jaspers. Briefwechsel 1926-1969* (= Arendt/Jaspers). Munique: Piper, 2001.

_____, *Hannah Arendt/Heinrich Blücher — Briefe 1936-1968* (= Arendt/Blücher). Munique: Piper, 2013.

Marie Luise Knott (Org.), *Hannah Arendt: Vor Antisemitismus ist man nur noch auf dem Monde sicher — Beiträge für die deutsch-jüdische Emigrantenzeitung "Aufbau" 1941-1945* (= "Aufbau"). Munique: Piper, 2004.

_____ (Org.), *Hannah Arendt/Gershom Scholem — Der Briefwechsel 1939-1964* (= Arendt/Scholem). Frankfurt: Suhrkamp, 2010.

_____; Ursula Ludz (Orgs.), *Hannah Arendt: Wir Juden — Schriften 1932 bis 1966* (Wir Juden). Munique: Piper, 2019.

R. Beiner (Org.), *Hannah Arendt, Das Urteilen: Texte zu Kants politischer Philosophie* (= Urteilen). Munique: Piper, 2017/1982.

Ursula Ludz; Ingeborg Nordmann (Orgs.), *Hannah Arendt: Denktagebuch 1950-1973* (= Denktagebuch), 1º vol. Munique: Piper, 2016.

Simone de Beauvoir

Simone de Beauvoir, *Sie kam und blieb* (= Skub). Reinbek: Rowohlt, 2017/1943. [*L'Invitée*. Ed. bras.: *A convidada*. Trad. de Vitor Ramos. Rio de Janeiro: Nova Fronteira, 1985.]

_____, *Das Blut der anderen* (= Blut). Reinbek: Rowohlt, 2018/1945. [*Le Sang des autres*. Ed. bras.: *O sangue dos outros*. Trad. de Heloysa de Limas Dantas. Rio de Janeiro: Nova Fronteira, 1984.]

_____, *Alle Menschen sind sterblich* (= Menschen). Hamburgo: Rowohlt, 2019/1946. [*Tous les hommes sont mortels*. Ed. bras.: *Todos os homens são mortais*. 2ª ed. Trad. de Sergio Milliet. Rio de Janeiro: Nova Fronteira, 2019.]

_____, *Das andere Geschlecht: Sitte und Sexus der Frau* (= AG). Reinbek: Rowohlt, 2018/1949. [*Le Deuxième Sexe*. Ed. bras.: *O segundo sexo*. 4ª ed. Trad. de Sergio Milliet. Rio de Janeiro: Nova Fronteira, 2017.]

_____, *Soll man de Sade verbrennen — Drei Essays zur Moral des Existentialismus* (= Drei Essays). Reinbek: Rowohlt, 2007/1955.

_____, *Memoiren einer Tochter aus gutem Hause* (= Memoiren). Reinbek: Rowohlt, 2018/1958. [*Mémoires d'une jeune fille rangée*. Ed. bras.: *Memórias de uma moça bem comportada*. 5ª ed. Trad. de Sergio Milliet. Rio de Janeiro: Nova Fronteira, 2017.]

_____, *In den besten Jahren* (= BJ). Reinbek: Rowohlt, 2008/1960. [*La Force de l'âge*. Ed. bras.: *A força da idade*. 6ª ed. Trad. de Sergio Milliet. Rio de Janeiro: Nova Fronteira, 2018.]

_____, *Der Lauf der Dinge* (Lauf). Reinbek: Rowohlt, 2018/1966. [*Le Force des choses*. Ed. bras.: *A força das coisas*. 6ª ed. Trad. de Sergio Milliet. Rio de Janeiro: Nova Fronteira, 2017.]

_____, *Marcelle, Chantal, Lisa...* (= Lisa). Reinbek: Rowohlt, 2005/1979. [*Anne, ou quand prime le spirituel*. Ed. bras.: *Quando o espiritual domina*. Trad. de Danilo Lima de Aguiar. Rio de Janeiro: Nova Fronteira, 1980.]

_____, *Kriegstagebuch 1939-1941* (= Kriegstagebuch). Reinbek: Rowohlt, 1994.

Sylvie Le Bon (Org.), *Simone de Beauvoir: Briefe an Sartre* (= Beauvoir/Sartre 1). vol. 1: 1930-1939. Reinbek: Rowohlt, 2017.

_____ (Org.), *Simone de Beauvoir: Briefe an Sartre* (= Beauvoir/Sartre 2). vol. 2: 1940-1963. Reinbek: Rowohlt, 1998.

Ayn Rand

Ayn Rand, *We the Living* (= We the Living). Londres: Signet Book, 2010/1936.

_____, *Anthem* (= Anthem). Wroclaw: [s/ed.], 1938. [Ed. bras.: *Cântico*. Trad. de André Assis Barreto. Campinas: Vide Editorial, 2019.]

_____, *The Fountainhead* (= Fountainhead). Nova York: New American Library, 1993/1943. [Ed. bras.: *A nascente*. Trad. de Márcio Stockler. Campinas: Vide Editorial, 2019.]

_____, *Atlas Shrugged* (= Atlas). Londres: [s/ed.], 2007/1957. [Ed. bras.: *A revolta de Atlas*. Trad. de Paulo Henriques Britto. São Paulo: Arqueiro, 2017.]

_____, *For the New Intellectual* (= New Intellectual). Nova York: Signet Book, 1963.

Ayn Rand, *The Romantic Manifesto — A Philosophy of Literature* (= Romantic Manifesto). Nova York: Signet Book, 1999/1969.

_____, *The Voice of Reason: Essays in Objectivist Thought* (= Voice). Nova York: New American Library, 1990.

_____, *The Return of the Primitive* (= Return). Nova York: New American Library, 1999. [Ed. bras.: *O retorno do primitivo*. Trad. de Ana Parreira. Campinas: Vide Editorial, 2020.]

_____, *Three Plays* (= Three Plays). Nova York: Signet Book, 1999.

_____ (2019), *Der Ursprung* (= Ursprung). Jena: TVR, 2019. [Ed. bras.: *A nascente*. Trad. de Márcio Stockler. Campinas: Vide Editorial, 2019.]

David Harriman (Org.), *Journals of Ayn Rand* (= Journals). Nova York: Dutton, 1999.

Michael S. Berliner (Org.), *Letters of Ayn Rand* (= Letters). Nova York: New American Library, 1997.

Leonard Peikoff (Org.), *The Early Rand — A Selection from Her Unpublished Fiction* (= Selection). Nova York: Signet Book, 1999.

Simone Weil

Correspondance (= OCVII-1). Paris: Gallimard, 2012.
Écrits de Marseille (= OCIV-1). Paris: Gallimard, 2008/1940-1942.
Écrits de Marseille (= OCIV-2). Paris: Gallimard, 2009/1941-1942.
Écrits de New York et de Londres (= OCV). Paris: Gallimard, 2013/1943.
Écrits historiques et politiques (= OCII-2). Paris: Gallimard, 1991/1934-1937.
Écrits historiques et politiques (= OCII-3). Paris: Gallimard, 1989/1937-1940.
Simone Weil, *Unterdrückung und Freiheit — Politische Schriften* (= UuF). Munique: Rogner & Bernhard, 1975. [Ed. bras.: *Reflexões sobre as causas da liberdade e da opressão social*. Trad. de Pedro Fonseca. Belo Horizonte: Âyiné, 2020.]
_____, *Fabriktagebuch und andere Schriften zum Industriesystem* (= Fabrik). Frankfurt: Suhrkamp, 1978.
_____, *OEuvres Complètes*, I-VII (= OC). Paris: Gallimard, 1988, contínuo.
_____, *Anmerkung zur generellen Abschaffung der politischen Parteien* (= Abschaffung). Zurique: Diaphanes, 2009.
_____, *Krieg und Gewalt — Essays und Aufzeichnungen* (= KuG). Zurique: Diaphanes, 2011a.
_____, *Die Verwurzelung — Vorspiel zu einer Erklärung der Pflichten dem Menschen gegenüber* (= Verwurzelung). Zurique: Diaphanes, 2011b.
_____, *Conversation avec Trotski* (= Trotski). Paris: L'Herne, 2014.
_____, *Cahiers/Aufzeichnungen 1* (= *Cahiers* 1). Munique: Carl Hanser, 2017.
_____, *Cahiers/Aufzeichnungen 2* (= *Cahiers* 2). Munique: Carl Hanser, 2017.
_____, *Cahiers/Aufzeichnungen 3* (= *Cahiers* 3). Munique: Carl Hanser, 2017.
_____, *Cahiers/Aufzeichnungen 4* (= *Cahiers* 4). Munique: Carl Hanser, 2017.
_____, *Venice Saved* (= Venedig). Londres: Bloomsbury, 2019.
_____; Joë Bousquet, *Correspondance 1942: Quel est donc ton tourment* (= Corr. 1942). Paris: Éditions Claire Paulhan, 2019.

Notas

I. Faíscas [pp. 17-44]

1. Drei Essays, p. 195. Todas as citações deste subcapítulo são do ensaio "Pirro e Cineias", de Beauvoir. [As traduções correspondentes são de Marcelo Jacques de Morais. In: Simone de Beauvoir. *Por uma moral da ambiguidade*. Rio de Janeiro: Nova Fronteira, 2005.]
2. Cf. ibid, p. 196.
3. Ibid., p. 197.
4. Cf. BJ, p. 167. [As traduções correspondentes são de Sérgio Milliet. In: Simone de Beauvoir. *A força da idade*. 2ª ed. Rio de Janeiro: Nova Fronteira, 2009.]
5. *L'Invitée* [A convidada], lançado em alemão em 1953 com o título *Sie kam und blieb* (= Skub).
6. *Le Sang des autres* [O sangue dos outros], lançado em alemão com o título *Das Blut der anderen* (= Blut).
7. Estreia em Paris no outono de 1945 com o título *Les Bouches inutiles* [Bocas inúteis] (em alemão, *Die unnützen Mäuler*).
8. Drei Essays, p. 207.
9. Cf. Kirkpatrick (2019), p. 182.
10. Drei Essays, p. 222.
11. Ibid., p. 226.
12. Ibid., p. 228.
13. Ibid., p. 196.
14. *Cahiers* 4, p. 324.
15. Sobre os detalhes biográficos dessa fase da vida, cf. Pétrement, S. (1973), pp. 643-73.
16. KuG, pp. 212 ss.
17. Pétrement (1973), p. 667.
18. Verwurzelung.
19. Cf. "Dieser Krieg ist ein Krieg der Religionen", in: KuG, pp. 205-14.

20. KuG, pp. 212 ss.
21. Verwurzelung, p. 173.
22. Ibid., pp. 43 ss.
23. *Cahiers* 4, p. 204.
24. Letters, pp. 67 ss.
25. Ibid., p. 69.
26. A soma das tiragens desse livro no mundo inteiro deve (em 2020) superar em muito os 8 milhões de exemplares. No caso dos romances filosóficos de Rand, esse número supera os 20 milhões.
27. Cf. Heller (2009), p. 117.
28. Ursprung, pp. 988 ss. [As traduções correspondentes são de Márcio Stockler. In: Ayn Rand. *A nascente*. Campinas: Vide Editorial, 2019.]
29. Para os detalhes biográficos sobre a juventude de Rand, cf. Heller (2009), pp. 22-52.
30. Para relatos vívidos de testemunhas que viveram na cidade à época, cf. Adamowitsch e Granin (2018).
31. Journals, p. 347.
32. Ibid., p. 350.
33. Flüchtlinge, p. 26.
34. Ibid., pp. 10 e 21.
35. Ibid., p. 33.
36. Heidegger (2000), p. 184.
37. Cf. Young-Bruehl (2018/1982), p. 261.
38. Cf. entrevista de Arendt a Günter Gaus: <https://www.youtube.com↗. watch?v=J9SyTEUi6Kw&t=1820s>.
39. Flüchtlinge, p. 23.
40. Ibid., p. 35.
41. Cf. aqui a epígrafe do livro posterior de Arendt, *Elemente und Ursprünge totaler Herrschaft* (= EuU) [*As origens do totalitarismo*]; trata-se de uma citação de Karl Jaspers: "Não almejar nem os que passaram nem os que virão. Importa ser de seu próprio tempo".

II. Exílios [pp. 45-87]

1. Young-Bruehl (2018/1982), p. 164. As descrições seguintes são também da mesma autora.
2. Ibid.
3. Segundo conversa com Thomas Meyer, que no momento está trabalhando numa nova biografia de Arendt, ela passou apenas um dia sob custódia da polícia (diferentemente da própria afirmação).

4. Var, p. 26. [As traduções correspondentes são de Antônio Trânsito e Gernot Kludasch. In: Hannah Arendt. *Rahel Varnhagen. A vida de uma judia alemã na época do Romantismo*. Rio de Janeiro: Relume-Dumará, 1994.]
5. Ibid., p. 23.
6. Ibid., p. 17.
7. Ibid., p. 133.
8. Arendt/Jaspers, p. 50.
9. Jaspers (1932).
10. Arendt/Jaspers, p. 52.
11. Ibid., p. 56.
12. Ibid., p. 58.
13. Young-Bruehl (2018/1982), p. 166.
14. "Die Lage in Deutschland", in: UuF, p. 55.
15. Ibid.
16. Pétrement, p. (1973), p. 212.
17. Ibid., p. 274.
18. OCVII-I, nota de rodapé 5, p. 140.
19. Ibid., p. 150.
20. "Perspektiven: Gehen wir einer proletarischen Revolution entgegen?", in: UuF, p. 137.
21. No decorrer do outono de 1933, o texto foi reimpresso várias vezes, além de ter sido traduzido para o espanhol e o holandês.
22. UuF, p. 119.
23. Ibid., p. 128.
24. OCVII-I, p. 154.
25. Cf. o impressionante estudo de Applebaum (2019).
26. UuF, p. 133.
27. Pétrement (1973), p. 258.
28. O transcorrer do encontro e as citações apud Pétrement (1973), pp. 278 ss., e Trótski, pp. 9-12.
29. Pétrement (1973), p. 279.
30. Liev Trótski morre em 21/8/1940 na Cidade do México (Coyoacán), em decorrência dos ferimentos causados por um picador de gelo. O ataque foi perpetrado no dia anterior pelo agente soviético Ramón Mercader. No mesmo ano, o assassino recebe, das mãos de Stálin, a medalha Lênin.
31. Pétrement (1973), p. 291.
32. UuF, pp. 151-240.
33. BJ, p. 140. [As traduções correspondentes são de Sergio Milliet. In: *A força da idade*. 6ª ed. Rio de Janeiro: Nova Fronteira, 2018.]
34. Ibid.
35. Ibid., p. 110.

36. Após longa discussão, Sartre, que não havia passado no ano anterior, ficou em primeiro lugar. Beauvoir, a mais jovem formanda da história, em segundo.
37. BJ, p. 111.
38. Kirkpatrick (2019), p. 143.
39. Memoiren, p. 323.
40. Descartes (1965).
41. Ibid., *Zweite Meditation*, p. 29. [Trad. de J. Guinsburg e Bento Prado Jr. In: René Descartes. *Discurso do método. Meditações. Objeções e respostas. As paixões da alemã. Cantos*. São Paulo: Abril Cultural, 1979. (Col. Os Pensadores).]
42. Cf. Memoiren: "O idealismo subjetivo, ao qual me liguei, roubou a materialidade do mundo e sua essência particular" (p. 311).
43. BJ, p. 118.
44. Num texto posterior, de 1938, Sartre vai poetizar essa relação husserliana entre mundo e consciência da seguinte maneira: "A consciência se purificou, é clara feito um vento forte, não há nada mais nela além de um movimento de fugir de si mesma, de sair de si; caso alguém, de modo impossível, entrasse 'dentro' de uma consciência, essa pessoa seria tragada por um torvelinho e lançada para fora, próximo à árvore, em meio ao pó, pois a consciência não tem 'dentro'; trata-se de nada além do fora em si [...]. Quando a consciência tenta se agarrar novamente, finalmente coincidir consigo mesma, bem aquecida com as persianas fechadas, então ela se destrói. Essa necessidade da consciência de existir como consciência de algo diferente dela mesma é chamada de 'intencionalidade' por Husserl". In: Sartre, J.-P. (2010/1947), p. 34.
45. Citações de: BJ, pp. 155 ss.
46. Ibid., p. 156.
47. Ibid., p. 174.
48. Ibid., p. 136.
49. Sobre detalhes biográficos dessa fase da vida, cf. principalmente Heller (2009), pp. 71 ss.
50. Ibid., p. 71.
51. Letters, p. 7.
52. Ibid., p. 8.
53. Heller (2009), p. 72.
54. Ibid., p. 74.
55. Letters, p. 17.
56. Ibid., p. 8.
57. Cf. We the Living, p. 423.
58. Journals.

59. Ibid., p. 66.
60. Burns (2009), p. 25.
61. Journals, p. 73.

III. Experiências [pp. 89-134]

1. Cf. Heller (2009), p. 77.
2. Three Plays, p. 3.
3. Ibid.
4. Ortega y Gasset (1956/1929).
5. Journals, p. 71.
6. Episódio segundo Heller (2009), p. 109.
7. Ibid., p. 79.
8. BJ, p. 178.
9. Cf. ibid.
10. Posteriormente publicado com o título *A náusea*.
11. BJ, p. 199.
12. Ibid., p. 204.
13. Ibid., p. 206.
14. Ibid., p. 217.
15. Cf. BJ, p. 182.
16. Beauvoir/Sartre I, p. 41.
17. BJ.
18. Ibid., p. 190.
19. Ibid., p. 191.
20. Ibid., p. 190; o livro citado foi lançado em 1979 em alemão com o título *Marcelle, Chantal, Lisa...* [Ed. bras.: *Quando o espiritual domina.*]
21. Bair (1998), p. 230.
22. BJ, p. 207.
23. Ibid., p. 206.
24. Ibid., p. 218.
25. Lisa, p. 122.
26. Ibid., p. 141.
27. UuF, p. 232. [As traduções correspondentes são de Pedro Fonseca. In: Simone Weil. *Reflexões sobre as causas da liberdade e da opressão social*. Belo Horizonte: Âyiné, 2020.]
28. Bouchardeau (1995), p. 132.
29. Fabrik, p. 121.
30. Cf. Pétrement (1973), p. 335.
31. Fabrik, p. 48.
32. UuF, pp. 157 ss.

33. Ibid., p. 161.
34. Marx e Engels (1958/1846), p. 33.
35. UuF, p. 162.
36. Ibid., p. 170.
37. Ibid., p. 223.
38. Ibid., p. 227.
39. Ibid., p. 235.
40. Ibid., p. 214.
41. Ibid.
42. Fabrik, p. 61.
43. Ibid., p. 121. [Trad. de Therezinha Langlada. In: Simone Weil. *A condição operária e outros estudos sobre a opressão*. 2ª ed. revista. Rio de Janeiro: Paz e Terra, 1996.]
44. Nieradka-Steiner (2018), p. 67.
45. Ibid.
46. Fala de Arendt numa entrevista de TV com Günter Gaus de 28/10/1964. Transcrição em: <https://www.rbb-online.de/zurperson/interview_archiv/arendt_hannah.html>.
47. Ibid.
48. Young-Bruehl (2018/1982), p. 178.
49. Ibid.
50. Scholem (2018), p. 95.
51. Young-Bruehl (2018/1982), p. 180.
52. Weinstock (1975), p. 60.
53. Na entrevista com Günter Gaus.
54. EuU, p. 605.
55. Escravos e pessoas de ascendência africana, sobretudo, estavam expressamente excluídos em ambos os documentos, isto é, não eram citados.
56. EuU, p. 603.
57. Ibid., p. 604.
58. Briefe Freunde, p. 15
59. Carta a Blumenfeld de 17/7/1946, in: Briefe Freunde, p. 63.
60. Young-Bruehl (2018/1982), p. 182.
61. Scholem (2018), p. 205.
62. Young-Bruehl (2018/1982), p. 206.

IV. Subsequentes [pp. 135-84]

1. Letters, p. 23.
2. Ibid.
3. Cf. Heller (2009), p. 95.

4. Journals, p. 77.
5. Ibid., p. 81.
6. Ibid., p. 93.
7. Ibid.
8. Ibid., p. 93.
9. Ibid., p. 95.
10. Ibid., pp. 95 ss.
11. Ibid., p. 97.
12. Letters, p. 36.
13. Arendt/Blücher, p. 59.
14. Scholem (2018), p. 224.
15. Ibid., p. 223.
16. Kershaw (2016), p. 396.
17. Cf. Schreiber (2013), p. 12.
18. Applebaum (2003), p. 73. Em 1943 deviam estar por volta de 4 milhões.
19. Cf. Kershaw (2016), p. 411.
20. Cf. ibid., pp. 408 ss.
21. Ibid., p. 413.
22. Young-Bruehl (2018/1982), p. 185.
23. Cf. ibid., p. 185.
24. Aug.
25. Arendt/Heidegger, p. 14.
26. Aug, p. 103. [As traduções correspondentes, com a grafia adaptada ao português do Brasil, são de Alberto Pereira Diniz. In: *O conceito de amor em Santo Agostinho*. Lisboa: Instituto Piaget, 1997.]
27. Ibid., p. 109.
28. Ibid., p. 97.
29. Ibid., p. 110.
30. Arendt/Blücher, p. 83.
31. BJ, p. 246.
32. Ibid., p. 241.
33. Ibid., p. 239.
34. Bair (1998), p. 239.
35. Cf., para aprofundamento, Webber (2018), pp. 57-73.
36. BJ, p. 222.
37. Ibid., p. 222.
38. Bair (1998), p. 243.
39. BJ, p. 245.
40. Sartre (2018/1938), p. 200. [As traduções correspondentes são de Rita Braga. In: J.-P. Sartre. *A náusea*. Rio de Janeiro: Nova Fronteira, 2005.]
41. Ibid., p. 266.

42. Ibid., p. 245.
43. BJ, p. 243.
44. Ibid., p. 247.
45. Pétrement (1973), p. 420.
46. Ibid., p. 401.
47. Os detalhes biográficos dessa fase foram extraídos principalmente de Pétrement, (1973), pp. 383-430.
48. Partido Obrero de Unificación Marxista — uma das inúmeras facções criadas por antigos membros do Partido Comunista local.
49. Bernanos (1949/1938).
50. KuG, p. 60.
51. BJ, p. 247.
52. KuG, p. 62.
53. Ibid., p. 40.
54. KuG, pp. 37-57 (em alemão no original).
55. Ibid., p. 38.
56. Ibid., p. 40.
57. Ibid., p. 60.
58. Ibid., p. 43.
59. Cf. ibid.
60. Pétrement (1973), p. 415.

V. Acontecimentos [pp. 185-231]

1. Pétrement (1973), p. 467.
2. In: OCII-3, pp. 93 ss.
3. Pétrement (1973), p. 466.
4. Sobre os eventos políticos de 1938, principalmente na França, cf. Foessel (2019).
5. Pétrement (1973), p. 466.
6. Cf. Bouchardeau (1995), p. 214.
7. Perrin (2008), p. 75.
8. Ibid., p. 74.
9. Ibid., p. 75.
10. Cf. Pétrement (1973), p. 468.
11. *Cahiers* I, p. 105.
12. Ibid., p. 172.
13. Pétrement (1973), p. 468.
14. Ibid., p. 468.
15. Ibid., p. 469.
16. *Cahiers* I, p. 11.

17. Cf. Pétrement (1973), p. 466.
18. "Se nada somos em tal mundo/ Sejamos tudo, ó produtores" [Versão brasileira, final da primeira estrofe.]
19. Fabrik, p. 121.
20. Cf. Heller (2009), p. 98.
21. Applebaum (2017), p. 102.
22. Ibid., p. 99.
23. Para detalhes dessa fase da vida, cf. Heller (2009), pp. 102 ss., e Burns (2009), p. 49.
24. Cf. Heller (2009), p. 102.
25. Cf. ibid., p. 102.
26. Anthem, p. 4.
27. Ibid., p. 3.
28. Ibid., p. 1.
29. Ibid., p. 57.
30. Ibid., p. 65.
31. Ibid., p. 73.
32. Agradeço à dra. Pia Päiviö pela informação referente a Kallas e sua obra.
33. Letters, p. 40.
34. Burns (2009), p. 50.
35. Heller (2009), p. 105.
36. Journals, p. 95.
37. Heller (2009), p. 117.
38. Burns (2009), p. 51.
39. Nietzsche (1999/1888), p. 365. [Trad. de Paulo César de Souza. In: Friedrich Nietzsche. *Ecce Homo*. São Paulo: Companhia das Letras, 2008.]
40. Heller (2009), p. 123.
41. Journals, p. 192.
42. Ibid., p. 193.
43. Ibid., p. 192.
44. Ursprung, p. 17.
45. Cf. Später (2016), p. 354.
46. Var, p. 218.
47. Ibid., p. 214.
48. Ibid., p. 218.
49. Ibid., p. 223.
50. Ibid., p. 224.
51. Ibid.
52. Ibid., p. 218.
53. Ibid., p. 224.
54. Scholem (2018), p. 262.

55. EuU.
56. Var, p. 222.
57. Arendt/Blücher, p. 88.
58. Scholem (2018), p. 290.
59. Ibid., p. 291.
60. Segundo o entendimento atual, Scholem se refere à "colônia judaica"; ou seja, não está se referindo ao uso que fazemos hoje de "colônia palestina".
61. Scholem (2018), p. 307.
62. Ibid., p. 309.
63. Depois da guerra, esse era o único exemplar existente. A pedido de Arendt, Scholem o enviou para Nova York (carta de 17/10/1941). O livro foi publicado primeiro em inglês, em Londres (1957), depois em alemão (1959). A edição americana é de 1974.
64. BJ, p. 301.
65. Durante toda a vida, Beauvoir sempre negou publicamente ter mantido relações sexuais com mulheres.
66. Cf. Kirkpatrick (2019), pp. 156 ss.
67. Ibid., p. 158.
68. Ibid.
69. Beauvoir/Sartre I, p. 85.
70. Ibid., p. 85.
71. Ibid., p. 90.
72. Kirkpatrick (2019), p. 143.
73. BJ, p. 269.
74. Ibid., p. 293.
75. Ibid., p. 269.
76. Cf. ibid., p. 270.
77. Ibid., p. 287.
78. Ibid.
79. Ibid., p. 289.
80. Na época, Hélène, irmã caçula de Beauvoir, pretendia se tornar pintora, assim como Gégé, amiga íntima de Beauvoir.
81. BJ, p. 290.
82. Skub, pp. 187 ss. [As traduções correspondentes são de Vitor Ramos. In: Simone de Beauvoir. *A convidada*. 4ª ed. Rio de Janeiro: Nova Fronteira, 2018.]
83. Desse modo, a constelação se assemelha bastante à peça posterior *Entre quatro paredes*, de Jean-Paul Sartre.
84. BJ, p. 288.
85. A versão radiofônica de *A guerra dos mundos*, de Orson Welles, foi lançada em outubro de 1938.

86. O livro *O segundo sexo* seria publicado em 1949.
87. Beauvoir/Sartre 1, p. 87.
88. Wroblewsky (Org.) (2008), p. 281.

VI. Violência [pp. 233-77]

1. Cf. Pétrement (1973), p. 501.
2. In: KuG, pp. 161-91. [Páginas do ensaio "A Ilíada ou o poema da força". Este e outros ensaios de KuG constam de: Simone Weil. *A condição operária e outros estudos sobre a opressão*. 2ª ed. revista. Trad. de Therezinha Gomes Garcia Langlada. Rio de Janeiro: Paz e Terra, 1996. "A Ilíada ou o poema da força", especificamente, foi traduzido por Alfredo Bosi.]
3. KuG, p. 161.
4. Ibid., p. 162.
5. Ibid., p. 165.
6. Cf. Pétrement (1973), p. 488.
7. KuG, p. 168.
8. Ibid., p. 170.
9. Ibid., p. 189.
10. Cf. Pétrement (1973), pp. 502 ss.
11. Cf., a respeito desse episódio, Roberts (2019), p. 77.
12. KuG, p. 170.
13. Ibid., p. 175.
14. Heidegger (2004/1924), p. 116.
15. KuG, p. 177.
16. Ibid., p. 179.
17. Ibid., p. 181.
18. Ibid., p. 182.
19. Ibid., p. 184.
20. Ibid., p. 187.
21. Ibid., p. 190.
22. Pétrement (1973), p. 514.
23. Beauvoir/Sartre 2, p. 198.
24. Wroblewsky (Org.) (2004), p. 292.
25. BJ, p. 379.
26. Ibid., p. 380.
27. Cf. Kirkpatrick (2019), p. 175.
28. Wroblewsky (2004), p. 41.
29. Beauvoir/Sartre 2, p. 60, 15/I.
30. Ibid., p. 66, 18/I.
31. Heidegger (2010/1929), p. 285.

32. BJ, p. 373.
33. Ibid., p. 380.
34. Embora tais cenas sejam confirmadas historicamente, elas também se explicam no contexto do procedimento muitas vezes igualmente desumano das tropas de Stálin expulsas pela Wehrmacht. As esperanças da população a esse respeito logo são frustradas da maneira mais terrível.
35. Wroblewsky (2004), p. 297; "*Erlebnisse*" no original.
36. Kriegstagebuch, p. 391.
37. Ibid., p. 420.
38. Ibid., p. 201; registro de 11/7/1940.
39. BJ, p. 393.
40. Ibid., p. 402.
41. Ibid., p. 403.
42. Wroblewsky (2004), p. 299.
43. Beauvoir/Sartre 2, p. 201.
44. Ibid., p. 226.
45. Cf. Skub, epígrafe.
46. Ibid., p. 552.
47. Arendt/Scholem, p. 17.
48. Ibid., p. 21 (nota de rodapé 10).
49. Cf. Young-Bruehl (2018/1982), p. 229.
50. Koestler (1971)
51. Ibid., p. 424.
52. Flüchtlinge, p. 18.
53. EuU, p. 908.
54. Ibid., p. 921.
55. Ibid., p. 912.
56. Ibid., p. 922.
57. Flüchtlinge, p. 12.
58. Ibid., p. 24.
59. Cf. EuU, p. 925.
60. Adorno e Benjamin (1994), pp. 441-3.
61. Carta-resposta (nota do autor).
62. Arendt/Benjamin, p. 139.
63. Pétrement (1973), p. 523.
64. Arendt/Scholem, p. 18.
65. Arendt/Benjamin, pp. 101-12.
66. Ibid., p. 106.
67. Ibid., p. 112.
68. Cf. Meyer-Moses (2019), p. 10: naquela época, cerca de 5,6 mil pessoas foram levadas de Baden a Gurs. Cerca de um terço delas morreu em Gurs ou em um dos seus campos secundários.

69. Arendt/Scholem, p. 10.
70. Ibid., p. 19.
71. Cf. Young-Bruehl, (2018/1982), p. 223.
72. Heller, (2009), p. 132.
73. Ibid., p. 133.
74. Ibid., p. 129.
75. Letters, p. 42.
76. Cf. Heller (2009), p. 116.
77. Journals, p. 209.
78. Ibid., p. 215.
79. Ibid., p. 209; este registro não está datado.
80. Ibid., p. 229.
81. Ibid., p. 228.
82. Ibid., p. 229.
83. Ursprung, p. 822.
84. Cf. Heller (2009), p. 134.
85. Cf. Burns (2009), pp. 43 ss.
86. Até hoje a maioria dos observadores europeus se espanta com o fato de que o termo "liberal", nos Estados Unidos, indica uma postura mais à esquerda, sendo atualmente usado quase como sinônimo de "democrata", no sentido de pertencimento partidário.
87. Journals, pp. 345 ss.
88. Ibid.
89. Ibid.
90. Ibid., p. 350.
91. Ibid., p. 351.
92. Ibid., p. 355.

VII. Liberdade [pp. 279-330]

1. BJ, p. 415.
2. Ibid., p. 411.
3. Ibid., p. 413.
4. Schreiber (2013), p. 58.
5. Ibid., p. 42.
6. Ibid., p. 66.
7. BJ, p. 413.
8. Bair (1998), p. 310.
9. BJ, p. 430.
10. Kriegstagebuch, p. 452.
11. Ibid., p. 453.

12. Cf. Sartre (2019/1943), pp. 254 ss.
13. Ibid., p. 1071. [Trad. de Paulo Perdigão. In: Jean-Paul Sartre. *O ser e o nada*. 8ª ed. Petrópolis: Vozes, 2000.]
14. Sartre (2018/1947), pp. 145-91.
15. Temos necessariamente de concordar com a afirmação de Kirkpatrick (2019), p. 198: "So it has been mistakenly assumed that Sartre developed the ethics of existentialism, one of the most popular movements in twentieth-century philosophy, when in fact, Beauvoir did" [Assim presumiu-se erroneamente que Sartre desenvolveu a ética do existencialismo, um dos movimentos mais populares da filosofia do século XX, quando, na verdade, isso foi feito por Beauvoir].
16. BJ, p. 424.
17. Ibid., p. 428.
18. Cf. Kirkpatrick (2019), p. 178.
19. BJ, p. 433.
20. Ibid., p. 431.
21. Kriegstagebuch, p. 456.
22. Ibid., p. 460.
23. Pétrement (1973), p. 571.
24. Ibid., p. 581.
25. Pétrement (1973), p. 581.
26. Cf. OCIV-I = Écrits de Marseille 1940-1942.
27. Os cadernos de reflexão dessa época foram publicados em alemão como *Cahiers* 2 e *Cahiers* 3.
28. O termo "existencialista" foi usado pelo filósofo (católico) Gabriel Marcel (1889-1973) para, a princípio, designar a filosofia de Sartre. Linguisticamente, na tradução do alemão ao francês, ele gera uma proximidade terminológica com o conceito da "filosofia existencial" que Karl Jaspers usou para caracterizar sua própria teoria (também na tradição de Kierkegaard). Uma teoria que também é familiar ao pensamento de Marcel. Não está muito claro a quem Weil se refere aqui — o ponto da crítica citado vale tanto contra Jaspers (e Heidegger) como contra Sartre e Beauvoir.
29. *Cahiers* 2, p. 102.
30. Ibid., p. 105.
31. Ibid., p. 210.
32. *Cahiers* 3, p. 249.
33. *Cahiers* 2, p. 289.
34. Ibid., p. 320.
35. Ibid., p. 180.
36. Ibid., p. 323.

37. Ibid., p. 240.
38. *Cahiers* 3, p. 145.
39. Ibid., p. 10.
40. Ibid., p. 145.
41. Ibid., p. 145.
42. Ibid., p. 341.
43. Ibid., p. 118.
44. Ibid., p. 310.
45. Ibid., p. 256.
46. Ibid., p. 194.
47. *Cahiers* 2, p. 233.
48. Ibid., p. 238.
49. Ibid., p. 177.
50. *Cahiers* 4, pp. 67 ss.
51. *Cahiers* 2, p. 224.
52. Ibid., p. 104.
53. Ibid., p. 316.
54. Ibid., p. 349.
55. Ibid., p. 193.
56. Cf. Spinoza (1986/1677).
57. Cf. Wittgenstein (1984/1923).
58. Cf. também Winch (1989).
59. *Cahiers* 3, p. 331.
60. *Cahiers* 2, p. 254.
61. Cf. Wittgenstein (1984/1923), p. 305; in: Vorwort zu den "Philosophischen Untersuchungen" [Prefácio às *Investigações filosóficas*].
62. Pétrement (1973), p. 608.
63. *Cahiers* 2, p. 24.
64. Perrin e Thibon (1954), p. 172.
65. Pétrement (1973), p. 617.
66. Arendt/Scholem, p. 28.
67. Ibid., p. 29.
68. Todos os textos das colunas in: *Aufbau*.
69. Ibid., p. 21, texto de 14/11/1941.
70. Wir Juden, pp. 171 e 173.
71. *Aufbau*, p. 28, texto de 28/11/1941.
72. Schreiber (2013), pp. 64 ss.
73. Wir Juden, p. 179.
74. Ibid., p. 188.
75. Ibid., p. 177.
76. *Aufbau*, p. 122.

77. Ibid., p. 120.
78. Por exemplo, *Aufbau*, p. 82: "Pouca coisa é tão importante hoje para nossa política quanto manter as batalhas de liberdade dos povos oprimidos livres da peste fascista. Essa guerra só será ganha se, em seu transcorrer, todos os povos forem libertados, e isso quer dizer todas as 'raças' transformadas em povos".
79. Arendt/Scholem, p. 39.
80. Young-Bruehl (2018/1982), p. 240.
81. Letters, p. 59.
82. Cf. Burns (2009), pp. 71 ss.
83. Cf. Heller (2009), pp. 143 ss.
84. Cf. Burns (2009), p. 80.
85. Letters, p. 63.
86. Journals, p. 69.
87. Ibid., p. 221.
88. Ibid.
89. Ursprung, p. 980.
90. Fountainhead, p. 677.
91. Ursprung, p. 985.
92. Ibid., p. 987.
93. Ibid., p. 989.
94. Ibid.
95. Ibid., p. 991.
96. Ibid., pp. 993 ss.
97. Ibid., pp. 994 ss.
98. Ibid., p. 998.

VIII. Fogo [pp. 331-53]

1. Apud Heller (2009), p. 165.
2. Ibid., p. 55.
3. Por esses meses, Rand começa um consumo regular (que se estenderá por anos) de benzedrina, um preparado de anfetamina, na época prescrito com frequência nos Estados Unidos.
4. Apud Heller (2009), p. 165.
5. Letters, p. 87.
6. Ibid., p. 88.
7. Em 1957, publicado como *Atlas Shrugged*. Em inglês, a palavra "*strike*" têm diversos significados: além de "greve", também pode ser "pancada", "arremesso" ou até "sucesso". [No Brasil, a primeira tradução da obra (em 1987) foi intitulada *Quem é John Galt?*.]

8. Letters, p. 174.
9. Apud Burns (2009), p. 96.
10. Cf. Heller (2009), p. 79.
11. Ibid., p. 160.
12. Ibid., p. 161.
13. Journals, p. 234.
14. Beauvoir/Sartre 2, p. 311.
15. Ibid., p. 312.
16. In: Drei Essays, pp. 193-264. [Trad. de Marcelo Jacques de Morais. In: Simone de Beauvoir. *Por uma moral da ambiguidade*. Rio de Janeiro: Nova Fronteira, 2005.]
17. Ibid., p. 259.
18. Ibid., p. 248.
19. Ibid., p. 256.
20. Ibid., p. 262.
21. BJ, p. 475.
22. Cf. Wroblewsky (Org.) (2004), p. 329.
23. BJ, p. 477.
24. Ibid., p. 470.
25. Arendt/Scholem, p. 37.
26. Ibid., p. 39.
27. Cf. Lewi Stone, "Quantifying the Holocaust: Hyperintense Kill Rates during the Nazi Genocide", *Science Advances*, vol. 5, nº 1, eaau7292, 2019.
28. Cf. Young-Bruehl (2018/1982), p. 262.
29. O livro planejado se tornou a segunda parte do seu *As origens do totalitarismo* (= EuU).
30. Arendt/Scholem, p. 39.
31. Scholem (1951/1941).
32. Arendt/Scholem, p. 469.
33. Benjamin (2003), p. 695. [Trad. de Sergio Paulo Rouanet. In: Walter Benjamin. *Obras escolhidas*, vol. 1. São Paulo: Brasiliense, 1987.]
34. Arendt/Benjamin, p. 30.
35. Arendt/Scholem, p. 482.
36. Ibid.
37. Cf. Kant (1983/1798).
38. Ibid.
39. Cf. Young-Bruehl (2018/1982), p. 264.
40. Arendt/Scholem, p. 39.
41. Gabellieri e L'Yvonnet (Orgs.) (2014), p. 195.
42. Ibid.
43. Ibid., p. 196.

44. Detalhes biográficos dessa fase foram consultados em Pétrement (1973), pp. 673-93.
45. *Cahiers* 4, p. 317.
46. Pétrement (1973), p. 680.
47. Cf. Pétrement (1973), p. 684.
48. Ibid., p. 689.
49. Cf. ibid., p. 691.

Trilhas [pp. 355-9]

1. Pétrement (1973), p. 692.
2. A partir de 2009, a editora Diaphanes, de Zurique, lançou vários desses textos em novas traduções.
3. Matéria da edição de 11/2/1961 do jornal francês *L'Express*.

Referências bibliográficas

ADAMOWITSCH, A.; GRANIN, D. *Blockadebuch — Leningrad 1941-1944*. Berlim: Aufbau, 2018.

ADORNO, T. W.; BENJAMIN, W. *Briefwechsel 1928-1940*. Frankfurt: Suhrkamp, 1994.

ALAIN. *Convulsions de la force*. Paris: Gallimard, 1939.

_____. *Échec de la force*. Paris: Gallimard, 1939.

APPLEBAUM, A. *Gulag — A History*. Londres: Anchor Books, 2003.

_____. *Roter Hunger — Stalins Krieg gegen die Ukraine*. Munique: Siedler, 2017. [Ed. bras.: *A fome vermelha*. Trad. de Joubert de O. Brízida. Rio de Janeiro: Record, 2019.]

BAIR, D. *Simone de Beauvoir — Eine Biographie*. Munique: Knaus, 1998.

BAKEWELL, S. *Das Café der Existentialisten — Freiheit, Sein und Aprikosencocktails*. Munique: C. H. Beck, 2018. [Ed. bras.: *No café existencialista*. Trad. de Denise Bottman. Rio de Janeiro: Objetiva, 2017.]

BENJAMIN, W. *Gesammelte Schriften*, vol. I. Frankfurt: Suhrkamp, 2003.

_____. *Über den Begriff der Geschichte*. Berlim: Suhrkamp, 2010.

BERNANOS, G. *Die großen Friedhöfe unter dem Mond*. Munique: Verlag der Zwölf, 1949/1938.

BEAUVOIR, S. de (Org.). *Jean-Paul Sartre: Briefe an Simone de Beauvoir (1926-1939)*. Reinbek: Rohwohlt, 2008.

_____. *Jean-Paul Sartre: Briefe an Simone de Beauvoir (1940-1963)*. Reinbek: Rohwohlt, 2004.

BLUME, D.; BOLL, M.; GROSS, R. (Orgs.). *Hannah Arendt und das 20. Jahrhundert*. Munique: Piper, 2020.

BOEHM, O. *Israel — eine Utopie*. Berlim: Propyläen, 2020.

BOSCHWITZ, U. A. *Der Reisende*. Stuttgart: Klett-Cota, 2018.

BOUCHARDEAU, H. *Simone Weil — Biographie*. Paris: Julliard, 1995.

BOVENSCHEN, S. *Die imaginierte Weiblichkeit*. Frankfurt: Suhrkamp, 2016/1979.

BRANDEN, B. *The Passion of Ayn Rand*. Nova York: Anchor, 1987.

BRANDEN, N. *Judgment Day: My Years with Ayn Rand*. San Francisco: Houghton Mifflin Harcourt, 1999.

BURNS, J. *Goddess of the Market — Ayn Rand and the American Right*. Oxford: Oxford University Press, 2009.
CAVELL, S. *Philosophy the Day After Tomorrow*. Harvard: Belknap Press, 2005.
_____. *Der Anspruch der Vernunft — Wittgenstein, Skeptizismus, Moral und Tragödie*. Frankfurt: Suhrkamp, 2006.
COHEN-SOLAL, A. *Sartre: 1905-1980*. Paris: Gallimard, 1985.
COLLADO SEIDEL, C. *Der spanische Bürgerkrieg — Geschichte eines europäischen Konflikts*. Munique: C. H. Beck, 2016.
DESCARTES, R. *Meditationen — Mit sämtlichen Einwänden und Erwiderungen*. Hamburgo: Meiner Felix, 1965.
EILAND, H.; JENNINGS, M. W. *Walter Benjamin — A Critical Life*. Harvard: Belknap Press, 2014.
EILENBERGER, W. *Zeit der Zauberer — Das große Jahrzehnt der Philosophie 1919-1929*. Stuttgart: Klett-Cota, 2018. [Ed. bras.: *Tempo de mágicos. A grande década da filosofia 1919-1929*. Trad. de Claudia Abeling. São Paulo: Todavia, 2019.]
FEST, J. *Hitler: Eine Biografie*. Berlim: Propyläen, 2019/1973.
FOESSEL, M. *Récidive — 1938*. Paris: P.U.F., 2019.
GABELLIERI, E.; L'YVONNET, F. (Orgs.). *L'Herne: Simone Weil*. Paris: P.U.F., 2014.
GLADSTEIN, M. R.; SCIABARRA, C. M. (Orgs.). *Feminist Interpretations of Ayn Rand*. Pennsylvania: Pennsylvania State University Press, 1999.
HAMPE, M. *Die Lehren der Philosophie — Eine Kritik*. Berlim: Suhrkamp, 2014.
HEGEL, G. W. F. *Phänomenologie des Geistes: Werke 3*. Frankfurt: Suhrkamp, 1986.
HEIDEGGER, M. *Sein und Zeit*. Tübingen: Max Niemeyer, 1993.
_____. *Gesamtausgabe, Ausgabe letzter Hand*, vol. 16: *Reden und andere Zeugnisse eines Lebensweges (1910-1976)*. Frankfurt: Vittorio Klostermann, 2000.
_____. *Der Begriff der Zeit*. Frankfurt: Vittorio Klostermann, 2004/1924.
_____. *Kant und das Problem der Metaphysik*. Frankfurt: Vittorio Klostermann, 2010/1929.
HELLER, A. C. *Ayn Rand and the World She Made*. Nova York: Anchor, 2009.
HOBSBAWM, E. *The Age of Extremes: 1914-1991*. Londres: Vintage, 1994. [Ed. bras.: *Era dos extremos*. Trad. de Marcos Santarrita. São Paulo: Companhia das Letras, 1995.]
HOMER. *Ilias*, Stuttgart: [s/ed.], 1983.
JASPERS, K. *Max Weber: Deutsches Wesen im politischen Denken, im Forschen und Philosophieren*. Oldenburg: E. A. Stalling, 1932.
KANT, I. *Anthropologie in pragmatischer Hinsicht*. Leipzig: Reclam, 1983/1798.
KERSHAW, I. *Höllensturz — Europa 1914 bis 1949*. Munique: DVA, 2016.
KIRKPATRICK, K. *Becoming Beauvoir: A Life*. Londres: Bloomsbury, 2019.
_____. *Simone de Beauvoir — Ein modernes Leben*. Munique: Piper, 2020.

KOESTLER, A. *Ein spanisches Testament*. Berlim: Europa, 2018/1937.
_____. *Scum of the Earth*. Londres: V. Gollancz, 1941.
_____. *Abschaum der Erde*. Frankfurt: F. Molden, 1971.
LABATUT, B. *Das blinde Licht: Irrfahrten der Wissenschaft*. Berlim: Suhrkamp, 2020.
LEPORE, J. *Diese Wahrheiten — Geschichte der Vereinigten Staaten von Amerika*. Munique: C. H. Beck, 2019.
LOUETTE, J.-F. *Sartre et Beauvoir: Roman et Philosophie*. Genebra: La Baconnière, 2019.
MARX, K.; ENGELS, F. *Marx-Engels-Werke*, vol. 3. Berlim: Dietz, 1958/1946.
MEYER-MOSES, H. *Reise in die Vergangenheit — Eine Überlebende des Lagers Gurs erinnert sich an die Verfolgung während der NS-Diktatur*. Ubstadt-Weiher: Verlag Regionalkultur, 2019.
NIERADKA-STEINER, M. *Exil unter Palmen — Deutsche Emigranten in Sanary-sur-Mer*. Darmstadt: Theiss, 2018.
NIETZSCHE, F. *Ecce Homo*. Obras completas, vol. 6. Munique: De Gruyter, 1999/1888.
_____. *Philosophische Werke in sechs Bänden*. Hamburgo: Meiner, 2013.
NYE, A. *Philosophia: The Thought of Rosa Luxemburg, Simone Weil and Hannah Arendt*. Londres: Routledge, 1994.
ORTEGA Y GASSET, J. *Der Aufstand der Massen*. Reinbek: Rowohlt, 1956/1929.
PELZ, M. *Simone de Beauvoir*. Frankfurt: Suhrkamp, 2007.
PÉTREMENT, S. *La Vie de Simone Weil*. Paris: Fayard, 1973.
_____. *Simone Weil — Ein Leben*. Leipzig: Leipziger Universitätsverlag, 2008.
PERRIN, J.-M. *Mon Dialogue avec Simone Weil*. Paris: Nouvelle Cité, 2009/1984.
PERRIN, J.-M.; THIBON, G. *Wir kannten Simone Weil*. Paderborn: Ferdinand Schöningh, 1954.
PERRIN, J.-M. *Attente de Dieu*, Paris: Fayard, 2008.
PEIKOFF, L. *Objectivism: The Philosophy of Ayn Rand*. Nova York: Plume Books, 1991.
POIRIER, A. *An den Ufern der Seine — Die magischen Jahre von Paris 1940-1950*. Stuttgart: Klett-Cota, 2019.
PRINZ, A. *Hannah Arendt oder Die Liebe zur Welt*. Frankfurt: Insel, 2013.
RECKWITZ, A. *Die Gesellschaft der Singularitäten*. Berlim: Suhrkamp, 2017.
REDECKER, E. v. *Gravitation zum Guten: Hannah Arendts Moralphilosophie*. Göttingen: Lukas, 2013.
REES, R.; MOORE, H. T. *Simone Weil: A Sketch for a Portrait*. Southern Illinois: Southern Illinois University Press, 1978.
RHODES, R. *Hell and Good Company: The Spanish Civil War and the World it Made*. Londres: Simon & Schuster, 2015.
ROBERTS, A. *Feuersturm — Eine Geschichte des Zweiten Weltkriegs*. Munique: C. H. Beck, 2019.

ROWLEY, H. *Tête-à-Tête: Simone de Beauvoir and Jean-Paul Sartre*. Nova York: Harper, 2005. [Ed. bras.: *Tête-à-tête: Simone de Beauvoir e Jean-Paul Sartre*. Trad. de Adalgisa C. da Silva. Rio de Janeiro: Objetiva, 2015.]

SAMJATIN, J. *Wir: Utopischer Roman*. Hemmingen: Ganymed, 2015/1920.

SARTRE, J.-P. *Der Ekel*. Reinbek: Rowohlt, 2018/1938. [Ed. bras.: *A náusea*. Trad. de Rita Braga. Rio de Janeiro: Nova Fronteira, 2005.]

_____. *Das Sein und das Nichts*. Hamburgo: Rowohlt, 2019/1943. [Ed. bras.: *O ser e o nada*. Trad. de Paulo Perdigão. Petrópolis: Vozes, 2000.]

_____. *Der Existentialismus ist ein Humanismus und andere philosophische Essays 1943-1948*. Reinbek: Rowohlt, 2018/1947. [Ed. bras.: *O existencialismo é um humanismo*. 4ª ed. Trad. de João Batista Kreuch. Petrópolis: Vozes, 2014.]

_____. *Die Transzendenz des Ego — Philosophische Essays 1931-1939*. Reinbek: Rowohlt, 2010/1947. [Ed. bras.: *A transcendência do ego*. 2ª ed. Trad. de João Batista Kreuch. Petrópolis: Vozes, 2013.]

SCHOLEM, G. *Die jüdische Mystik in ihren Hauptströmungen*. Frankfurt: Suhrkamp, 1951/1941. [Ed. bras.: *As grandes correntes da mística judaica*. Trad. de J. Guinzburg, Dora Ruhman, Fany Kon, Jeanete Meiches e Renato Mezan. São Paulo: Perspectiva, 2000.]

_____. *Walter Benjamin/Gershom Scholem — Briefwechsel 1933-1940*. Frankfurt: Suhrkamp, 2018.

SCHREIBER, G. *Der zweite Weltkrieg*. Munique: C. H. Beck, 2013.

SCIABARRA, C. M. *Ayn Rand — The Russian Radical*. Pennsylvania: Penn State University Press, 2013.

SEGHERS, A. *Transit*. Berlim: Aufbau, 2018/1951.

SEYMOUR-JONES, C. *A Dangerous Liaison: A Revelatory New Biography of Simone de Beauvoir and Jean-Paul Sartre*. Nova York: Cornerstone, 2009.

SHKLAR, J. N. *Über Hannah Arendt*. Berlim: Matthes & Seitz, 2020.

SMITH, T. *Ayn Rand's Normative Ethics: The Virtuous Egoist*. Cambridge: Cambridge University Press, 2007.

SPÄTER, J. *Siegfried Kracauer — Eine Biographie*. Frankfurt: Suhrkamp, 2016.

SPARTI, D.; HAMMER, E. (Orgs.). *Stanley Cavell: Die Unheimlichkeit des Gewöhnlichen und andere philosophische Essays*. Frankfurt: Fischer, 2002.

SPINOZA, B. *Die Ethik*. Leipzig: Reclam, 1986/1677.

STONE, L. "Quantifying the Holocaust: Hyperintense Kill Rates during the Nazi Genocide", *Science Advances*, vol. 5, nº 1, eaau7292, 2019.

SUHR, M. *Jean-Paul Sartre zur Einführung*. Hamburgo: Junius, 2015.

WEBBER, J. *Rethinking Existentialism*. Oxford: Oxford University Press, 2018.

WEIL, Sylvie. *André und Simone Weil: Die Familie Weil*. Leipzig: Leipziger Universitätsverlag, 2010.

WEINSTOCK, N. *Das Ende Israels? Nahostkonflikt und Geschichte des Zionismus*. Berlim: K. Wagenbach, 1975.

WILDT, M.; KREUTZMÜLLER, C. *Berlin 1933-1945*. Munique: Siedler, 2013.

WIMMER, R. *Vier jüdische Philosophinnen: Rosa Luxemburg, Simone Weil, Edith Stein, Hannah Arendt*. Leipzig: Reclam, 1996.

_____. *Simone Weil: Person und Werk*. Freiburg: Herder, 2009.

WINCH, P. *Simone Weil: "The Just Balance"*. Cambridge: Cambridge University Press, 1989.

WITTGENSTEIN, L. *Tractatus logico-philosophicus*. Frankfurt: Suhrkamp, 1984/1923.

WROBLEWSKY, V. v. (Org.). *Jean-Paul Sartre: Briefe an Simone de Beauvoir 1926-1939*. Hamburgo: Rowohlt, 2008.

_____. *Jean Paul Sartre: Briefe an Simone de Beauvoir 1940-1963*, Hamburgo: Rowohlt, 2004.

YOUNG-BRUEHL, E. *Hannah Arendt — Leben, Werk und Zeit*. Frankfurt: Fischer, 2018/1982.

Índice onomástico

A

Adorno, Theodor Wiesengrund, 216, 261, 343-4
Agostinho, Santo, 154-8, 373
Alain (Émile Chartier), 178
Anders, Günther (Günther Stern), 41, 47, 133, 262, 343, 364
Andre, Karen (personagem), 93
Angel Boy (noviço inglês), 190
Arendt, Martha *ver* Beerwald, Martha
Argounova, Kira (personagem), 82
Aristóteles, 297
Aron, Raymond, 73-5, 161, 356
Audry, Colette, 70, 289

B

Bach, Johann Sebastian, 171
Balzac, Honoré de, 239
Bannett, Marcella, 97, 211
Baudelaire, Charles, 214
Beauvoir, Françoise de, 161-2
Beauvoir, Georges de, 162
Beauvoir, Hélène de, 162, 376
Beckett, Samuel, 283
Bedford, Barbara, 92
Beerwald, Martha, 41, 48, 218, 262, 265, 305
Ben-Gurion, David, 310
Benjamin, Walter ("Benji"), 124, 126, 133, 148-9, 153, 195, 209-10, 213-8, 257-9, 261-6, 343-4, 347, 363, 378, 383
Bernanos, Georges, 173, 374
Bienenfeld, Bianca, 219, 246, 249
Blücher, Heinrich ("Stups"), 148, 152-4, 158, 164, 214-6, 218, 257, 262-3, 305, 345, 358, 364, 373, 376
Blum, Léon, 151-2, 160, 170, 188
Blumenfeld, Kurt, 41, 47, 53, 372
Bost, Jacques-Laurent, 21-4, 165-7, 219-21, 230, 247, 256, 282, 289
Bost, Jean, 166
Brecht, Bertolt, 47, 215
Buda, 113, 244

C

Camus, Albert, 21, 25, 339, 357, 359
Capra, Frank, 91
Cassirer, Ernst, 42
Clive, Edward E., 93
Cohn-Bendit, Erich, 153, 258
Cohn-Bendit, Hertha, 258
Collins, Alain, 336-7
Cristo *ver* Jesus Cristo

D

Daladier, Édouard, 64, 68, 188
De Gaulle, Charles, 27-8, 32, 352
Descartes, René, 72-3, 194, 370
Dietrich, Marlene, 81, 91
Diógenes, 113
Dominique (personagem), 144
Dostoiévski, Fiódor, 79

E

Eichmann, Adolf, 209, 358, 363
Elisabeth (personagem), 224-6
Engels, Friedrich, 112, 214, 372
Equity 7-2521 (personagem), 199-200
Espinosa, Baruch de, 302
Ésquilo, 59

F

Faulkner, Björn (personagem), 93-4
Feuchtwanger, Lion, 125
Fittko, Lisa, 265
Fitzgerald, F. Scott, 161
Flaubert, Gustave, 78
Franco, Francisco, 151-2, 170, 188
Françoise (personagem), 223-7, 256
Freier, Recha, 132

G

Gaia (personagem mitológica), 200
Giacometti, Alberto, 284
Gide, André, 289
Giraudoux, Jean, 237
Godard, Justin, 125-6

Goebbels, Joseph, 42
Greenspan, Alan, 355
Grenier, Jean, 20, 339

H

Hearst, William Randolph, 273
Hecht, Ben, 346
Hegel, Georg Wilhelm Friedrich, 21, 253-6, 284, 285, 286
Heidegger, Martin, 21, 24, 42, 51, 133, 148, 154, 156, 195, 230-1, 242, 248-50, 254, 284-6, 294, 357, 363, 368, 373, 377, 380
Heidenreich, Karl, 153
Heine, Heinrich, 48
Helena (personagem mitológica), 179
Hemingway, Ernest, 161
Herbert, George, 190
Herzl, Theodor, 127, 312
Hirsch, Käthe, 153
Hitler, Adolf, 24, 28-9, 31, 38, 40, 42-3, 47, 49, 53, 58, 61-2, 77, 123-4, 126, 149, 152, 157, 180, 182, 188, 209, 240, 246-7, 265, 268, 273, 282, 288, 306-8
Hölderlin, Friedrich, 48
Homero, 59, 195, 235, 240-1, 254
Hoover, Herbert, 82
Horkheimer, Max, 216, 343-4
Hugo, Victor, 206
Husserl, Edmund, 21, 74-6, 224, 230, 254, 370
Huxley, Aldous, 125

J

Jaspers, Karl, 41, 51, 53-5, 130, 154, 157, 357, 364, 368-9, 380

Jefroikyn, Natasha, 148
Jesus Cristo, 141, 191, 244, 313

K

Kafka, Franz, 124, 214, 227, 297
Kahn, Ely Jacques, 203
Kallas, Aino, 200, 375
Kant, Immanuel, 102, 165, 212, 383
Keating, Peter, 272
Klenbort, Chanan, 153
Klenbort, Lotte, 258
Koestler, Arthur, 258, 263, 357, 378
Kosakiewicz, Olga, 162, 166, 253
Kosakiewicz, Wanda, 166, 253
Kreuger, Ivar, 93
Krishna, 244

L

Laski, Harold, 268-9, 272
Lazare, Bernard, 210
Lebedeff, Ivan, 91
Leibniz, Gottfried Wilhelm, 21, 77
Lênin, Vladímir Ilitch (Uliánov), 37, 112
Liberty 5300 (personagem), 199

M

Macgowan, Kenneth, 79
Malraux, André, 289
Mann, Heinrich, 125
Mann, Thomas, 125
Manstein, Erich von, 240
Maritain, Jacques, 109
Marx, Karl, 112, 116-8, 214, 372
Mencken, Henry L., 275

Merleau-Ponty, Maurice, 21, 161, 282, 356
Mitchell, Margaret, 145
Morel, Louise, madame, 247, 342
Morris, Gouverneur, 137
Mundt, Martha, 215
Mussolini, Benito, 126, 150, 182

N

Nabokov, Olga, 316
Nabokov, Vladímir, 316
Napoleão Bonaparte (imperador da França), 53
Negri, Pola, 91
Nietzsche, Friedrich, 36, 84-5, 138, 204-5, 211, 275, 315-6, 375
Nizan, Paul, 21, 167
Nock, Albert Jay, 275, 316

O

O'Connor, Frank, 78, 98, 146, 201
O'Connor, Nick, 98, 146
O'Ryan, John F., 267
Ogden, Archibald ("Archie"), 33-4, 318, 330, 334, 336
Ortega y Gasset, José, 95, 138, 371

P

Paterson, Isabel, 275, 316-9, 333-4, 336-7, 356
Perrin, Joseph-Marie, 293, 304, 374, 381
Pétain, Philippe, 23, 248, 261
Pétrement, Simone, 68, 194, 246, 367, 369, 371, 374-5, 377-8, 380-1, 384

Pierre (personagem), 223-5
Platão, 31, 195, 296-7, 303
Pollock, Channing, 277
Prometeu (personagem mitológica), 30, 200, 323

R

Regan, Guts (personagem), 198
Reinberger, Helmuth, 240
Roark, Howard (personagem), 35-6, 140-4, 147, 168, 202-7, 212, 223, 268-70, 272, 318, 322-5, 327-9
Roosevelt, Franklin Delano, 39, 82, 87, 266-8, 273, 275, 317, 333
Roquentin, Antoine (personagem), 168-70
Rosenbaum, Anna, 99
Rosenbaum, Nora, 99
Rosenbaum, Sinoviev, 99
Rothschild, Germaine de, 131
Rousseau, Jean-Jacques, 112

S

Sartre, Jean-Paul, 20-1, 23, 25, 69-78, 100-2, 104-7, 109-10, 160-70, 194, 218-23, 225, 227-31, 233, 242
Scheler, Max, 284
Scholem, Gershom, 41, 132-3, 148, 214, 216-7, 264-6, 305, 314, 343-4, 346-9, 358, 364, 372-3, 375-6, 378-9, 381-4
Schumann, Maurice, 28-9, 32, 352, 359
Sedov, Liev, 64
Sedova, Natalia, 64
Selznick, David O., 97
Sempell, Lotte, 153
Shakespeare, William, 99, 350

Sócrates, 131, 244, 322
Sorokin, Natalie, 22-4, 219, 253, 284, 289, 338
Souvarine, Boris, 172
Spengler, Oswald, 138
Stálin,Ióssif, 38, 57-8, 61-4, 67, 112, 150, 152, 180, 197, 268, 273, 276, 282, 288, 308, 369, 378
Stavisky, Alexandre, 68
Stein, Gertrude, 161
Stern, Günther *ver* Anders, Günther
Stern, William, 133
Sternberg, Josef von, 81
Stirner, Max, 36
Swanson, Gloria, 91

T

Tchékhov, Anton Pavlovitch, 79
Thibon, Gustave, 291-2, 304, 381
Thoreau, Henry David, 113
Tillich, Paul, 41
Tolstói, Liev, 79
Tomski, Mikhail Pavlovitch, 61
Toohey, Ellsworth M. (personagem), 268-73, 321-2
Trótski, Liev, 64-7, 112, 150, 369

V

Varnhagen von Ense, Karl August, 210
Varnhagen von Ense, Rahel, 49-50, 52-3, 55, 56, 210-4, 216-7, 224, 228, 363, 369
Vincent, Clovis, 189

W

Weber, Max, 54-5
Weil, André, 239-40
Weil, Bernard ("Biri"), 60, 65-6, 113, 235, 246, 349
Weil, Selma ("Mime"), 60, 63, 113, 349
Weill, Kurt, 346
Wick, Jean, 82, 273
Wilder Lane, Rose, 356
Willkie, Wendell, 266-7
Wittgenstein, Ludwig, 302, 381
Wood, Samuel Grosvenor ("Sam"), 97
Woolf, Virginia, 76
Wright, Frank Lloyd, 272
Wynand, Gail (personagem), 272

X

Xavière (personagem), 223-7, 256

Z

Zamiátin, Ievguêni, 199

Créditos das imagens

p. 12: Hannah Arendt/ akg-images
p. 13: Ayn Rand © picture aliance/ Everett Collection
p. 14: Simone Weil/ picture aliance © Whiteimages/ Leemage
p. 15: Simone de Beauvoir/ akg-images/ Denise Bellon

A tradução desta obra foi apoiada por
um subsídio do Instituto Goethe.

Feuer der Freiheit: Die Rettung der Philosophie in finsteren Zeiten (1933-1943)
© 2020 Klett-Cotta — J. G. Cotta'sche Buchhandlung Nachfolger GmbH.
Publicado mediante acordo com Literary Agency Michael Gaeb em conjunto com seu agente representativo Villas-Boas & Moss Agência Literária.

Todos os direitos reservados. Nenhuma parte deste livro pode ser reproduzida ou transmitida em qualquer forma ou por qualquer meio eletrônico ou mecânico, incluindo fotocópia, gravação ou qualquer outra modalidade de armazenamento e gravação sem a permissão por escrito do editor.

Todos os direitos desta edição reservados à Todavia.

Grafia atualizada segundo o Acordo Ortográfico da Língua Portuguesa de 1990, que entrou em vigor no Brasil em 2009.

capa e ilustração de capa
Laurindo Feliciano
tratamento de imagens
Carlos Mesquita
composição
Jussara Fino
preparação
Nina Schipper
índice onomástico
Luciano Marchiori
revisão
Ana Maria Barbosa
Fernanda Alvares

Dados Internacionais de Catalogação na Publicação (CIP)

Eilenberger, Wolfram (1972-)
As visionárias / Wolfram Eilenberger ; tradução Claudia Abeling. — 1. ed. — São Paulo : Todavia, 2022.

Título original: Feuer der Freiheit
ISBN 978-65-5692-256-0

1. Literatura alemã. 2. Ensaio. 3. Não ficção. I. Weil, Simone. II. Beauvoir, Simone de. III. Arendt, Hannah. IV. Rand, Ayn. V. Abeling, Claudia. VI. Título.

CDD 834

Índice para catálogo sistemático:
1. Literatura alemã : Ensaio 834

Bruna Heller — Bibliotecária — CRB 10/2348

todavia
Rua Luís Anhaia, 44
05433.020 São Paulo SP
T. 55 11. 3094 0500
www.todavialivros.com.br

fonte
Register*
papel
Pólen soft 80 g/m²
impressão
Geográfica